T0283963

RENDIRSE

UNA ESTRATEGIA DE VIDA

RENDIRSE

UNA ESTRATEGIA DE VIDA

JULIA KELLER

DIANA

Título original: *Quitting: A Life Strategy*
Esta edición se publica por acuerdo con Grand Central Publishing, Nueva York, Nueva York, EE.UU. Reservados todos los derechos.

© 2023, Julia Keller

© 2023, Traducción: Alejandro Romero
Diseño de portada: Planeta Arte & Diseño / Marilia Castillejos
Fotoarte creado con imágenes de: © iStock
Fotografía del autor: © Elaine Phillips

Derechos reservados

© 2023, Editorial Planeta Mexicana, S.A. de C.V.
Bajo el sello editorial DIANA M.R.
Avenida Presidente Masarik núm. 111,
Piso 2, Polanco V Sección, Miguel Hidalgo
C.P. 11560, Ciudad de México
www.planetadelibros.com.mx

Primera edición en formato epub: agosto de 2023
ISBN: 978-607-39-0410-0

Primera edición impresa en México: agosto de 2023
ISBN: 978-607-39-0344-8

No se permite la reproducción total o parcial de este libro ni su incorporación a un sistema informático, ni su transmisión en cualquier forma o por cualquier medio, sea este electrónico, mecánico, por fotocopia, por grabación u otros métodos, sin el permiso previo y por escrito de los titulares del *copyright*.

La infracción de los derechos mencionados puede ser constitutiva de delito contra la propiedad intelectual (Arts. 229 y siguientes de la Ley Federal de Derechos de Autor y Arts. 424 y siguientes del Código Penal).

Si necesita fotocopiar o escanear algún fragmento de esta obra diríjase al CeMPro (Centro Mexicano de Protección y Fomento de los Derechos de Autor, http://www.cempro.org.mx).

Impreso en los talleres de Litográfica Ingramex, S.A. de C.V.
Centeno núm. 162-1, colonia Granjas Esmeralda, Ciudad de México
Impreso y hecho en México – *Printed and made in Mexico*

Para Annie Kate Goodwin
1986-2019

Verás, no puedes trazar líneas y compartimentos, y negarte a ir más allá de ellos. A veces tienes que usar tus fracasos como peldaños hacia el éxito. Tienes que mantener un fino equilibrio entre la esperanza y la desesperación... Al final todo es cuestión de equilibrio.

ROHINTON MISTRY, *Un perfecto equilibrio*

No importa cuán lejos hayas avanzado por el camino equivocado, regrésate.

Proverbio

ÍNDICE

Introducción

◆ —————— ◆

Al no hacer nada, no cambiamos nada.
Y al no cambiar nada, nos aferramos
a lo que entendemos, aunque sean
los barrotes de nuestra propia cárcel.

John le Carré

Rendirse es un acto de amor.

También es una escotilla de escape, una posibilidad remota, un atajo, un salto de imaginación, un puño levantado en señal de resistencia, una gracia salvadora y un desastre potencial, porque puede resultar contraproducente de manera espectacular, sabotear carreras y destruir relaciones. Puede arruinar tu vida.

Pero también salvarla.

Sin embargo, en general, es un gesto de generosidad hacia ti mismo y tu futuro, una forma indirecta de decir: «Esto no. Ahora no. Pero después... *algo más*».

Es posible que no veas el renunciar como algo tan positivo. Lo entiendo: durante mucho tiempo yo tampoco lo veía de esa manera. De hecho, no es para *nada* como lo veía cuando estaba sentada con las piernas cruzadas en el mugriento piso de linóleo de un estudio en Morgantown, West Virginia, una noche memorable, llorando con abandono, atormentada por la necesidad de hacer un cambio drástico, pero temerosa del juicio que este produciría, y preguntándome cómo podría soportar los próximos 10 minutos (y más aún el resto de mi vida).

Más adelante en mi vida, relataría este punto bajo para hacer reír. Años después del hecho, bromeaba: «Imaginen», decía, «yo a los 19 años, acurrucada en el suelo, llorando a mares y usando una toalla de baño para sonarme la nariz, porque un Kleenex simplemente no estaba a la altura del trabajo». *Drama queen!*

Cuando entretenía a mis amigos con la historia de mi incursión inicial en el posgrado, lo cual había requerido dejar mi hogar y vivir sola por primera vez, usaba palabras elegantes como «desconsolada» y «desprovista», y frases melodramáticas como «desesperación incomprensible». Ponía los ojos en blanco y me reía de la imagen de mi antigua y tonta yo.

Pero en el momento en que estaba sucediendo, no me reía, porque no fue divertido. Burlarse del recuerdo era una forma de aislar la inmensa infelicidad que sentía en ese momento: en realidad, me senté en un piso sucio y lloré en una toalla gigante, abrumada por una desesperanza tan arrolladora e intensa que apenas podía respirar. Las clases acababan de comenzar en la Universidad de West Virginia, donde trabajaba como profesora adjunta mientras cursaba un doctorado en literatura inglesa. Las cosas, como ya habrás inferido, no iban bien.

Me sentía sola y desesperadamente nostálgica. Odiaba mis clases, tanto las que tomaba como las que enseñaba. Odiaba la universidad. Odiaba mi departamento. Odiaba Morgantown. En resumen, odiaba todo, en especial a mí misma. Porque creía que debía ser capaz de manejarlo todo. En teoría, el posgrado parecía encajar a la perfección, a pesar de que era más joven (y, como se hizo evidente pronto, terriblemente menos madura) que un estudiante de posgrado común. Pero en el mundo real aquello era una historia diferente. No podía detener el torrente de emociones negativas. Y rendirse no era una opción. Rendirse significaría que era una perdedora.

Un fracaso.

Una buena para nada.

Esa noche, la noche de la «toalla trágicamente empapada», había tocado fondo en lo emocional. Había logrado salir una, dos, tres veces, y luego me quedé allí. Me rendí y llamé a casa. Mi padre respondió.

«No puedo hacer esto», dije, lloriqueando y resollando. «Simplemente no puedo».

Esperaba que me respondiera: «No seas una bebé. Debes seguir adelante hasta el fin, y así serás una mejor persona por ello». Pero mi padre, un profesor de matemáticas que, en circunstancias normales, era un duro capataz sin compasión por los llorones, debe haber sentido que una charla motivacional de amor duro (¡resista, soldado!) no era lo que yo necesitaba en ese momento.

En cambio, con voz suave, respondió: «Es un viaje de tres horas. Estaré allí en tres horas».

Pasé el siguiente mes, más o menos, acurrucada en mi habitación en la casa en la que había crecido, temerosa de que, si mis amigos se enteraban de que había regresado (que había abandonado mi beca y había huido), sería tildada de desertora. Y tal vez condenada al ostracismo. Así que me les adelanté y me aislé por mi cuenta.

Poco a poco comencé a sentirme mejor. Solicité pasantías de escritura. Terminé en Washington, D. C., trabajando para el periodista de investigación Jack Anderson. Eso, a su vez, me llevó a un trabajo en un periódico de un pueblo pequeño, lo que me llevó a un trabajo en un periódico más grande. Finalmente, terminé en el *Chicago Tribune*, donde mi trabajo ganó un premio Pulitzer.

Sin embargo, mientras estaba sentada en ese piso pegajoso con una toalla en una mano y un teléfono en la otra, llena de temor mientras contemplaba llamar a casa y admitir la derrota, quería aguantar. Invoqué el recuerdo de cada discurso motivador que había escuchado, cada aforismo brillante. Traté de ser mi propio sargento de instrucción personal, y darme charlas motivacionales con firmeza:

«¡Puedes hacerlo!».

Pero no pude.

Así que me rendí.

———————

Si tuviera que elegir el catalizador de este libro, sería ese: la noche en Morgantown cuando me senté hecha bolita en el suelo, temblando con cada sollozo y preguntándome qué sería de mí.

Rendirse era un instinto de supervivencia, puro y simple. Sin embargo, antes de que pudiera siquiera considerar hacerlo, tuve que anular un montón de mensajes poderosos, esos que nos dicen que rendirse es algo débil, vergonzoso y cobarde, incluso cuando estamos emocional y espiritualmente drenados. Mi mente y mi cuerpo me ofrecían señales claras e inequívocas de que simplemente no estaba lista para ser una estudiante de posgrado en ese momento. Más adelante, sí: obtuve un docto-rado en la Universidad Estatal de Ohio. Pero no allí. Y no en ese momento.

A la larga, llegaron mejores días, pero solo después de que me detuve en seco, sané un poco y, al fin, avancé hacia adelante (bueno, tal vez hacia los lados) cuando llegó el momento ade-cuado. Solo después de haberme reprendido a mí misma por ser una perezosa. Solo después de haberme dicho toda clase de in-sultos feos:

«Inútil. Cobarde. Imbécil. Buena para nada».

Solo después de haberme sentado en mi habitación por un rato y hacer una mueca al mirarme en el espejo, porque lo que veía era una chica que carecía de agallas. Que no perseveraba. Que no lo lograría.

Después comencé a preguntarme: ¿por qué me había puesto a mí misma en tal calvario? No por el *hecho* de haber decidido es-tudiar un posgrado, sino el infierno psicológico que comenzó cuando decidí *abandonarlo*. ¿Por qué todo ese autodesprecio tan intenso? ¿Qué, las cosas no iban lo suficientemente mal?

Entendía *por qué* me había sentido así: renunciar apesta a capitulación, a rendición, pero no podía entender dónde se ha-bía originado una noción tan extraña en primer lugar. ¿Quién dice que renunciar no es aconsejable? ¿Cuándo, dónde y por qué surgió la idea? Los animales con los que compartimos el planeta no están cargados de prejuicios al respecto. Mantienen sus ojos en el premio: la supervivencia. Si una actividad no fun-ciona, si no les da sustento, renuncian sin mirar atrás. *Tienen* que hacerlo… si quieren vivir. Gastar demasiada energía en una labor inútil los deja agotados y, por lo tanto, vulnerables a los depredadores. Y nosotros, los seres humanos, estamos en nuestras mejores condiciones cuando hacemos lo mismo, cuando reevaluamos con rapidez las estrategias que no nos llevan a ninguna parte y hacemos cambios sobre la marcha con la frecuencia que necesitamos.

Sin embargo, las órdenes culturales que hemos recibido nos indican con firmeza lo contrario: «hagas lo que hagas», se nos dice, «no te rindas». Y las historias que nos enseñan en la escuela, desde el folclor hasta la mitología griega, confirman la lección. Ya sea John Henry, quien aun con su voluntad de acero fue incapaz de vencer a un taladro a vapor con su martillo; o el pobre Sísifo que sigue empujando esa roca colina arriba, aunque sabe que va a rodar hacia abajo de nuevo. Cada maldita vez.

Excepto en el caso de los malos hábitos consensuados (fumar, usar narcóticos ilegales, beber alcohol en exceso, comer demasiadas galletas), no se recomienda renunciar. «Derrotista» sigue siendo un insulto, una burla mezquina, una injuria hiriente que nunca pierde su poder para lastimar, incluso mucho tiempo después de haber dejado atrás los patios de recreo de la secundaria. El acto de renunciar tiene un lugar único, y particularmente negativo, en el panteón del comportamiento humano. Está apartado para un vilipendio especial. Rara vez se le trata como a una maniobra ordinaria que se implementa de forma rutinaria cuando una situación en particular simplemente no está funcionando.

Cuanto más pensaba en ello, más extraño parecía todo esto. Porque para muchas personas, tanto ahora como a lo largo de la historia, renunciar ha demostrado ser una estrategia inteligente, tan eficaz para el *Homo sapiens* como para los ratones y las aves.

Por reacios que seamos a admitirlo, renunciar *funciona*. Para muchos de nosotros, nuestra vida mejora de manera dramática cuando cambiamos de dirección, cuando renunciamos a los comportamientos actuales y adoptamos otros nuevos. Sin esa voluntad de parar y reconocer, seguiríamos dando tumbos en la misma dirección, incluso si el viaje no nos lleva adonde queremos ir, incluso si, en realidad, nos hace sentir miserables. La mayoría de nosotros puede sentir cuándo ha llegado a ese punto y necesita renunciar. Entonces, ¿por qué no lo hacemos más a menudo? ¿Y por qué, dada su utilidad para mejorar la vida, renunciar tiene tan mala reputación?

Para algunas personas, la palabra «renunciar» suena asquerosamente débil. Pero sus raíces no son tan negativas. La etimología es un asunto turbio, pero una de las mejores conjeturas es que proviene de «quietare», el verbo latino que significa «cesar», y, como todas las palabras, ha evolucionado con el tiempo, adquiriendo matices de otros idiomas y culturas. Dictionary.com proporciona tres significados: «detener, cesar o interrumpir»; «apartarse de; dejar»; y «ceder; dejar ir; desistir». Ninguna de esas palabras o frases me suena sumisa. Suenan decisivas. Suenan a seguir adelante. Suenan liberadoras.

Para llegar al fondo del asunto, hice lo que siempre he hecho, no solo como periodista, sino como un ser humano incesantemente curioso (algunos incluso podrían decir que «implacablemente entrometida y casi molesta»). Les hago la pregunta a casi todos los que conozco: «¿Qué es lo más importante a lo que has renunciado? Y luego: «¿Te arrepientes?».

He molestado a amigos, familiares, colegas, vecinos, extraños en la fila de Starbucks, dueños de perros en el parque. Y esas personas me han puesto en contacto con sus amigos, colegas y familiares, con personas que han hecho todo tipo de cambios en su vida, a pesar de la cascada de consejos sinceros que les recomiendan de todo corazón hacer lo contrario, un consejo de vida que tenemos muy inculcado desde que nacemos: «¡Sigue adelante! ¡Los ganadores nunca se rinden y los que se rinden nunca ganan! ¡Hay que mantener el rumbo! ¡No te rindas! ¡No estás derrotado sino hasta que renuncias!».

Nadie, ninguna persona entre las aproximadamente 150 a quienes les planteé la pregunta, dijo: «No, lo siento, pero no se me ocurre nada». *Todos* tenían una historia en la que habían renunciado a algo. Y todos querían hablar de ello. Estaban ansiosos por unirse a la conversación, lo que demuestra que el tema de darse por vencido ocupa un lugar preponderante en nuestra vida. Profesamos estar avergonzados de las veces en que lo hemos hecho; sin embargo, en el fondo reconocemos el poder de renunciar para sacudir las cosas, para cambiarnos, para ayudarnos a seguir adelante. Me encantaba escuchar historias sobre cómo renunciar ha permitido a las personas dejar lo que estaban haciendo y emprender nuevas direcciones, a veces con resultados positivos y otras veces no, porque nada en la vida está garantizado, pero siempre con la esperanza de un mañana mejor. Muchas de esas historias están incluidas en este libro.

En el camino me sumergí profundamente en lo que comencé a considerar como el curioso mundo de la renuncia. Comencé con los matices del comportamiento animal, y entrevisté a neurocientíficos, biólogos y psicólogos evolutivos, es decir, los mismos investigadores que están decididos a resolver el complejo misterio de darse por vencido: ¿qué sucede en nuestro cerebro cuando se abandona una acción? Y luego amplié el círculo de mi investigación, decidida a averiguar todo lo que pudiera sobre el tema, desde libros de autoayuda hasta videos de YouTube sobre la falacia del costo irrecuperable y el costo de oportunidad hasta artículos sobre la moda de los entrenadores de vida y el movimiento de la arquitectura de la elección, porque, por encima de todo, renunciar es elegir.

¿De dónde obtenemos, me preguntaba, nuestras convicciones acerca de renunciar? ¿Por qué lo evitamos tan enérgicamente, y por qué, cuando logramos renunciar, nos sentimos culpables?

La verdad es que, si no fuera por el acto de renunciar, tendríamos muy poco conocimiento científico, porque el aumento de ese conocimiento requiere el abandono constante de conceptos que son reemplazados por nuevos descubrimientos. Renunciar se encuentra en el núcleo del avance intelectual. ¿Qué pasaría si nos negáramos a abandonar una idea a raíz de la información actualizada que prueba que es falsa? «¿Gérmenes? ¡Para nada! Las enfermedades son causadas por espíritus malignos que rondan el cuerpo. Tengo un dolorcito aquí, ¿alguien conoce a un buen exorcista?».

Tim Birkhead, el científico británico cuyos libros han logrado que el mundo de las aves se vuelva maravillosamente accesible, lo expresa de esta manera: «Cuando los científicos vuelven a probar las ideas de otra persona y encuentran que la evidencia es consistente con la noción original, entonces la idea permanece. Sin embargo, si otros investigadores [...] encuentran una mejor explicación para los hechos, los científicos pueden cambiar de idea sobre cuál es la verdad. Cambiar de opinión a la luz de nuevas ideas o mejores evidencias constituye un progreso científico».

Sin embargo, cuando se trata de nuestra vida y las decisiones que tomamos sobre qué hacer a continuación, renunciar todavía está mal visto, todavía se etiqueta como el último recurso de los perdedores. Renunciar puede ser marginalmente más aceptable hoy que en años anteriores, gracias a una pandemia que nos hizo cuestionar el sentido de los trabajos deprimentes y los jefes siniestros, pero sigue sin ser precisamente una gran mejora para la carrera de alguien. No es frecuente ver «desertor en serie» como una habilidad comercializable en los perfiles de LinkedIn.

Por lo tanto, el objetivo de este libro no es solo compartir los últimos descubrimientos sobre rendirse, provenientes de los más recientes avances de la ciencia, sino también explorar cómo es que nos dejamos engañar por la idea de la determinación en primer lugar. ¿Cuándo y por qué renunciar se convirtió en sinónimo de fracaso? Y en términos de las personas que *sí* renunciaron, incluso frente a la presión cultural de seguir adelante a pesar de todo, ¿cómo pudieron lograrlo? Sus historias pueden ayudarte a aprender cómo bloquear los mensajes intimidantes de los medios y las viñetas intimidatorias de demasiados libros de autoayuda, que predican la perseverancia como una estrategia imperdible e infalible.

Y aunque, en última instancia, puedes decidir no renunciar, la decisión debe ser tuya, y no estar basada en la idea de otra persona de lo que constituye una vida valiente y significativa.

———————————

Entonces, ¿dónde *comenzó* todo? ¿Cómo surgió la idea de que la determinación es virtuosa y renunciar es pecaminoso?

Una fuente importante, por supuesto, es esa noción irritante conocida como la ética protestante del trabajo. «Tratar la determinación como una virtud es una reliquia de la Reforma protestante», dice Adam Grant, profesor de la Escuela Wharton de la Universidad de Pensilvania y autor de muchos libros de éxito sobre la transformación personal. Es «parte del sueño americano», me dice.

Y no solo el americano; otras naciones también ponen la perseverancia en un pedestal. Después de todo, si no fuera un ideal tan arraigado, la reciente minirreacción violenta en su contra no sería tan interesante. Como observa el ensayista Charlie Tyson: «Desde el movimiento de "tumbarse" en China hasta las protestas contra las muertes por exceso de trabajo en Japón y Corea del Sur, existe una creciente sensación de indignación en los países ricos por los ideales laborales inhumanos». Grant agrega a Suecia y Finlandia a la lista de países que informan de números sorprendentes de trabajadores que sufren de síndrome de desgaste profesional o *burnout*, y son sorprendentes porque, durante tanto tiempo, la gente simplemente no renunciaba, y los atributos positivos de la resistencia sobrehumana se trataban como obviedades. Hace poco, la noción de tumbarse tomó un giro más vigoroso: «Un nuevo término», escribe la historiadora Rana Mitter, «ha surgido en las redes sociales chinas: *runxue*, el "estudio de correr", es decir "huir". Los trabajadores chinos jóvenes están desanimados por el coctel de restricciones a causa del COVID, entornos laborales muy competitivos y presiones sociales para casarse y tener un buen desempeño financiero». Es decir, que los desertores están saliendo del clóset. En un ensayo del *New York Times* muy comentado en 2021, Cassady Rosenblum relata su viaje de productora de radio que operaba en «la cacofonía del ciclo de noticias de 24 horas» a mujer serena sentada en el porche: «El trabajo se ha vuelto intolerable. El descanso es resistencia».

Bueno, quizás. Pero no es tan simple, por supuesto. Porque si la determinación no tuviera todavía un control tan poderoso sobre nuestra imaginación, no estaríamos leyendo ensayos de personas decididas a rechazarla. «De repente, el tema de la determinación (apasionarse por los objetivos a largo plazo y mostrar la resistencia para perseguirlos) parece estar en todas partes», escribió el psicólogo cognitivo Daniel Willingham en 2016, cuando el movimiento de perseverancia comenzó a cobrar aún más fuerza cultural. Y a pesar del aumento temporal de trabajadores que se ausentaban sin permiso, las lecciones tradicionales de la determinación aún perduran: renunciar es fracasar. Sigue avanzando frente a todo pronóstico y cosecharás las recompensas; aunque no siempre resulta así en la vida real. Algunas personas trabajan incesantemente y se declaran en bancarrota, mientras que otras se dedican a perder el tiempo y ganan dinero. Sin embargo, aún estamos predispuestos a creer en el poder simple de causa y efecto de la perseverancia.

Como descubrirás en este libro, esa glorificación de la determinación tiene un lado oscuro. La campaña contra renunciar tiene un pasado accidentado, una historia complicada e incluso un tanto siniestra. Hay una *razón* por la que renunciar es tan vilipendiado, y esa razón puede ser rastreada e interrogada. La celebración de la perseverancia como una fuente infalible de felicidad y satisfacción no sucedió por casualidad; esa veneración se remonta al lugar donde surgió entre una espesa maraña de cultura y economía. Nuestras actitudes positivas hacia la determinación se han cultivado deliberadamente: se nos ha vendido como nos venden automóviles, cereal y teléfonos inteligentes.

Y es una pena, porque nuestra vida puede transformarse de manera positiva cuando renunciamos y cambiamos un destino por otro. Si decidimos que las cosas deben cambiar, renunciar es el primer paso. (Y eso es cierto también para el mundo en general. Para asegurar el futuro del planeta sabemos que, a la larga, debemos abandonar los combustibles fósiles y adoptar nuevas estrategias creativas e innovadoras para la producción de energía). Hasta que podamos detenernos en seco y repensar nuestra vida, estaremos atrapados en un lugar donde en realidad no queremos estar.

Tal vez hayas conocido a algunas personas así, incluyéndote a ti mismo.

Tal vez lo solucionaste renunciando a tu trabajo. Un número sin precedentes de trabajadores en los Estados Unidos hizo precisamente eso en los últimos años, ya que la pandemia nos obligó a reexaminar nuestras prioridades. En los primeros ocho meses de 2021, 30 millones de estadounidenses renunciaron a su trabajo, la cifra más alta desde que el Departamento del Trabajo de Estados Unidos comenzó a hacer un seguimiento, hace 20 años. No ha pasado ni una semana desde el 2020 sin que haya aparecido una noticia sobre alguien que entregó su gafete y su tarjeta de acceso y dijo con alegría: «¡Hasta nunca, tontos!».

Sin embargo, la razón por la que escuchamos esas historias es precisamente *porque* son muy inusuales. La pandemia le dio al hecho de renunciar cierto breve prestigio (la frase «la Gran Renuncia» tiene una grandiosidad magnánima), pero seamos sinceros, la actitud general en cuanto a renunciar sigue siendo la misma de siempre: es algo que se debe evitar. Algo en lo que solo se complacen los perdedores perezosos, mientras duermen frente a la pantalla de un televisor con el regazo cubierto de migajas. Renunciar todavía conlleva un estigma, una peste. Si renuncias a tu iglesia, tu clase de yoga, tu partido político, tu dieta basada en plantas o tu matrimonio, aún serás juzgado. Renunciar a algo aún provocará una reacción instantánea de tus amigos y tal vez de tu madre, tal vez en particular de tu madre: «¿En qué estabas pensando? ¿Lo *intentaste* de verdad? ¿Hiciste tu mayor esfuerzo?». Todos hemos escuchado el viejo dicho: no renuncies a un trabajo (o a una historia de amor) sino hasta que tengas otro en fila, listo para comenzar.

Todavía se nos informa con regularidad, por medio de pódcast y de mamás, que renunciar es prueba de un carácter débil, de falta de iniciativa y seguimiento. Renunciar significa que nunca tendrás éxito, nunca llegarás a nada. (Muchas de las personas a las que entrevisté para este libro estaban felices de hablar sobre renunciar a un trabajo, divorciarse o cambiar de rumbo en una docena de maneras diferentes, pero les molestaba que usara la palabra con *r*. «No renuncié», decían enfadados. «Solo cambié una situación por otra, ¿sí?». Eh, claro).

La perseverancia, por el contrario, todavía conserva su brillante reputación. Se elogia sinceramente en los pódcast antes mencionados y en múltiples discursos motivacionales, en un carrete infinito de conferencias de YouTube y en una eternidad de charlas TED, del tipo que tienen millones de visitas. Los eslóganes que la exaltan están estampados en equipo de entrenamiento. La autoayuda es un negocio mundial sólido, con ganancias estimadas en 11 mil millones de dólares anuales. Los libros que recomiendan la determinación son los más vendidos, ya que declaran con entusiasmo que la obstinación es buena y renunciar es malo. Muy malo. Tu futuro, sostienen estos manifiestos, está por completo en tus propias manos. Si trabajas duro y sigues un plan riguroso, y sobre todo si no te rindes, ganarás. Sin embargo, *si renuncias*, fracasarás. Además, te lo *mereces*.

Renunciar se presenta como un extremo. Un último recurso. Un punto de no retorno. Si te das el gusto de hacerlo demasiadas veces, serás conocido como un fracaso, un despilfarro, un derrochador, un cobarde sin carácter, aunque podría ser exactamente lo que necesitas hacer. La desconexión entre los beneficios de renunciar y su mala reputación puede ser discordante. No es de extrañarse que renunciar ocupe una enorme cantidad de espacio en nuestra psique, tanto a nivel individual como colectivo, e influya en cómo nos vemos a nosotros mismos y a nuestro mundo. Renunciar puede sentirse bien, pero se ve mal.

Hasta los famosos sienten el escozor.

———————

Scottie Pippen es un campeón. Sin embargo, a pesar de todo lo que logró en una carrera espectacular de 17 años que pasó principalmente con los Chicago Bulls, la exestrella de la NBA fue etiquetada una vez, y en apariencia para siempre, con un apodo odioso: «Quittin' Pippen» (Pippen, el Desertor). Durante las entrevistas para promocionar sus memorias de 2021, *Unguarded*, lo molestaban una y otra vez con un solo incidente *de hace casi tres décadas*, lo que demuestra que nuestro resentimiento ante la idea de renunciar aparentemente no tiene fecha de vencimiento.

Ocurrió en el tercer juego de las semifinales de las eliminatorias de la NBA de 1994. El adversario eran los Knicks de Nueva York. Con 1.8 segundos restantes en un juego empatado, Pippen se negó a volver a la cancha después de un tiempo fuera porque el entrenador de los Bulls, Phil Jackson, había llamado a Toni Kukoc para que hiciera el tiro final. Molesto por el desaire, Pippen se sentó y se puso de mal humor. (Kukoc acertó el tiro para ganar el juego, lo que probablemente no ayudó al estado de ánimo de Pippen). A Pippen se le conoció desde entonces no como el atleta superlativo que es, sino como un desertor.

Y a pesar de que el mundo simpatiza más con la decisión de renunciar de un atleta famoso, todavía se siente con derecho a juzgar. Ash Barty era la tenista número uno del mundo cuando abandonó de repente el deporte a principios de 2022, a los 25 años. La columnista Emma Kemp elogió a la australiana por el valiente movimiento, pero señaló: «Ninguna persona fuera de su círculo íntimo lo vio venir». El anuncio de Barty en Instagram tuvo un tono defensivo, como si se estuviera preparando para bloquear tiros incluso antes de que cruzaran la red: «Solo sé que estoy por completo agotada, solo sé que, físicamente, no tengo nada más que dar».

Unos meses antes, hubo otro caso que le dio la vuelta mundo: Simone Biles se retiró de los Juegos Olímpicos de 2021, argumentando problemas de salud mental. De acuerdo, muchas personas en Twitter y otras plataformas profesaron su apoyo, pero esos comentarios de «¡bien hecho!» fueron desplegados porque *muchas* otras personas, incluido Piers Morgan, el mordaz presentador de televisión británico, gruñeron lo contrario: que, al renunciar, Biles estaba siendo antipatriota y egoísta.

Estaba defraudando a su país y a su equipo. Y derrochando su asombroso talento.

Regresaremos a Biles y su acción notablemente valiente en el capítulo 1, pero por ahora concentrémonos en cómo la decisión de renunciar altera para siempre la imagen pública de una persona. No importa lo que le suceda a Biles o a Barty en el futuro, esa será *la* pregunta que enfrentarán en cada entrevista: No «¿cómo llegaste a ser tan gran atleta?», sino «¿por qué renunciaste?».

Andrew Luck puede identificarse. Dejó a los fanáticos del futbol desconcertados y provocó algunos comentarios menos que halagadores en esa arena sedienta de sangre, conocida como la radio de las entrevistas deportivas, cuando abandonó de manera abrupta una carrera como uno de los principales mariscales de campo de la NFL en 2019. Antes de Luck, los atletas legendarios Sandy Koufax, Barry Sanders y Björn Borg abandonaron su carrera mucho antes de que sus habilidades disminuyeran hasta el punto en que ya no pudieran competir. (Si eres un atleta profesional, lo llaman «retiro» incluso si solo tienes 29 años, como Luck cuando se fue). A ese nivel de fama y logros, darse por vencido es una decisión catastrófica. Significa que deben rehacerse a sí mismos, de pies a cabeza: «Renunciar fue un acto de imaginación y emancipación», escribió la biógrafa de Koufax, Jane Leavy, sobre la decisión del as zurdo de alejarse de la liga de beisbol. «Requería la capacidad de concebir una existencia tan plena e importante como la que había llevado en público».

Greta Garbo es conocida en estos días tanto por dejar Hollywood en su mejor momento como por su actuación. El compositor Jean Sibelius creó sinfonías deslumbrantemente hermosas y conciertos para violín que ponen la piel de gallina, pero dejó de escribir música en serio a los 72 años, tres décadas antes de su muerte. El silencio de Dashiell Hammett después de publicar *El halcón maltés* y otras obras maestras de la ficción criminal es un misterio mayor que cualquier otro que haya creado en su obra: ¿por qué guardó su pluma para siempre?

Cuando el príncipe Harry y Meghan Markle se despidieron del Palacio de Buckingham y renunciaron a ser miembros de la familia real británica, la indignación pública fue rápida y furiosa: no pueden simplemente *renunciar*, ¿o sí?

Sí podían. Y lo hicieron. Y el mundo observaba, ansioso.

Observamos porque estábamos intrigados por el hecho de renunciar, fascinados, tal vez incluso un poco obsesionados, y al mismo tiempo, desconfiados. Renunciar es un fruto prohibido. Desafía nuestras creencias fundamentales sobre cómo funciona el mundo, sobre lo que queremos, para nosotros y para las personas que nos importan, y lo que podemos hacer para conseguirlo. La gente discrepa todos los días sobre la mejor manera de criar a los hijos, por ejemplo, pero casi nadie cuestiona la importancia de enseñarles a perseverar. Como escribió Lindsay Crouse en un ensayo en el *New York Times* en 2021, «los estadounidenses a menudo satanizan el renunciar y valoran la determinación, una cualidad mítica que una avalancha de libros ha instado a los padres a inculcar en los niños durante la última década». Negarse a renunciar se considera heroico. «El trabajo arduo es tal vez el valor estadounidense más apreciado universalmente», señaló Charlie Tyson, y agregó: «Una encuesta reciente de Pew descubrió que 80% de los estadounidenses se califican a sí mismos como "que trabajan duro", por encima de todos los demás rasgos. El trabajo ha empeorado, pero nuestros ideales laborales siguen siendo elevados». Renunciar no se ajusta a la visión dominante de cómo se logra el éxito. Es una aberración perversa, un pequeño y desagradable caso atípico. Es mucho mejor conformarse con un mal trabajo que mate el alma poco a poco que abandonarlo por el sueño de algo mejor, porque, si te vas, te etiquetarán como un desertor antes de que estés a medio paso de salir por la puerta.

La mayoría de nosotros nunca estará en una situación en la que tenga que hacer una doble voltereta hacia atrás con un triple giro en un ejercicio de piso frente a millones de televidentes. (Me mareo solo de pensarlo). Nunca tendremos la responsabilidad de llevar a un equipo de la NFL o la NBA a la victoria, como lo hicieron Luck y Pippen, o componer una sinfonía, o ganar Wimbledon, o batear un jonrón, o representar a la monarquía británica.

Pero todos enfrentamos momentos en los que la cuestión de renunciar (¿debería o no debería?) nos preocupa. Amy Dickinson, autora de la columna de consejos *Ask Amy*, me dice que renunciar es, sin lugar a dudas, el motivo principal por el que las personas le escriben en busca de ayuda con sus problemas: «Honestamente, creo que la idea de renunciar impregna las preguntas que me envían, ya sea renunciar a un matrimonio, una amistad, un hábito o una obligación», dice. «La otra cara de esto, por supuesto, es el dolor de que te dejen, te abandonen, te descuiden, el dolor de que alguien renuncie *a ti*».

Entonces, no es ningún misterio por qué muchos de nosotros buscamos ayuda externa, de un consejero o de un padre, para enfrentar este dilema, este rompecabezas perpetuo: renunciar no se siente como una opción viable. Sin embargo, cuando

un curso de acción no funciona, sentimos un impulso instinti-
vo para cambiarlo. Nuestros impulsos más profundos nos dicen
que hagamos lo que tenemos que hacer para sobrevivir, incluso
rendirnos e intentar otra cosa. Pero recibimos un poderoso con-
tramensaje del mundo exterior. El condicionamiento social
entra en acción y ponemos en duda esos impulsos, los que nos
dicen que abandonemos. A menudo existe una gran disparidad
entre nuestra convicción interna (*Tengo que irme de aquí
AHORA MISMO*) y las señales enviadas por los mejores amigos
parlanchines, los padres bien intencionados y los autores de libros de autoayuda: si renuncias, estás defraudando a todo el
mundo. En especial, a ti mismo.

De alguna manera, pensamos *demasiado* en el tema de rendirnos, buscando razones complejas para lo que, a fin de cuentas,
puede reducirse a una simple elección binaria: ¿renunciar o continuar? En otros sentidos, lo *subestimamos* seriamente. Porque
renunciar es algo que hacemos, sí, pero también es una idea, una
idea sobre el mundo y lo que le da forma, y sobre nuestras respon-
sabilidades con nosotros mismos y con los demás. Y sobre cómo
ser feliz.

Para ser claros, renunciar no siempre es lo correcto. Así como
hubo niveles históricos de personas que renunciaron a sus trabajos durante la pandemia, un número récord de estudiantes universitarios dejó la carrera. Más de una cuarta parte de todos los
estudiantes que comenzaron clases en universidades estadounidenses con programas de estudio de cuatro años en el otoño de
2019 no regresó al año siguiente, un aumento de dos puntos

porcentuales con respecto al año anterior, la tasa de deserción más alta desde 2012. Entre los alumnos de colegios comunitarios, el 3.5% no regresó en 2020. Nadie argumentaría que menos educación es algo positivo.

Además, la perseverancia no es inherentemente algo malo. Necesitas resiliencia para superar los inevitables desafíos y tribulaciones de la vida. Pero hacer que la determinación sea la solución para cada dilema, y menospreciar a las personas que no la demuestran, puede conducir a algunos resultados desafortunados, como culparte a ti mismo por cosas que están fuera de tu control. O culpar a otros por cosas que no pueden controlar. Renunciar no es como un simple interruptor de encendido y apagado, a pesar de lo que nos han hecho creer. Es una hazaña intelectual y emocional compleja, razón por la cual los científicos sienten cada vez más curiosidad por saber cómo nuestro cerebro lo logra.

Gracias a una serie de avances recientes en los laboratorios de neurociencia de todo el mundo, estamos en la cúspide de comprender como nunca antes los medios por los cuales las entidades vivientes se dan por vencidas cuando una acción no parece ser ventajosa. Estos descubrimientos también conllevan la promesa de ayudar con otro tipo de renuncia, el tipo que indiscutiblemente queremos alentar: romper el control de la adicción a las drogas, el alcohol y comer en exceso, así como aliviar el sufrimiento causado por condiciones como el trastorno obsesivocompulsivo y la depresión clínica.

En las páginas siguientes, conoceremos a los investigadores que diseñan ingeniosos experimentos para averiguar cómo renuncian organismos como el pez cebra, las abejas, las ratas, los pinzones, los cuervos y los pájaros jardineros. Y luego regresaremos a esas con las que nos podemos identificar un poco más: las personas. Consideraremos el alto costo de negarse a darse por vencido cuando un nuevo producto o negocio que alguna vez fue prometedor es claramente un fracaso. (Hablamos de *ti*, Theranos y WeWork). Descubriremos cómo lidiar con el hecho de que, cuando renuncias a algo, es muy posible que lastimes y decepciones a las personas que amas, desde padres, socios y amigos hasta jefes y mentores. Y reflexionaremos sobre la frecuencia con la que renunciar aparece como un tema en la cultura popular, desde una balada *country* beligerante como «Take This Job and Shove It» hasta una obra literaria como *Moby-Dick*, una película icónica como *Jerry Maguire* y una serie de televisión como *Hacks*. Reflexionaremos sobre por qué las escenas de renuncia dan energía a muchas de nuestras historias más preciadas y cómo podemos usar nuestras respuestas a esos momentos para entendernos mejor a nosotros mismos.

Reflexionaremos sobre el papel principal que juegan la suerte y la probabilidad en nuestra vida, aunque no nos guste mucho reconocerlo, porque preferimos creer que estamos tomando todas las decisiones. Los trenes se salen de las vías, los aviones se estrellan, las personas que llevan un estilo de vida saludable contraen enfermedades terribles. Por el contrario, un número de la lotería seleccionado al azar resulta ganador o conoces al amor de tu vida formado para sacar tu licencia de conducir. A veces nos toca una buena mano, y otras veces, no tanto. Muchas veces el éxito o el fracaso no son cuestión de perseverancia, sino un lanzamiento de dados. Pura casualidad. Entonces, ¿por qué algunos de los libros de autoayuda más famosos e influyentes jamás publicados, éxitos de autores como Napoleon Hill y Norman Vincent

Peale, insisten en que nuestro destino depende por completo de nosotros? ¿Por qué ese mensaje es tan atractivo y peligroso a la vez? Echaremos un vistazo detrás de los clichés y lo descubriremos.

Y veremos cómo otras personas consiguen hacer de la renuncia un acto creativo, la plataforma de lanzamiento para el resto de su vida. A lo largo del libro encontrarás «Momentos de bandera blanca»: relatos en primera persona de gente que renunció cuando tenía que hacerlo. A veces son las personas que compartieron su historia de renuncia conmigo para este libro, y otras veces son celebridades que han escrito sobre el punto específico en el que se dieron por vencidas para obtener lo que realmente querían. Cada breve testimonio registra el instante en que alguien (tal vez alguien cuyo dilema se parece mucho a alguno que tú también has enfrentado) se dio cuenta de que era hora de hacer una pausa. Hora de tomar un respiro. Hora de reevaluar. Hora de renunciar.

A medida que leas acerca de estas epifanías, es posible que te sientas inspirado a revisar los momentos decisivos de tu propia historia, los puntos clave en torno a los que gira una vida, para que cuando vuelvan a aparecer estés listo para actuar. Eso podría significar renunciar. O tal vez no. Pero decidas lo que decidas, serás *tú* quien tome la decisión, basándote en las circunstancias de tu vida, y no en un ideal de perseverancia remoto, abstracto y único para todos.

Al final de cada capítulo encontrarás avisos para los próximos pasos llamados «notas de permiso». Estas sugerencias pueden ayudarte a considerar la conveniencia de renunciar de manera estratégica. Porque tarde o temprano te enfrentarás al tema de renunciar.

No es que no la hayas enfrentado antes. Todos lo hemos hecho. Todo el mundo tiene una lista de renuncias, un compendio de trabajos o relaciones o pasatiempos o sistemas de creencias o formas de estar en el mundo a los que necesitaban renunciar. La mía comenzó con ese momento insoportable en Morgantown, pero no terminó ahí. Sucedió nuevamente unos años más tarde, durante mi primer trabajo en un periódico en Ashland, Kentucky. A pesar de obtener calificaciones de desempeño sobresalientes, descubrí que ganaba una cuarta parte (¡una cuarta parte!) del salario del hombre que había ocupado el puesto antes que yo. Cuando pedí una explicación, el editor en jefe se sorprendió por mi pregunta: «Pues Stan es un hombre con una familia, Julia. Y tú eres una mujer soltera de 21 años». Caso cerrado.

No estaba dispuesto a ceder, así que renuncié. Admito que fue un poco más fácil la segunda vez. Y después, otra toalla se empapó en otra noche oscura del alma. («¿Qué va a ser de mí? ¡Fui una tonta! No, no lo fui. ¡Sí, lo fui!»). De alguna manera logré salir adelante.

Renunciar a ese trabajo podría haber resultado ser una catástrofe. Como dije antes, y es lo bastante importante como para repetirlo, aceptar renunciar como estrategia de vida no significa que las cosas siempre funcionarán. No es así. Solo significa que puedes estar a cargo de tu propia vida, incluso frente al temor de tomar la decisión equivocada. Al final, realmente no existe tal cosa como una elección equivocada. El único error verdadero es no elegir. Porque alguien más estará más que feliz de hacerlo por ti.

Entre las personas a las que entrevisté acerca de darse por vencido, desde científicos, académicos e historiadores hasta gente normal como tú y como yo, una cosa era cierta en todos los ámbitos: las personas generalmente se arrepienten más de las veces que *deberían* haber renunciado pero no lo hicieron que de los momentos en que lo hicieron.

———————————

Entonces, ¿qué hará este libro por ti? Puedes pensar en él como un kit personal para renunciar, como si compraras un mueble en IKEA, solo que en este caso estarás armando algo para mejorar tu vida en lugar de solo tu sala. Tendrás una nueva forma de pensar acerca de renunciar, un nuevo contexto para tomar decisiones sobre las cosas que te importan, desde tu familia y tu trabajo hasta tu bienestar. Un nuevo ángulo sobre el sentido común y la perseverancia.

Al menos, espero que este libro te convenza de considerar la posibilidad de que la determinación, o la falta de ella, no sea la única forma de evaluar una vida. Espero que te dé la libertad de *no* ser obsesivamente dedicado y autosuficiente.

A *no* siempre superar los obstáculos.

A *no* terminar todo lo que empiezas.

Si te permites renunciar cuando te ves obligado a hacerlo, amplías las posibilidades de tu vida. Demuestras que crees en la abundancia, porque renunciar se trata de esperanza. Renunciar se trata del mañana. Se trata de la capacidad de cambiar, una y otra vez, tan a menudo como te veas obligado a hacerlo.

El secreto de una vida alegre y productiva bien puede residir no en esas cualidades que a menudo se nos dice que son la clave (tenacidad y determinación), sino en la agilidad. En la flexibilidad. En el acto de aligerar la carga al rendirse, un acto que precede a un atrevido salto hacia el futuro. En el abrazo glorioso y valiente de una nueva forma de ser.

En saber cuándo renunciar.

Porque renunciar es un acto de amor.

—•—

PRIMERA PARTE

RENDIRSE:
TODO ESTÁ EN TU MENTE

—•—

Existe un punto en el que la perseverancia
se convierte en negación.

BENJAMIN WOOD

PN
4756
C485

Capítulo uno

◆ ——— ◆

LO QUE LOS PÁJAROS, LAS ABEJAS Y LAS GIMNASTAS PUEDEN ENSEÑARNOS SOBRE RENDIRSE

La determinación mal dirigida es la peor
cualidad que una persona puede tener.

JOHN A. LIST

¿En qué se parece Simone Biles a una abeja?

No es un acertijo. Tampoco es una pregunta capciosa. Es una investigación profundamente seria, y la respuesta se encuentra dentro de un campo emergente de la neurociencia, uno que promete revelar los secretos de cómo nuestros cerebros deciden si es el momento adecuado para renunciar.

Como la principal gimnasta del mundo, Biles ha hecho muchas cosas asombrosas, pero fue lo que hizo en Tokio en 2021 lo que sorprendió al mundo como nunca antes lo había hecho en su carrera: se rindió.

Entonces, ¿cuál es la conexión entre una de las mejores atletas de la historia y un insecto volador?

No te vayas, llegaremos a eso en breve.

_____

«La perseverancia, en un sentido biológico, no tiene sentido a menos que esté funcionando».

Esta es una cita de Jerry Coyne, profesor emérito de la Universidad de Chicago, uno de los mejores biólogos evolutivos de su generación. Llamé a Coyne para preguntarle sobre animales y renunciar. Quiero saber por qué los seres humanos tienden a adherirse al evangelio de la perseverancia, mientras que otras criaturas en este planeta magníficamente diverso siguen una estrategia diferente. Su vida está determinada por paradas intencionadas, pasos laterales fortuitos, retiradas astutas, nuevos cálculos en el último momento, rodeos, soluciones inteligentes y cambios deliberados, sin mencionar giros, rotaciones y virajes de 180 grados.

Es decir, otros animales renuncian con regularidad. Y no se obsesionan con eso.

Me reuní con Coyne un domingo por la mañana, justo antes de que saliera para el ritual que lleva a cabo dos veces al día: alimentar a los patos en el cuerpo de agua cercano al centro del campus, llamado Botany Pond. Su oficina da al estanque, donde nacen unas dos docenas de patitos cada primavera. Coyne se retiró oficialmente en 2015, pero aún va a su oficina todos los días para trabajar. Cuando el COVID-19 cerró la universidad en 2020, se le otorgó una exención especial para ir a alimentar a los patos. Mantiene el hábito porque lo disfruta. Lo mismo para los patos.

En la naturaleza, señala Coyne, la perseverancia no tiene un estatus especial. Los animales hacen lo que hacen porque promueve su plan: durar lo suficiente para reproducirse y asegurar la continuación de su material genético.

Nosotros también somos animales, por supuesto. Y a pesar de todas las maravillas complejas que los seres humanos hemos creado, desde Audis hasta álgebra, desde helados con chocolate caliente hasta el haiku, desde puentes colgantes hasta *Bridgerton*, en el fondo, nuestros instintos siempre nos empujan hacia el mismo objetivo básico y sensato: permanecer para que podamos transmitir pequeñas copias de nosotros mismos. Es axiomático: la mejor manera de sobrevivir es renunciar a todo lo que no contribuya a la supervivencia, y desperdiciar la menor cantidad de recursos posible en aquello que resulte ineficaz. «El comportamiento humano ha sido moldeado para ayudarnos a obtener un resultado favorable», me dice Coyne. Optamos por lo que funciona. Estamos sesgados hacia los resultados.

Sin embargo, en algún punto entre el impulso de seguir lo que nos parece el camino más prometedor (lo que significa abandonar un camino poco prometedor) y el simple acto de darse por vencido, a menudo hay algo que se interpone en nuestro camino. Y ese es el misterio que me intriga: si renunciar es lo correcto, ¿por qué no siempre lo hacemos?

———

Considera los pinzones en las Islas Galápagos, el lugar que encendió la imaginación del joven Charles Darwin en 1835 y lo llevó a su gran descubrimiento: la teoría de la selección natural. La dieta de un pinzón en la isla consiste principalmente en pequeñas semillas, algunas de las cuales están contenidas dentro de una maleza de espinas afiladas llamada abrojo. Los pinzones usan sus picos para sacar las semillas. Y no es fácil.

Como explica Jonathan Weiner en su libro ganador del premio Pulitzer, *El pico del pinzón*, un pinzón perseverante es un pinzón condenado. Si las aves pasan demasiado tiempo picoteando un abrojo con una piel especialmente dura, están en serios problemas. «Cuando los tiempos son difíciles», escribe Weiner, «su vida depende de la eficiencia con la que pueden buscar comida, es decir, que puedan gastar poca energía para obtener a cambio la mayor cantidad de energía». Los pinzones que saben cuándo darse por vencidos y pasar a otra fuente potencial de alimento tienen más posibilidades de sobrevivir, porque no se agotan en una búsqueda con rendimientos nutricionales decrecientes.

Algunos pinzones, escribe Weiner, dedican hasta seis minutos a la exasperante tarea de desenterrar una sola semilla. «Eso es demasiado tiempo para un ave, y la mayoría de las veces el ave tan solo se da por vencida después de un rato». Un pinzón lo entiende: si al principio no tienes éxito, renuncia. La lucha es la forma que tiene la naturaleza de insinuar que es mejor avanzar hacia posibilidades más prometedoras a la hora de comer. Si el objetivo es mantenerse con vida, es mejor abandonar una tarea sin una recompensa rápida en el sorteo de la supervivencia. Un pinzón perseverante pronto podría ser uno muerto.

La naturaleza tiene una habilidad especial para ir al grano. No hay medallas ni reconocimientos en juego. Esta es una zona sin lujos. Las acciones no pueden ser superfluas, solo *importantes*. La existencia misma del organismo está en juego. Renunciar es una habilidad, una técnica de supervivencia. No es, como a veces lo tratamos los humanos, una falla moral. Y resistir el impulso de renunciar no es necesariamente valiente o noble. Es una tontería.

A diferencia de los humanos, esas otras criaturas no están agobiadas por una idea abstracta de los beneficios de la perseverancia. Cuando un comportamiento no los lleva a ninguna parte, o cuando demuestra ser peligroso para su existencia, se detienen.

En su maravilloso libro *La red oculta de la vida*, Merlin Sheldrake hace una observación sorprendente sobre los mohos mucilaginosos. Estos organismos pueden carecer de un sistema nervioso central y depender en cambio de «redes exploratorias hechas de venas similares a tentáculos», pero «aun así, pueden "tomar decisiones"». Lo hacen, escribe, al detenerse y luego ir en otra dirección. Observados en una placa de Petri por un equipo de científicos japoneses, los mohos mucilaginosos «compararon una gama de posibles cursos de acción y encontraron el camino más corto entre dos puntos en un laberinto».

A los mohos mucilaginosos no les gusta la luz brillante, por lo que, en el punto donde los investigadores colocaron una luz, los organismos cambiaron rápido de rumbo. Si un camino no era el correcto, los mohos mucilaginosos se daban por vencidos y elegían otro. Seguir un camino indeseable solo por perseverar no tiene sentido, ni siquiera para el moho mucilaginoso.

Como escribe Coyne en los primeros pasajes de *Por qué la teoría de la evolución es verdadera*: «Las plantas y los animales parecen estar intrincados y casi perfectamente diseñados para vivir su vida. Los calamares y los peces planos cambian de color y patrón para mezclarse con su entorno, volviéndose invisibles para los depredadores y las presas. Los murciélagos tienen un radar para localizar insectos por la noche. Los colibríes, que pueden flotar en un lugar y cambiar de posición en un instante, son mucho más ágiles que cualquier helicóptero humano». Y, cuando es necesario, renuncian.

Entre los experimentos diseñados para probar las habilidades cognitivas de las aves, descritos por Jennifer Ackerman en su revelador libro *El ingenio de los pájaros*, hay uno llevado a cabo por el biólogo Louis Lefebvre de la Universidad McGill.

Él y su equipo, en una estación de investigación en Barbados, colocaron semillas comestibles en dos copas, una verde y otra amarilla. Observaron a camachuelos y estorninos para ver qué pájaros se sentían atraídos por qué color de copa. Una vez que eso fue establecido, los investigadores cambiaron las semillas sueltas en la copa del color preferido por semillas que pegaron en el fondo. Sin importar lo mucho que lo intentara el pájaro, no podría sacar las semillas pegadas.

Lefebvre y sus colegas observaron para ver cuánto tiempo le tomaría a un pájaro renunciar a las semillas pegadas en la copa de su color favorito y luego, al verse obstaculizado, probar la otra copa, que contenía semillas no pegadas. Los pájaros se dieron cuenta con bastante rapidez, y cambiaron de la tarea inútil a otra que brindaba recompensas. Su color preferido era algo agradable, pero no era nada comparado con la cena.

El experimento fue diseñado para medir el «pensamiento flexible» de las aves, escribe Ackerman. Pero me parece que también tiene un corolario: la utilidad de renunciar. En un nivel básico, renunciar se reduce a cesar una acción para iniciar otra. Por lo tanto, renunciar es un eslabón integral en la cadena de pasos cognitivos de un ave. A menos que esté dispuesta a renunciar a obtener la semilla que, sin saberlo, es inaccesible para siempre a pesar de que es tentadoramente visible en la copa favorita, pasará hambre. La determinación por sí misma es irrelevante para un pájaro. La supervivencia es el objetivo, no obtener puntos por estilo. Y en este caso, abandonar y seguir adelante es la única estrategia efectiva para que el ave obtenga comida.

Por supuesto, debemos ser cautelosos a la hora de inventar claros paralelismos entre el mundo animal y el nuestro, y de atribuir demasiadas cualidades humanas a animales cuyos pensamientos y emociones, después de todo, nos son desconocidos. Como escribe Sheldrake, el aficionado a los hongos: «La opinión científica predominante es que es un error imaginar que hay algo deliberado en la mayoría de las interacciones no humanas». Pero es difícil resistirse a establecer ciertas conexiones, ya que podemos observar las decisiones de otras criaturas de renunciar cuando les beneficia.

MOMENTO DE BANDERA BLANCA

Así es como imaginé mi renuncia: esperaría a que apareciera ese sentimiento tan familiar, aquel en el que preferiría ser tragada por el núcleo de la Tierra que completar una tarea más en mi trabajo. Entonces, en lugar de hacerla, simplemente... no la haría. No contestaría el correo electrónico... Le diría a mi editor: «¿Sabes qué? Hoy es mi último día». Luego cerraría sesión en Slack para siempre.

KATIE HEANEY

En un centro de investigación en Nueva Zelanda, escribe Ackerman, un científico llamado Alex Taylor trató de averiguar cómo piensa un cuervo. Él y sus asistentes instalaron un área de juegos para cuervos en la que, si el cuervo levanta un palo, el palo tira de una cuerda; la cuerda está unida a un trozo de carne. Por lo tanto, el cuervo recibe un bocadillo. Si el cuervo es capaz de ver el bocadillo que viene hacia él, el levantamiento y el tirón suceden sin dudarlo. Sin embargo, si el cuervo no puede ver la carne, deja de intentarlo. La perseverancia está ligada a la seguridad de una recompensa tangible. Y tiene sentido.

«Sin el refuerzo visual de la carne acercándose más y más, indicándoles que continúen con la actividad», explica Ackerman en su libro, «solo uno de los 11 cuervos tiró espontáneamente de la cuerda un número suficiente de veces para obtener la carne». Los cuervos «tienen una habilidad extraordinaria para notar las consecuencias de sus acciones». Si creen que una actividad no los está llevando a ninguna parte, dejan de hacerla. Al requerir sustento, como todos los seres vivos, un cuervo no puede desperdiciar sus esfuerzos en algo que no sea seguro; hacen un cálculo, en el que equilibran el gasto probable de energía y tiempo contra la potencial obtención de alimento: «Tengo hambre. ¿Hay algo de carne a la vista que justifique el estar tirando de esta pequeña cuerda tonta? ¿No? Entonces, adiós».

Tomemos un momento rápido para imaginar si el experimento se hiciera con humanos en lugar de cuervos. Influidos por nuestra valorización de la determinación, estaríamos tentados a gritar y animar al número 11, el que siguió adelante incluso sin garantías de que su esfuerzo valdría la pena: «¡Tú puedes! ¡No te rindas!». Y tacharíamos a los otros 10 de desertores. Sin embargo, la realidad es que esforzarse en nombre de un objetivo que podría no funcionar puede agotar los recursos que estarían mejor dirigidos a otra parte. Las aves viven con un margen de supervivencia mucho más estrecho que los humanos, por supuesto, pero la lección es válida para ambos: la perseverancia no siempre es la mejor estrategia.

Se observó una relación costo-beneficio similar en las decisiones tomadas por los pájaros pergoleros machos, los *boytoys* del mundo de las aves. Ellos «no ofrecen ningún beneficio directo como colegas» a las hembras, escribe Ackerman. Se trata de un espectáculo superficial de aspecto llamativo y atractivo. Los machos llevan a cabo bailes extravagantes y movimientos de alas frenéticos, chillidos fuertes y saltos animados, todo para atraer parejas potenciales. El espectáculo es un elaborado proyecto de construcción: la pequeña y extraña gruta que un pájaro pergolero macho crea con fragmentos de objetos, palos y baratijas brillantes, cualquier cosa que pueda robar con facilidad para impresionar a las hembras de la especie.

A los pájaros pergoleros machos les encanta acumular artículos azules. Los investigadores no saben por qué, pero así es. En cambio, rechazan los artículos rojos. Si un macho encuentra un objeto rojo en su escondite, lo sacará rápido del nido y lo descartará con mal humor. Por lo tanto, para medir su capacidad de resolución de problemas, los investigadores colocaron una teja roja en el emparrado, y la aseguraron al suelo con tornillos para que al ave le resultara imposible de quitar.

Excavar, arañar y tirar de la odiada teja roja para tratar de retirarla resulta inútil. En algún momento, el pájaro lo consigue. «Los machos más inteligentes», escribe Ackerman, «descubrieron rápidamente una estrategia novedosa para lidiar con la situación: cubrir lo rojo con hojarasca u otras decoraciones».

Sin embargo, antes de que puedan implementar el plan B, estos Einsteins del mundo de las aves deben completar un paso esencial: tienen que deshacerse del plan A. Deben dejar de cavar y rascar. Tienen que abandonar el esquema que *no* funciona y proponer uno que sí funcione. En otras palabras, tienen que renunciar. De lo contrario, no podrán atraer a una pareja y, por lo tanto, transmitir sus genes.

La naturaleza es despiadadamente eficiente: en rigor, negocios, todo el tiempo. «Cuanto más aprende uno sobre plantas y animales», ha escrito Coyne, «más se maravilla uno de cómo los diseños se adaptan a la forma de vida». Deben obtener una tasa máxima de retorno en sustento por el esfuerzo desembolsado, o perecerán. Es una proporción fríamente implacable. Cada gesto, cada decisión, debe sincronizarse con el objetivo de sobrevivir.

Lo que nos lleva de vuelta a Biles y las abejas.

La final de los Juegos Olímpicos de Tokio 2021 no fue la primera vez que Biles se retiró de una competencia. Sucedió en 2013, en un evento en los Estados Unidos, y al menos otras dos veces también, como les ocurre a otras gimnastas. Y aunque los periodistas deportivos han intentado, en un momento u otro durante la espectacular carrera de Biles, explicar qué la hace tan especial (¿es su asombroso equilibrio, su extraordinario enfoque y aplomo, su asombrosa flexibilidad, su inmensa fuerza central, el férreo rigor de su ritual de entrenamiento o, como especuló la propia Biles en *New York* en 2021, «un don otorgado por Dios»?), el elemento en verdad esencial podría no ser ninguno de los anteriores.

Todos esos atributos son importantes, sí. Pero ¿y si el más importante es la capacidad de renunciar estratégicamente cuando el precio de no renunciar es demasiado alto?

Esa noción va en contra de casi todo lo que nos enseñan a creer sobre la resiliencia de los campeones, sobre su impulso incesante y su implacable sentido de propósito. Pero tal vez la resiliencia pueda significar algo más que superar obstáculos, más que apretar los puños, ignorar el dolor y abrirse camino.

Tal vez la resiliencia, paradójicamente, también puede significar la voluntad de renunciar.

En ese momento en Tokio, Biles hizo una evaluación rápida y crítica: «¿Vale la pena lo que estoy arriesgando?». «No era físicamente capaz», le dijo más tarde a Camonghne Felix de *New York*. No había sentido su habitual aumento de confianza cuando llegó al país cinco días atrás, recordó, y sus dudas solo se intensificaron a medida que avanzaban los eventos preliminares.

Su deporte es uno que involucra el cronometraje en fracciones de segundo y el riesgo perpetuo de lesiones graves. No poder ubicar tu cuerpo en el espacio, los bien llamados *twisties*,* es aterrador, señaló Biles, y podría haber mucho más en juego: «Básicamente, un asunto de vida o muerte».

Para atletas de élite como Biles, la comprensión de su capacidad física está en el núcleo de todo lo que emprenden. Deben ser conscientes, segundo a segundo, con precisión milimétrica, de sus fortalezas y debilidades. Por lo tanto, para una atleta tan en sintonía con su cuerpo como lo es Biles, la elección estaba clara. A pesar de toda la satisfacción que le brinda su deporte, toda la alegría y todo lo que dependía de su participación ese

---

* Bloqueo mental que les ocurre a los gimnastas. (N. de la t.).

día, no valía la pena el riesgo de morir o sufrir una lesión catastrófica. La elección heroica, la elección resiliente, no fue la de perseverar. Fue la decisión de renunciar.

A diferencia de una abeja, Biles no puede volar (aunque, si la has visto en acción, sabes que se acerca mucho más que el resto de nosotros). Pero comparte un rasgo importante con las abejas que puede haber contribuido a su notable ascenso: comprender cuándo renunciar.

Justin O. Schmidt es un renombrado entomólogo y autor de *The Sting of the Wild*, un ingenioso libro sobre algo desagradable: insectos que pican. Los seres vivos, me dice, haciéndose eco de Coyne, tienen dos objetivos, y esos objetivos son rudimentarios: «Comer y no ser comidos». Si algo no funciona, un animal deja de hacerlo, con una notable ausencia de alboroto o excusas.

Los seres humanos son las únicas criaturas que renuncian y luego se molestan, escriben publicaciones autoflagelantes en las redes sociales, confiesan dudas a sus amigos mientras beben cocteles y se insultan a sí mismos mientras se miran con tristeza en el espejo.

Para una abeja, el impulso por sobrevivir conlleva el compromiso de asegurarse de que habrá más abejas, así que defiende su colonia con un abandono temerario. Cuando una abeja pica a un depredador potencial, muere porque la picadura la eviscera (solo las hembras pican). Dadas esas probabilidades, una tasa de mortalidad del 100% después de la picadura, ¿qué abeja en su sano juicio tomaría la decisión de picar si esto no le reportara algún beneficio?

Por eso, me explica Schmidt desde su laboratorio en Tucson, a veces renuncian. Cuando una criatura que puede representar una amenaza se acerca a la colonia, es muy posible que la abeja *no* la pique. Elige, en efecto, renunciar, no dar el siguiente paso y apresurarse a defender el nido, a costa de su vida.

Sus experimentos, cuyos resultados publicó en 2020 en *Insectes Sociaux*, una revista científica internacional que se centra en insectos sociales como abejas, hormigas y avispas, revelan que las abejas hacen cálculos sobre la marcha, por así decirlo; deciden si un depredador está lo bastante cerca de la colonia para ser una amenaza legítima y, además, si la colonia tiene suficiente potencial reproductivo en ese momento para justificar el último sacrificio. Si el momento cumple con esos criterios (peligro genuino [✓], colonia fértil [✓]), las abejas son feroces luchadoras, dispuestas a perecer por el bien común.

Pero si no... pues no lo hacen. No se involucran. «Las abejas deben tomar decisiones de vida o muerte basadas en evaluaciones de riesgo-beneficio», me dice Schmidt. Como una gimnasta que se enfrenta a una maniobra vertiginosamente difícil que podría resultar letal, sopesan el peligro de su próximo movimiento frente a lo que está en juego, midiendo el peligro inminente frente a las posibilidades de éxito y la recompensa potencial, y calculan las probabilidades. Y si la proporción no tiene sentido, renuncian.

Así que renunciar puede salvarle la vida si es un pinzón o una abeja, o un atleta olímpico. Pero ¿qué pasa con el resto de nosotros?

Por lo general, no perecemos cuando le decimos que se largue a alguien que se está metiendo en nuestro espacio personal, como lo hace una abeja con un depredador. O cuando pasamos demasiados minutos tratando de quitar la envoltura de aluminio a un burrito, que es quizás el equivalente humano más cercano a un pinzón con un abrojo que no coopera. ¿Renunciar puede ser una cuestión de vida o muerte para nosotros también?

Trágicamente, la respuesta es sí.

En 2001, un jugador de futbol de la Universidad Northwestern llamado Rashidi Wheeler murió durante una sesión de práctica en agosto. Ese mismo año, un jugador de los Minnesota Vikings, Korey Stringer, también murió después de un intenso entrenamiento en condiciones de calor extremo. En 2018, un atleta de la Universidad de Maryland, Jordan McNair, colapsó y luego murió de un golpe de calor después de esforzarse sin descanso en la práctica en un día sofocante. Y en 2020, Grant Brace, un luchador de la Universidad de Cumberlands, murió durante un ejercicio de equipo que requería que los jugadores subieran y bajaran una colina en un día caluroso. Según las noticias, Brace dijo: «Necesito agua. Alguien ayúdeme. Siento que voy a morir». Entre 1998 y 2018, al menos 34 atletas murieron durante las prácticas.

Estos individuos brillantes y capaces tenían que haber sido conscientes de que algo andaba mal. Los síntomas del agotamiento por calor no son sutiles: mareos, dolor de cabeza intenso, náuseas, dificultad para hablar, calambres musculares. Pero no se detuvieron. Hicieron caso omiso de las señales de su cuerpo para renunciar. Y las personas a su alrededor que es presumible que no estaban incapacitadas (entrenadores y compañeros de equipo) supuestamente no les dijeron que lo hicieran. ¿Cómo pudieron las personas inteligentes y sus mentores concienzudos pasar por alto las señales?

MOMENTO DE BANDERA BLANCA

No quería rendirme [durante un nado competitivo de larga distancia]. Fue tan extraño. Podía sentir que me desvanecía... Había algo tan horrible en el hecho de darse por vencida. Pero... tan solo me dejé llevar. Dejé que mi rostro cayera al agua, sentí que me arrastraban hacia el bote. Me estaba ahogando en esa agua densa, y luego me subieron al bote... Todo me dolía mucho... Con total exasperación, el médico dijo: «¿No se da cuenta de que estaba en una situación que ponía su vida en peligro?».

LYNNE COX

Después de todo, nuestro cuerpo está *diseñado* para decirnos cuándo renunciar. Se pone en alerta máxima cuando lo sometemos a un estrés intenso. Nos envía mensajes para que nos detengamos, y esos mensajes son el equivalente de una sirena y una luz roja intermitente. Como escribe el profesor Robert Sapolsky, de la Universidad de Stanford, en su libro clásico sobre la fisiología del estrés *¿Por qué las cebras no tienen úlcera?*, nuestro cuerpo hace todo lo posible para avisarnos cuando estamos sobrecargados y no podemos mantener el equilibrio alostático: la frecuencia cardiaca, la frecuencia respiratoria y la presión arterial se disparan. «Estamos en problemas», nos grita nuestro cuerpo. «Auxilio. Auxilio».

Es importante destacar que esta angustia no es solo física. El estrés psicológico puede ser igualmente agudo y tener consecuencias nefastas similares si se ignora. Como dice Bessel van der Kolk en su humano y distinguido libro *El cuerpo lleva la cuenta*: «La labor más importante del cerebro es asegurar nuestra supervivencia, incluso en las condiciones más miserables. Todo lo demás es secundario».

Si nuestra vida se nos ha ido de las manos de algún modo, si no estamos haciendo algo que se siente bien, si no estamos alimentando nuestro cuerpo y nuestra alma adecuadamente, si no vivimos de acuerdo con los valores y estándares que alguna vez imaginamos para nosotros mismos, el impacto en nuestro bienestar general puede ser catastrófico. Si no renunciamos, es posible que no sobrevivamos.

Solo pregúntale a Jody Alyn.

«Cuando decidí divorciarme, mis amigos me dijeron: "¿Por qué haces eso?". Yo respondí: "Porque me estoy muriendo". En lo interno, en lo emocional, así es como se sentía», me dice Alyn. «De hecho, solía decirle a la gente: "Escapé antes de morir"».

Ella trabajó en un centro de salud mental durante muchos años y también se desempeñó como coordinadora de diversidad para la ciudad de Colorado Springs. Después de eso, abrió una firma de consultoría para empresas y particulares, que sigue teniendo gran éxito. Es divertida, inteligente, elocuente y atractiva. Es pensativa y mesurada.

En otras palabras, no es alguien que por lo común sea propensa a la hipérbole, o que permita que sus emociones se salgan de control.

Sin embargo, cuando me describe sus razones para poner fin a su matrimonio después de criar a dos hijos, y para cambiar por completo su vida, Alyn presenta la decisión en los términos absolutamente dramáticos que un pinzón hambriento entendería: si no hubiera renunciado, habría perecido.

Alyn no fue la única en presentar su elección de esa manera. A lo largo de docenas de entrevistas, otras personas hicieron lo mismo. De hecho, había una notable similitud en la forma en que la gente me hablaba sobre su decisión de cambiar aspectos significativos de su vida. Todas las historias tenían detalles diferentes, pero una frase aparecía en todos los ámbitos: vida o muerte.

No veían el hecho de renunciar como una opción más entre muchas otras. Renunciar, dicen, se sentía como *la vida misma*. Muchos fueron enfáticos al respecto: renunciar no es solo una buena idea. Es oxígeno. Es el sustento básico.

«En mi entrenamiento aprendí mucho sobre perseverancia», me dice Alyn. «Podía superar cualquier cosa. Podría convertir los desafíos en "experiencias de aprendizaje"», dice con ironía. «Pero la verdad es que me quedaba en situaciones más de lo debido; tenía que sentir mucho dolor antes de darme cuenta de que era hora de un cambio».

Sus amigos no entendían lo mucho que sufría, recuerda Alyn, incluso cuando trató de confiar en ellos. «Me repetían lo mismo todo el tiempo: "¡Te ves bien!". Pero cómo se ve uno desde afuera y cómo se siente por dentro son dos cosas *completa-mente* diferentes. Al final, pensé para mis adentros: "No puedo soportarlo más"».

El 4 de septiembre de 2021 empacó su Subaru Outback gris y salió de Colorado Springs en dirección al este. «Se me ocurrió la idea de, durante un año, vivir en diferentes lugares para descubrir dónde quería vivir. Si tenía que trabajar en una cafetería, una librería, una biblioteca o donde fuera, lo haría».

Entonces, ¿qué tal le ha funcionado? «Ha sido maravilloso. No hay palabras para decirte lo magnífico que ha sido. No he tenido un solo momento de arrepentimiento».

Admite que al principio fue difícil acostumbrarse a la idea de tan solo... *renunciar*. Y empezar de nuevo. «Oh, es todo un insulto... "¡Desertor!". Mi padre solía decir: "Debes tener apego a la actividad". Y "Una vez que comienzas un trabajo, nunca lo dejes hasta que esté terminado". Algo sobre la ética de trabajo protestante se filtra en nosotros de la misma manera en que siempre lo hace el sesgo implícito. Y cuando cambiamos de rumbo, hay un elemento de haber estado equivocado, de haber cometido un error». Lo cual no es algo particularmente agradable de reconocer.

Cuando le pregunto si se siente valiente por haber hecho un cambio tan dramático, Alyn objeta con rapidez: «¿Es valiente decir: "No me dejaré morir?". No. No es valor. Es autoconservación». Luego me ofrece una risa cálida y cómplice. «Una parte importante de un momento de "A la mierda, voy a *hacerlo*" es que no tienes que justificar todo lo que estás haciendo. Realmente, solo tenemos una vida».

———————

Una epifanía similar le ocurrió a Christine Sneed, una escritora y maestra que trabajó en Chicago durante dos décadas hasta ese momento en mayo de 2018 cuando de repente se dio cuenta de que sentía que su vida estaba mal.

«Tenía que irme. No podía seguir haciendo las mismas cosas que estaba haciendo», me dice, a pesar de que esas «cosas» incluían un sólido historial de logros. Había publicado cuatro libros con buenas reseñas en seis años mientras enseñaba escritura en la Universidad Northwestern. Pero se sentía atrapada. Sin dirección. «Era cuestión de poder levantarme de la cama por la mañana con el mismo apetito. Estaba tan cansada todo el tiempo. Solo tenía que confiar en mis instintos».

Así que ella y su pareja, Adam, un entrenador de futbol juvenil, se mudaron a Pasadena, California. Ahora escribe guiones y novelas. «Incluso si es difícil, es *mi* vida. No me arrepiento de las decisiones que he tomado. Estar aquí se ha sentido como una renovación. En Chicago sentía que ya no podía mirar hacia el valle bajo nuestro condominio sin sentir deseos de estrangularme». Agrega, con astucia: «¡O a alguien más!».

Tanto para estas dos mujeres como para otras personas que conocerás en este libro, la creciente convicción de que absolutamente tenían que hacer un cambio significativo en su vida no fue un impulso fugaz, un casual «Bueno, tal vez algún día...», una especie de contemplación ociosa. Fue un paso radical de «ahora o nunca». Un umbral. Un portal a un mundo nuevo.

El cerebro humano, como el cerebro de todos los seres vivos, sabe qué hacer cuando la supervivencia está en juego: renunciar

RENDIRSE: UNA ESTRATEGIA DE VIDA

y hacer otra cosa. El cerebro de Alyn lo sabía. Sneed lo sabía. Incluso el moho mucilaginoso en una placa de Petri lo sabe. Entonces, ¿por qué no lo hacemos con más regularidad?

En su provocativo libro *Hiperagotadas*, Emily Nagoski y Amelia Nagoski señalan que saber cuándo renunciar «nos llega de la misma manera que al pájaro y a la ardilla, en forma de una intuición silenciosa que está fuera de la racionalidad. Simplemente escuchamos la voz dentro de nosotros que dice: "Has hecho todo lo que puedes aquí. Es hora de seguir adelante"». Sin embargo, con demasiada frecuencia la ignoramos: «Los humanos, en especial las mujeres, tienen una capacidad extraordinaria para ignorar esta voz».

Las mujeres en relaciones abusivas a veces reciben consejos de amigos y familiares bien intencionados para que perdonen al perpetrador y vuelvan a intentarlo, para evitar romper un hogar. Se les aconseja que el compromiso con una pareja debe ser prioridad por sobre todo, incluido el daño físico o emocional infligido por esa persona.

Renunciar y salir de ahí, abandonar una relación, es desafiar poderosas normas sociales, escriben las hermanas Nagoski: «Vivimos en una cultura que valora el "autocontrol", el "valor" y la persistencia. A muchos de nosotros se nos enseña a ver un cambio en las metas como "debilidad" y "fracaso"... Si "fallamos" para lograr una meta, es porque hay algo mal con nosotros. No luchamos lo suficiente, no "creímos en ella"».

Por supuesto, hay ocasiones en las que lo logramos. Decides que vas a rendirte. Podría ser un trabajo que necesitas dejar ir o una pareja. Si eres un estornino, podría ser esa semilla en el fondo de la copa amarilla. «Esto no me está funcionando», piensas, «y me estoy agotando por nada». Así que haces lo que hicieron

Alyn y Sneed. O lo que hacen las abejas y los cuervos. Renuncias para tener el tiempo y la energía para ir tras otra cosa. Algo más prometedor.

Y todo comienza con la contracción de una neurona.

NOTA DE PERMISO

Quieres renunciar. En el fondo lo *sabes*: es hora. Cuando una situación no se siente bien, escucha a tu cuerpo y a tu mente. Renunciar e ir en otra dirección es una estrategia de supervivencia, al igual que para otros animales. No dejes que el miedo a que te llamen desertor te impida protegerte del daño físico y mental.

Capítulo dos

✦ ——— ✦

La neurociencia detrás de «Nop, ya no más»

En mi opinión, la intención y la fuerza de voluntad...
están muy sobrevaloradas. Rara vez logras algo con ellas.

June Huh

Todd Parker reconoció las señales.

Tan solo cinco años antes había renunciado a un
puesto docente titular en la Universidad DePaul en Chicago.
Era el trabajo perfecto para él, o eso había pensado. Era precisamente el tipo de trabajo con el que había soñado mientras obtenía su doctorado en literatura inglesa en la Universidad de
Cornell. Pero renunció a DePaul en 2006 para convertirse en
monje franciscano. Parker fue enviado a servir en San Francisco
y trabajar en un comedor de beneficencia.

Cuatro años más tarde ahí estaba de nuevo ese sentimiento
familiar: la comezón por renunciar. La convicción de que estaba en el camino equivocado. La vida religiosa no satisfizo su
alma como él esperaba. Ya no sentía un llamado.

Así que renunció por segunda vez. Entró a la escuela de enfermería. Regresó a Nuevo México, donde había nacido y crecido, y comenzó a trabajar en un centro que brinda atención médica a adultos discapacitados. Por fin, me asegura cuando lo llamo para preguntarle cómo le va, ha encontrado su vida.

«Puedes plantear la narrativa como un cambio heroico», dice Parker, «pero para mí fue más motivado por el miedo. Miedo a convertirme en algo muy por debajo de lo que había imaginado para mí, profesional y éticamente. Miedo a quedar moribundo».

Cada vez que Parker renunció, primero al salón de clases y luego al claustro, era fácil rastrear lo que sucedía en el *exterior*. Se mudó de Chicago a San Francisco y a Albuquerque. Pasó de la chaqueta de *tweed* a la sotana y al uniforme médico.

Sin embargo, lo que sucedía en el *interior*, dentro del laberinto de espejos resquebrajados y telarañas de sus cerca de 86 mil millones de neuronas, cerca de la misma cantidad que tiene cada uno de nosotros, en realidad fue más significativo, porque marcó el punto de partida. En el primer instante en que consideró renunciar, eso fue todo: el sitio donde realmente comenzó su abandono, mientras pulsos eléctricos y químicos zumbaban y burbujeaban entre esas células cerebrales, dirigiendo lo que hacía y cuándo lo hacía.

Informados por fascinantes experimentos realizados en los últimos años con peces cebra, ratones y ratas, los investigadores ahora saben más que nunca sobre la neurociencia de darse por vencido: cómo un tipo particular de célula, motivado por un conjunto especial de desencadenantes químicos, «renuncia», es decir, cesa una acción.

Si eres un ser humano, esa acción podría ser renunciar a un trabajo. O dejar a un cónyuge. O encender, o no, el siguiente cigarrillo. El punto es que todo lo que hacemos, desde pequeños gestos insignificantes en un segundo de reflexión hasta acciones grandes, trascendentales y que cambian la vida y que se producen después de meses o años de contemplación, implica abandonar un camino por otro.

«Para los humanos, existen muchas formas en las que abandonamos los comportamientos», me dice el doctor Misha Ahrens. «Algunas de esas formas podrían ser similares a las de un pez».

En su laboratorio en el Campus de Investigación Janelia en el Instituto Médico Howard Hughes en Ashburn, Virginia, Ahrens y su equipo observan rutinariamente un fenómeno que, hasta hace poco, nunca se había visto en tiempo real: el cerebro completo de un organismo vivo mientras decide que una tarea es inútil y renuncia. Usando técnicas como la ingeniería genética y la microscopía tridimensional, estos neurocientíficos pueden observar el cerebro de un pez durante el proceso de rendirse. Lo que esperan es que algún día podamos aplicar esa información a la complejidad y sofisticación del cerebro humano.

La nueva ciencia de renunciar tiene un gran potencial para mejorar nuestra vida, creen Ahrens y sus colegas. Los descubrimientos podrían ayudar en la búsqueda de tratamientos efectivos para la adicción a las drogas y el alcohol. O traer alivio a aflicciones psiquiátricas como el trastorno obsesivo-compulsivo y otras condiciones autodestructivas. U ofrecer formas de mejorar la flexibilidad cognitiva. Porque renunciar se encuentra en el corazón del esfuerzo humano. Se trata de comportamiento y toma de decisiones. Se trata de motivación e iniciativa. Se trata de elección y aspiración. Se trata de la depresión, la ansiedad y la recuperación. Se trata del porqué empezamos y nos detenemos y empezamos de nuevo.

Y para Ahrens y sus colegas neurocientíficos, la búsqueda comienza en el cerebro de una criatura que es más pequeña que una esquirla.

———

Sabemos todo y nada sobre el cerebro.

«Incluso los principios operativos básicos que rigen la interconexión de las células del cerebro han permanecido dolorosamente esquivos», escribió el doctor Florian Engert, un legendario profesor de biología molecular y celular en la Universidad de Harvard.

Sabemos *cómo* alguien bebe una taza de café, porque es fácil de ver: toma el asa de la taza con un par de dedos curvados y un pulgar, bebe un sorbo, vuelve a dejar la taza. La acción puede ser observada por cualquiera que desee mirar: el agarre, el levantamiento, el sorbo. Pero comprender la compleja interfaz entre la intención del bebedor de café y su acción posterior, ¿la parte que no podemos ver? ¿El vínculo entre neurona y Nespresso?

Eso es mucho, *mucho* más difícil.

Engert fue el supervisor de Ahrens en el laboratorio de Harvard antes de que este último estableciera su propio laboratorio hace una década. Mientras trabajaba para Engert en una beca posdoctoral, Ahrens formó parte de un equipo que realizó un experimento revolucionario, uno que asombró al mundo de la ciencia del cerebro: la imagen de las neuronas de un organismo vivo, alrededor de 100 mil en este caso, porque era un pez cebra en acción. Anteriormente solo se habían observado fragmentos y piezas de actividad neuronal en un momento dado.

«Intentamos ampliar los límites de lo que estos animales pueden hacer», recuerda Ahrens de su tiempo en el laboratorio de Engert. «Hay grandes diferencias en el cerebro de un momento a otro».

Una observación que hizo Ahrens durante ese histórico experimento de imágenes de todo el cuerpo, la forma en que un pez cebra nadaba vigorosamente y luego se detenía, «quedó grabada en el fondo de mi mente», recuerda. «Lo retomé cuando comencé mi propio laboratorio. Este cambio drástico de comportamiento era interesante. Un cerebro nunca es estático. Pero ¿cómo puede, de repente, hacer algo tan diferente? Algo está pasando dentro del cerebro».

Se dio cuenta de que los peces también hacían lo que hacen todos los animales, incluidos los humanos: abandonar y luego reanudar su actividad, una y otra vez. Pero ¿cómo? ¿Y en respuesta a qué señales en el cerebro?

———

Hasta las últimas décadas del siglo xx los científicos solo podían saber qué estaba haciendo el cerebro al identificar y medir las sustancias químicas que pasan entre los neurotransmisores. Esto les permitía «observar qué *alimentaba* la actividad neuronal, que es un poco como tratar de entender el motor de un automóvil estudiando la gasolina», escribe Bessel van der Kolk. Luego llegó algo que lo cambiaría todo: la tecnología de imágenes capaz de capturar el cerebro en acción mientras realiza su trabajo. «La neuroimagen», explica, «hizo posible ver el interior del motor».

Para neurocientíficos como Ahrens y Michael Bruchas, profesor de la Universidad de Washington cuyos estudios tienen como objetivo ayudar a las personas con problemas de adicción, la neuroimagen destaca los mecanismos por los que funciona el cerebro, segundo a segundo, sinapsis a sinapsis.

Sin embargo, incluso equipados con los dispositivos de imagen más sofisticados jamás creados, descubrir cómo el cerebro hace lo que hace sigue siendo un desafío abrumador para los investigadores. Para empezar, el cerebro no solo es increíblemente complejo, sino que nunca se detiene. «Las neuronas, influidas por los genes, el medio ambiente y hasta hace poco por las drogas adictivas cambian su forma y conectividad de manera constante», me dice Bruchas desde la oficina de su campus en Seattle. «Múltiples componentes cambian».

El escritor científico Ariel Sabar ideó una metáfora útil para describir la naturaleza del cerebro en cadena, y su vasta e intrincada interconexión: «Las células intercambian mensajes en forma de pulsos eléctricos, que corren a velocidades de milisegundos a lo largo de redes de fibras que se extienden por todas las regiones del cerebro», escribió Sabar en la revista *Smithsonian Magazine*. «En casi todo momento... el Beijing del cerebro está hablando por teléfono con su Helsinki, con La Paz y Kampala al mismo tiempo».

Y eso es cierto para la actividad más breve, más simple, más común y tonta en la que se involucra el cerebro, como tomar esa taza rápida de café. Así que buena suerte tratando de imaginar cómo resuelve un crucigrama o compone una sinfonía o realiza una voltereta o decide si abandonar o no la facultad de derecho. Un comportamiento como darse por vencido, incluso si es solo la interrupción temporal del movimiento de la cola por parte de un animal tan pequeño como un pez cebra, sigue siendo impresionantemente complejo.

Por cierto, si te estás preguntando por qué los laboratorios de neurociencia usan peces cebra para sus experimentos y por qué laboratorios como el de Ahrens y Engert tienen largas filas de estantes llenos de contenedores idénticos en los que nadan peces cebra, esperando para ponerse a trabajar, yo me preguntaba lo mismo. Resulta que esos resistentes pececillos tropicales, que normalmente se encuentran en los arroyos de agua dulce de la India y el sur de Asia, son baratos y fáciles de conseguir, y se reproducen con rapidez. También tienen genes con los que los científicos pueden jugar con facilidad, manipulando esos genes para que las neuronas parpadeen en verde brillante cuando están ocupadas. Además, el pez cebra es transparente en la etapa larvaria. Sabar lo expresa así: «Para leer la mente de los peces cebra bebés... lo único que había que hacer era mirar».

El pez cebra nada por instinto contra la corriente, de manera lenta pero constante. Para frustrar ese poderoso impulso, así como a los peces hasta que quieran renunciar, el equipo de Ahrens utiliza la realidad virtual. Equipan un tanque con retroalimentación visual: una pantalla sobre la que proyectan barras en movimiento. Esas barras hacen que el pez cebra crea que no progresa a pesar de sus esfuerzos. Para los peces se siente como si no fueran a ninguna parte, sin importar lo duro que naden.

La primera respuesta de los animales, me dice Ahrens, es esforzarse más. Gastan cantidades cada vez mayores de energía para tratar de impulsarse hacia adelante. Sin embargo, después de un corto periodo se dan por vencidos. Entran en un estado que él llama «pasividad inducida por la futilidad». Eso debería sonar familiar; como aprendimos en el capítulo 1, los animales no pueden gastar demasiada energía valiosa en una tarea sin sentido o morirán.

Usando técnicas de imagen, Ahrens y su equipo pueden rastrear lo que sucede dentro del cerebro del pez cebra en el momento en el que renuncia, e identificar la neurona específica que está involucrada en provocar el comportamiento de los animales. Identificar esta neurona fue un gran paso adelante en la ciencia de darse por vencido. Pero durante los primeros días de su investigación el pez cebra les lanzó una curva.

En lugar de una neurona, recuerda Ahrens, lo que se disparó primero cuando el pez se dio por vencido fue otro tipo de célula cerebral, que se encuentra tanto en los humanos como en los peces y todos los demás animales, llamada célula glial. A diferencia de las neuronas, las células gliales no generan impulsos eléctricos. A veces llamadas células ayudantes o de limpieza, se pensaba que las células gliales solo apoyaban a las neuronas más importantes, como un equipo de mecánicos para un corredor de carreras. «Las neuronas están optimizadas para ser superrápidas», me dice Ahrens. «Se sabía que las células gliales operaban más lentamente». Sin embargo, ahora los científicos creen que las células gliales tienen un papel más importante que el que se creía antes y que son cruciales para funciones esenciales como el procesamiento de la memoria y la respuesta del sistema inmunitario. Bajo un microscopio, estas células gliales parecen estallidos desaliñados, entrelazando sus tentáculos alrededor de las neuronas cuyas operaciones apoyan.

«La gente ha tomado imágenes de células gliales. Se sabía que había actividad en ellas, pero simplemente no sabíamos para qué eran», dice Ahrens. «Siempre me ha costado creer que solo estaban allí para mantener sanas a las neuronas».

De los tres tipos de células gliales, agrega Ahrens, las conocidas como astrocitos radiales se activaron en el momento en que el pez se rindió.

Según un informe sobre el experimento publicado en 2019 en la revista *Cell*, este es un breve resumen de lo que sucede: las células gliales rastrean los esfuerzos del pez cebra, y cuando se cruza un umbral (los investigadores aún no saben qué es, pero podría ser un cierto número de intentos) el mensaje se envía, y es contundente: *renunciar*.

Así que es el astrocito previamente olvidado, no la tan anunciada neurona, el que reacciona a la frustración del pez y permite que el animal tire la toalla.

«Establecimos que los astrocitos eran esenciales para completar este circuito neuronal», me dice Ahrens. Eso fue un gran problema en el mundo de la neurociencia. «Ha habido muchas hipótesis sobre lo que podrían hacer los astrocitos. Pero no se había aclarado en un cerebro vivo».

Para verificar su hipótesis, Ahrens usó un láser para desactivar los astrocitos involucrados en el proceso de renunciar. El resultado fue un pez que le fascinaría a un Vince Lombardi moderno: un pez sin un interruptor de «apagado». «Si eliminas o silencias esas células [astrocito]», dice Ahrens, «obtienes un pez que básicamente nunca se da por vencido».

Y cuando el equipo de Ahrens manipuló los astrocitos para que esas células gliales permanecieran activas, crearon lo contrario: un pez que estaba demasiado dispuesto a renunciar, que dejaba de nadar fácilmente. Los científicos no tuvieron que recurrir al truco de la realidad virtual de hacer creer a los peces que sus esfuerzos no tenían sentido. Con los astrocitos encendidos, los peces ni siquiera se molestaron en intentar perseverar.

Sin la intención de faltarle el respeto al pez cebra, ¿qué significan estos avances para los seres humanos? ¿Cuál es la recompensa para ti, para mí y para cualquiera que esté tratando de crear una vida más feliz y productiva?

Sabemos que renunciar es una función central del cerebro. Estos «estudios de ciencia básica», como los llama Ahrens, ayudan a sentar las bases para el siguiente nivel: ciencia aplicada y medicina. En neurociencia no puedes saltarte pasos. Las ideas se basan unas en otras. ¿Se podrían modificar los astrocitos para regular el impulso de renunciar, o no renunciar, en el cerebro humano?

«Podría ser», reflexiona Ahrens, «que entremos en el mismo tipo de estado pasivo como resultado del mismo mecanismo. Pero aún no se sabe».

Por ahora, las implicaciones finales de su trabajo para los seres humanos pueden estar a muchos años y muchos experimentos de distancia. Actualmente, Ahrens y su equipo continúan investigando cómo los astrocitos hacen lo que hacen. Entre las preguntas está la siguiente: ¿qué sustancias químicas se liberan y en qué orden para suprimir o iniciar la actividad en las neuronas que le dicen al pez que se detenga o continúe?

Todo lo que Ahrens puede decir con certeza es que estamos cada vez más cerca de comprender cómo el cerebro regula el esfuerzo y lo detiene cuando no contribuye a las perspectivas de supervivencia del organismo. Y a pesar de que su propio trabajo requiere un esfuerzo incansable durante un largo periodo, acepta mi punto sobre el dudoso valor de la determinación: «"Nunca te rindas...". No me gusta eso», reflexiona. «No siempre es la estrategia correcta. Debes ignorar el hecho de que te has esforzado mucho. Eso no hace que el resultado sea más valioso».

Michael Bruchas piensa mucho sobre pensar.

Es parte de la descripción de su trabajo como neurocientífico. Pero al hablar con él y escuchar su entusiasmo cuando describe los avances que él y su laboratorio de 30 personas en la Universidad de Washington han logrado en los últimos años, te das cuenta de que es mucho más que un trabajo para él. «Esto me apasiona mucho», confirma Bruchas.

Su título oficial es prueba de la enorme complejidad de su obra. Es profesor de anestesiología y medicina del dolor y farmacología, con nombramientos conjuntos en el departamento de bioingeniería y en el Center of Excellence in Neurobiology of Addiction, Pain, and Emotion (Centro de Excelencia en la Neurobiología de la Adicción, el Dolor y las Emociones) de la universidad.

Bruchas conoce los dones y las glorias del cerebro: cómo nos permite escalar montañas y tejer bufandas y escribir sonetos y resolver ecuaciones matemáticas y preparar un *soufflé*. Pero también es consciente de cómo ese mismo órgano puede causar un sufrimiento terrible y un dolor emocional sostenido a quienes padecen enfermedades mentales, desde la depresión clínica hasta la esquizofrenia y los trastornos de ansiedad, desde la dependencia de las drogas y el alcohol hasta la alimentación excesiva y los trastornos obsesivo-compulsivos.

Mientras más sepamos sobre el cerebro, cree Bruchas, más cerca estaremos de ser capaces de aliviar ese sufrimiento. Y cuanto más sepamos sobre renunciar, los momentos en que el cerebro decide cambiar el comportamiento, más sabremos sobre el cerebro en conjunto.

MOMENTO DE BANDERA BLANCA

Decidí que entendería la teoría de Einstein. Buscaría un libro y traduciría todas las palabras desconocidas para tener palabras que yo entendiera. Así que fui a la biblioteca Widener a buscar un libro, de preferencia uno de Einstein, ya que obviamente entendía la teoría. Las tres primeras páginas resultaron bastante bien. Pero el segundo día me encontré con una ecuación [que era incomprensible]. Así terminó mi intento. Había chocado contra una pared. Ese fue el paso importante… Al final de mi segundo año sentía que entendía lo suficiente de al menos el trasfondo filosófico de la relatividad como para que una charla con Einstein resultara útil.

Jeremy Bernstein

«Hay dos poblaciones que se verían beneficiadas» por su investigación sobre renunciar, explica Bruchas. «Personas deprimidas que no están lo suficientemente motivadas. Y en el lado opuesto, el abusador de sustancias, que está *muy* motivado, pero hacia las cosas equivocadas. Si podemos *apuntar* a ciertos receptores, podemos modular ciertos comportamientos. Nuestro objetivo es comprender la neuromodulación».

«En el cerebro», continúa, «hay señales eléctricas y señales químicas. Estamos enfocados en los transmisores químicos que son los moduladores». En experimentos con ratones y ratas «aumentamos y reducimos las señales químicas». Estas señales, me dice, son recibidas por «una clase de receptores que han evolucionado durante miles de años. Estamos tratando de entender a los mensajeros».

En 2019, Bruchas y su equipo informaron de un gran avance: identificaron el lugar donde ocurre la interacción entre las neuronas involucradas con la motivación, llamadas neuronas de nociceptina, y los receptores con los que se conectan, y cómo ocurre esa interacción. En la parte del cerebro llamada área tegmental ventral (ATV) estas neuronas especiales liberan nociceptina, que suprime la dopamina. El ATV está ubicada en el centro del cerebro.

La mayoría de nosotros está familiarizada con la dopamina en estos días debido a su reputación como planificador de fiestas del cerebro; la encargada de asegurarse de que todos se diviertan, de los sentimientos placenteros que obtenemos de cosas como la comida, el sexo y la música. Pero la dopamina, esencialmente, un mensajero químico que se mueve entre las neuronas, también está asociada con la motivación y los buenos momentos. Si nos deshacemos de la dopamina, que es una de las cosas que hacen las moléculas de nociceptina, tenemos un desertor entre manos.

En sus experimentos, Bruchas y sus colegas notaron que casi en el mismo momento en que un ratón decide que ha tenido suficiente y deja de hacer lo que estaba haciendo, las neuronas de nociceptina se vuelven más activas. La dopamina es suprimida por la liberación de nociceptina, que, explica Bruchas, envía una proteína que se une a los receptores y bloquea la captación de dopamina. Sin la sensación de satisfacción proporcionada por la dopamina, el ratón se desanima y se da por vencido.

Entonces, ¿las neuronas de nociceptina desencadenan la renuncia, o la renuncia desencadena las neuronas de nociceptina?

«Todavía no lo sabemos», reconoce Bruchas. La respuesta, que él y su equipo están trabajando arduamente para determinar, podría agregar detalles al panorama general, que algún día podría ofrecer alivio a las personas que luchan con problemas como el juego compulsivo y otras adicciones.

«Puedes imaginar a una persona en una máquina tragamonedas», me dice. «Meten su dinero una y otra vez. Y seguirán haciéndolo. Pero en algún momento hay un umbral. Se dan por vencidos». Él y sus colegas replicaron ese escenario en el laboratorio: si un ratón tocaba un botón con la nariz, recibía una bolita de comida. «"¿Quieres otra?". Ahora tienes que picar el botón dos veces. Ahora cuatro. Ahora 16. Funciona en una escala exponencial. A la larga, el ratón decía: "No lo voy a hacer cien veces". Llegan a su punto de quiebre».

Todos conocemos la sensación: llega un momento en que simplemente hemos tenido suficiente. Nos hartamos. Podemos llamarlo «la gota que derramó el vaso». Estamos hartos. Así que nos detenemos.

Bruchas dice que observar el cerebro del animal en ese instante (llamémoslo el momento «No, ya fue suficiente») y ver cómo coincidía con el aumento repentino de las neuronas de nociceptina fue un descubrimiento crucial. Su esperanza es que la división de investigación y desarrollo de alguna compañía farmacéutica algún día cree medicamentos para manipular la actividad en el ATV, que ayuden a librarse de las garras de la adicción.

«Pero es complicado», advierte. «No sabemos qué está pasando en otras células. Es posible que desees bloquear una cosa, pero no otra. Siempre nos preguntamos: "¿Por qué está ahí esa parte del cerebro? ¿Por qué fue diseñado de esa manera?". La perseverancia es regulada de forma natural por el cerebro, posiblemente a través de múltiples vías».

Para nuestro cerebro, renunciar no es sencillo. De hecho, es una de las maniobras más difíciles que les pedimos que hagan, dice el doctor Thilo Womelsdorf de la Universidad de Vanderbilt, porque requiere una capacidad que los investigadores apenas comienzan a comprender en toda su amplitud y complejidad: la flexibilidad cognitiva.

Pero la buena noticia es que cuantas más veces le pidas a tu cerebro que haga algo que nunca antes había hecho, que pruebe algo nuevo, es decir, que vaya en otra dirección después de haber abandonado la actual, mejor lo hará. Un cerebro activo es un cerebro feliz. Renunciar es como ejercicios aeróbicos para el cerebro.

En experimentos recientes, me dice Womelsdorf, los investigadores han descubierto lo desafiante que es para el cerebro tomar lo que él llama decisiones de «quedarse o irse»: «Para que el cerebro sepa si debe cambiar o pasar a hacer algo nuevo, debe integrar todas las otras opciones que están disponibles. ¿Qué más hay? ¿Cuánto ha recibido ya y cuánto recibirá? Para tener el material que necesitas para decidir si debes quedarte o irte, muchas áreas del cerebro deben estar conectadas».

Womelsdorf, profesor asociado de psicología y ciencias de la computación en Vanderbilt, explica desde su oficina en Nashville que nuestro cerebro parece tener áreas especiales reservadas solo para este propósito: ejercitar la flexibilidad para cambiar de rumbo, o *no* cambiar de rumbo, si la situación actual se considera mejor que lo que encontrará después del cambio.

En un informe de 2020 publicado en *Proceedings of the National Academy of Science*, Womelsdorf y sus colegas en los departamentos de ingeniería e informática de la universidad y en el Vanderbilt Brain Institute (Instituto Vanderbilt del Cerebro) discutieron los resultados de los experimentos que muestran dónde están ubicadas esas áreas y cómo funcionan.

«Hay varias áreas del cerebro que sabemos que son responsables», dice Womelsdorf. Un área prometedora se encuentra debajo del manto cortical externo en los ganglios basales, que alberga las neuronas que nos permiten dominar las habilidades motoras finas necesarias para actividades como tocar el piano. Womelsdorf y sus colegas especulan que la misma flexibilidad física que permite, digamos, que una mano se estire una octava en el teclado de un piano, también ayuda al cerebro en su flexibilidad decisional mientras reflexiona sobre opciones, estrategias y posibles resultados.

Junto con el Centre for Vision Research (Centro de Investigación de la Visión) de la Universidad de York en Toronto,

Womelsdorf y sus colegas investigadores realizaron experimentos en los que midieron la actividad de las células cerebrales durante la realización de tareas difíciles, como tomar decisiones entre una variedad de posibilidades. El cerebro respondió con gusto, y se volvía más activo cuando un problema resultaba en particular abrumador.

Una vez que se dominaba un desafío, una vez que el cerebro estaba seguro del resultado, la actividad neuronal disminuía. Sin embargo, un nuevo problema hacía que volviera a aumentar. En el cerebro, la familiaridad engendra complacencia.

Kianoush Banaie Boroujeni, investigador del equipo de Womelsdorf que se desempeñó como primer autor del informe, lo expresó de esta manera en un resumen de los hallazgos: «Estas neuronas parecen ayudar a los circuitos cerebrales a reconfigurarse y hacer la transición de información anteriormente relevante y una conexión tenue para atender a la información nueva y relevante». El cerebro, en otras palabras, se divierte mucho al aceptar el desafío.

La plasticidad del cerebro, su capacidad para cambiar a lo largo de nuestra vida y adaptarse a nuevas circunstancias, y hasta reconectarse cuando es necesario, es bien conocida ahora. Los científicos solían pensar que el cerebro era básicamente una caja negra: la cantidad de neuronas que tenías al nacer era todo lo que tendrías. Pero ahora sabemos que no es así. La plasticidad es la responsable de que las personas de 70 años aprendan a tocar el fagot o a bailar tango. Así es como Todd Parker pudo pasar de ser un profesor de literatura a un enfermero registrado, y dominar un conjunto de habilidades por completo diferente, así como una gran cantidad de información nueva.

Pero ¿y si el cerebro no es capaz de hacer eso? A veces una incapacidad, ya sea innata o adquirida, puede interferir con la cognición. Si las neuronas que permiten la flexibilidad cognitiva no funcionan correctamente, dice Womelsdorf, es posible que las personas no *puedan* cambiar su atención de una tarea a otra. Están atascadas. No pueden adaptarse a un nuevo entorno. Por el contrario, su atención puede cambiar con demasiada facilidad y tienen el problema opuesto: son «incapaces de concentrarse en información importante durante un periodo prolongado». Womelsdorf espera que algún día su investigación pueda ayudar a las personas que sufren de trastorno obsesivo-compulsivo y problemas similares. Con ese fin, él y sus colegas en otros departamentos de Vanderbilt están desarrollando medicamentos para tratar enfermedades como la esquizofrenia, y enfermedades que causan deterioro mental como el Alzheimer. Saber más sobre lo que sucede en el cerebro a medida que realiza su trabajo, y dónde y cómo ocurre ese trabajo, ayudará en ese esfuerzo, dice.

Sin embargo, con todo lo que sabemos, apenas estamos en el umbral de comprender por completo las redes neuronales que subyacen a la flexibilidad cognitiva, advierte Womelsdorf. Las neuronas se involucran en «cambios muy rápidos» que nos permiten tomar decisiones para rendirnos o seguir adelante. «Hay neuronas en el cerebro que inhiben a otras neuronas cuando necesitas dejar un comportamiento. Esto desinhibe aquello que quieres hacer. Estos eventos neuronales nos permiten dejar una cosa y hacer otra».

De hecho, puede haber «circuitos que hagan que renuncies y pruebes otra cosa». Su investigación tiene un objetivo general que es a la vez simple y sorprendentemente complejo: «Encontrarlos».

El cerebro prospera con los desafíos. Como los investigadores han demostrado en una variedad de experimentos, abandonar una actividad y comenzar otra cautiva al cerebro, reforzando su capacidad de resolución de problemas y agudizando su desempeño a medida que emprende nuevas tareas. En ese sentido, nos parecemos mucho a otros animales: nuestro cerebro, cuando funciona correctamente, parece diseñado para renunciar de modo regular y estratégico.

Sin embargo, de una manera crucial, no nos parecemos en nada a esas otras criaturas, y esa distinción sugiere una posible causa de nuestra actitud conflictiva frente a renunciar. Aun cuando renunciar es una decisión inteligente, algo puede interferir con ella.

«De hecho, algunas veces somos como cualquier otro animal», escribe Sapolsky en *Compórtate*, y los investigadores pueden agruparnos con otras criaturas y hacer amplias generalizaciones sobre lo que hacemos y por qué. Pero no siempre. Agrega: «A veces la única manera de entender nuestra humanidad es considerarnos únicamente humanos, porque las cosas que hacemos son únicas... Construimos culturas basadas en creencias sobre la naturaleza de la vida y podemos transmitir esas creencias de forma multigeneracional».

No importa cuánto nos guste creer que somos pensadores independientes y que tomamos nuestras propias decisiones, somos parte de una sociedad más grande. No podemos escapar.

Nuestro cerebro no es un motor herméticamente sellado de pensamiento puro. Como nos recuerda Van der Kolk: «El entorno social interactúa con la química del cerebro». Y el naturalista Bernd Heinrich lo expresa de esta manera en su libro *Life Everlasting: The Animal Way of Death*: «La cultura es como la tiza y la piedra caliza formadas por los organismos de épocas pasadas bajo nuestros pies. Es el residuo de nuestro conocimiento, nuestras debilidades y aspiraciones que se han acumulado a lo largo de los siglos. Es la vida no material que absorbemos en nuestro cerebro a través de nuestros ojos y oídos, así como las plantas absorben los nutrientes a través de sus raíces».

Vivimos en medio de representaciones artísticas de ideas: las novelas, las películas, las series de televisión, las canciones, los tuits, los memes, los anuncios, los poemas, las vallas publicitarias, los eslóganes, las publicaciones de Instagram y los videojuegos que nos rodean. Nos dan forma, crean nuestros deseos, influyen en nuestras actitudes y nuestras acciones.

También hacen algo más por nosotros: nos dicen cómo sentirnos acerca de renunciar.

NOTA DE PERMISO

Es importante mantener tu cerebro ágil y flexible. Pero ¿cómo? El cerebro es como el cuerpo: anhela el movimiento y el cambio. Por lo tanto, vale la pena reevaluar constantemente los métodos y objetivos. Reflexionar sobre posibilidades alternativas para tu vida. Si decides rendirte, no lo veas como una rendición, sino como ejercicios aeróbicos para tu cerebro.

Capítulo tres

✦ ———— ✦

Jennifer Aniston renuncia a su trabajo: El bello arte de decir: «Hasta luego»

> Será un poco turbio, pero acoge el desorden.
> Será complicado, pero regocíjate en las complicaciones...
> Y no te asustes. Siempre puedes cambiar de opinión.
> Sé de lo que hablo: he tenido cuatro carreras y tres maridos.
>
> Nora Ephron

En una escena de la película clásica de culto de 1999 *Enredos de oficina*, Joanna (Jennifer Aniston) está harta de Stan, su jefe bufón con anteojos, y los botones tontos que él la hace usar en su uniforme de mesera. Cuando Stan le dice por enésima vez que le falta «estilo», ella explota.

Porque está harta. Ya no puede más. Ya tuvo hasta *aquí*, ¿entendido?

Lo que sucede a continuación se ha visto más de un millón de veces en YouTube, un meme que significa el desafío a todas las reglas estúpidas establecidas por todos los jefes idiotas en todos los lugares de trabajo chupadores de almas desde el principio de los tiempos; Joanna declara: «Odio este trabajo. ¡Odio este maldito trabajo y no lo necesito!».

Y después de enseñarle el dedo de en medio, se va.

La popularidad de la escena revela cuán profundamente resuena el acto de renunciar. Porque renunciar puede nacer en nuestro cerebro, pero nuestro cerebro vive en el mundo, el mundo cultural, el mundo de *Enredos de oficina* y otras ilustraciones creativas de darse por vencido.

No importa cómo consideremos el gesto de Joanna, como un golpe a favor de los derechos de los trabajadores en la lucha contra la maquinaria corporativa despiadada o como un rencor mezquino, nadie se muestra indiferente. Nadie es neutral. Del mismo modo, nadie puede ver con indiferencia el penúltimo episodio de la segunda temporada de la exitosa serie *Hacks* de 2022 de HBO Max, cuando Jimmy (Paul W. Downs) renuncia de manera dramática a su trabajo en la agencia de administración. O lo animas o te retuerces de incomodidad. O aplaudes o pones los ojos en blanco ante su necedad miope. No hay término medio. Es por eso por lo que tales escenas son un índice ingenioso para medir cómo te sientes en realidad acerca de renunciar.

Después de ver a Jimmy y Joanna tomar su postura, ¿podrías estar más inclinado a hacer lo mismo la próxima vez que un supervisor te haga enfadar? O por contrario: si normalmente eres demasiado imprudente o alocado, ¿ver a alguien más renunciar por impulso te haría un poco más paciente y moderado? De hecho, tal vez para eso están las películas, reflexiona Matthew Specktor en sus memorias sobre Los Ángeles, *Always Crashing in the Same Car*: para recordarnos quiénes somos en realidad. «El arte invita a la identificación», escribe, y agrega: «Creo que el arte y la vida se persiguen». No es que el entretenimiento tenga que ser didáctico, sino que podemos renunciar indirectamente a través de personajes en películas, programas de televisión y novelas antes de dar el salto nosotros mismos, si prestamos atención a cómo nos hace sentir ese tipo de renuncia: liberados con suficiencia o avergonzados y arrepentidos.

«Hay una razón por la que estas escenas se vuelven memes populares», dice Emily Zemler, una escritora de entretenimiento que vive en Londres. «Un solo cuadro tiene mucho significado». Ella cita el momento en *Mad Men* cuando Peggy Olson (Elisabeth Moss) renuncia y «camina por el pasillo con su caja de cosas y un cigarrillo». Nos atraen estas escenas porque, dice Zemler, «se convierten en claves para nuestros deseos, especialmente aquellos que quizás no tengamos la oportunidad de representar por nosotros mismos. Renunciar requiere muchas agallas y es un movimiento muy arriesgado. ¿Quién no ha querido responderle a un jefe molesto o dejar un trabajo de mierda con mucho estilo? Es un sueño compartido que muy pocos de nosotros podemos cumplir».

Pero, en general, escenas como esa no son la norma cultural, lo que podría ser la razón por la que nos provocan una pequeña emoción subversiva. Más a menudo, renunciar se ha descrito a lo largo de los años como lo peor que puedes hacer, como el último refugio del gato perezoso y miedoso. Nuestros héroes de películas clásicas son los chicos y las chicas que no se dan por vencidos: Will Kane, el personaje de Gary Cooper en *A la hora señalada* (1952), que se enfrenta solo a los malos cuando el resto de la ciudad se tiñe de amarillo, o Rooster Cogburn (John Wayne) en *Temple de acero* (1969), que no abandonará su búsqueda de justicia, o Karen Silkwood (Meryl Streep) en *Silkwood*

(1983), decidida a exponer la verdad incluso cuando su vida está en juego. Esas películas icónicas han ayudado a reforzar la idea de que renunciar es la salida del cobarde.

«Creo que la mayoría de la gente subestima cuán profundamente nos afectan los medios que nos rodean», dice Devon Price, psicólogo social y autor de *Laziness Does Not Exist: A Defense of the Exhausted, Exploited, and Overworked*. «Así que no es de extrañar que estar inundados con imágenes de héroes rudos, valientes e independientes una y otra vez durante décadas tenga un impacto intenso en nosotros.

»Estamos rodeados de tropos mediáticos desde una edad muy temprana, y no se nos enseña a dudar de esos mensajes o cuestionarlos», continúa Price. «Desde que somos muy jóvenes, somos por completo bombardeados con programas de televisión, anuncios, películas, y ahora videos de redes sociales que usamos para obtener inferencias lógicas sobre cómo funciona el mundo, quiénes somos en ese mundo y cómo se espera que nos comportemos. Esto afecta el comportamiento humano de muchas formas ampliamente documentadas».

Las imágenes culturales son influencias sutiles pero muy efectivas, cree Price. «Tendemos a consumir medios de forma pasiva cuando estamos cansados, solos, buscando un escape, y cuando no estamos de ánimo para cuestionar lo que estamos recibiendo. Esto hace que sea muy fácil que nuestras expectativas y puntos de vista sean moldeados por los medios de comunicación a lo largo del tiempo».

Y es así, me dice Price, que el mito de la perseverancia puede hacer su trabajo sucio antes de que seamos plenamente conscientes de ello. «Estas mitologías de coraje y perseverancia también están profundamente ligadas a nuestros mitos nacionales sobre lo que es Estados Unidos y a la ética de trabajo protestante y nuestra programación religiosa y cultural. Todo esto solo sirve para profundizar ese condicionamiento».

No es de extrañar que la mayoría de nosotros quiera bailar de alegría cuando Joanna le muestra el dedo a su tonto y despistado gerente. O cuando Jimmy rechaza una orden directa de su jefe de dejar a Deborah Vance (Jean Smart) como cliente porque no es joven ni moderna, y él renuncia. Es como ver la carga de la Brigada Ligera.

La cultura se filtra en todos los rincones de nuestra vida. Cuando Ezra Klein necesitaba un título para su pódcast del *New York Times* del 18 de junio de 2021 sobre la economía a raíz de la pandemia, no optó por uno que hiciera referencia a la Reserva Federal o a los valores respaldados por hipotecas. Lo llamó «Welcome to the "Take This Job and Shove It" Economy» (Bienvenido a la economía de «Tome su trabajo y métaselo por donde le quepa»), haciendo referencia a la famosa balada *country* de 1978 escrita por David Allan Coe y cantada por Johnny Paycheck.

La literatura clásica también está impregnada de temas de renuncia, y no importa hace cuánto tiempo fueron escritas, las novelas y las obras de teatro están llenas de momentos de gran dramatismo que probablemente se hacen eco de un dilema al que te enfrentas aquí y ahora. Como Isabel Archer en la obra de Henry James *El retrato de una dama* o Nora en *Casa de muñecas*, de Henrik Ibsen, es posible que te enfrentes a una elección entre abandonar una relación regular y liberarte, o seguir las convenciones y quedarte donde estás. Al igual que Ahab en *Moby-Dick*, es posible que estés luchando con una obsesión enfermiza que estás desesperado por abandonar.

Y si crees que todas las escenas de renuncia son en su mayoría parecidas (alguien lanza un ultimátum o un arpón y se marcha con la cabeza en alto) y que las emociones provocadas por estas escenas son básicamente las mismas, debes profundizar más en el tema.

Renunciar nunca es tan simple.

———————————

En la icónica película de 1982 *Reto al destino*, Mayo (Richard Gere) aspira a ser piloto de la marina. Sin embargo, se las arregla para irritar al sargento Foley (Louis Gossett Jr.) demasiadas veces, y ahora Foley está tratando de incitar a Mayo a renunciar, obligándolo a pasar por un régimen de extenuantes proezas físicas. Orillado al borde por el dolor y el agotamiento, Mayo finalmente grita: «¡No, señor! ¡Puede echarme de aquí, pero no voy a renunciar!».

Aquí, la posibilidad de que alguien se dé por vencido despierta la emoción opuesta a la que sentimos cuando el personaje de Aniston se va. En *Enredos de oficina*, renunciar significa libertad. En *Reto al destino*, significa devastación emocional: Mayo está a punto de perder a sus camaradas, su sentido de pertenencia, su propia identidad. Estamos apoyando a Joanna para que abandone su trabajo y se vaya; sin embargo, si Mayo lo hace, estaremos desilusionados y desconsolados. Esos momentos nos dicen mucho sobre nosotros mismos y sobre nuestra ambivalencia acerca de renunciar, nuestra relación de amor-odio con sucumbir a la presión y retirarnos.

Tal vez te guste la escena en la que Bridget Jones (Renée Zellweger) en *El diario de Bridget Jones* (2001) le dice una gran frase de despedida a su quisquilloso jefe, Hugh Grant, antes de abandonar las instalaciones: «Si quedarse aquí significa trabajar a menos de diez metros de ti, francamente prefiero tener un trabajo limpiando el culo de Saddam Hussein». O el momento insoportable pero hilarante en *Jerry Maguire* (1996) cuando el personaje principal interpretado por Tom Cruise se retira con garbo y exhorta a sus colegas a que lo sigan hasta la puerta. Solo Dorothy (Zellweger) lo hace. O la comedia de situación de 2022 *Pivoting*, cuando un grupo de amigos reacciona ante la muerte de su amigo haciendo estallar sus ordenadas vidas suburbanas y tambaleándose hacia lo desconocido. La ruptura más trascendental con las convenciones: Sarah (Maggie Q) deja su trabajo como cirujana traumatológica para trabajar por un salario mínimo en una tienda de comestibles. Y por primera vez en su vida es feliz. (Es posible que te parezca un poco fantástico, pero una amiga mía es médica de urgencias y me dice que es su momento favorito en cualquier programa de televisión, y un movimiento profesional que sueña con emular, especialmente después de una semana de turnos nocturnos).

Sin embargo, mucho más a menudo, renunciar se muestra de forma negativa. En los primeros momentos de la comedia de situación de 2021 *Abbott Elementary*, una maestra anónima sale por la puerta principal de la escuela, con una pequeña caja de cartón repleta de sus pertenencias: reglas, lápices, taza de café. Sin mirar atrás, le enseña el dedo de en medio a la escuela (a diferencia del disparo de despedida de Aniston, este está pixelado). Se está dando por vencida con los niños porque son demasiado para ella. Este tipo de renuncia no es noble. Es lamentable y egoísta.

Ver estas escenas puede ser terapéutico, teoriza Zemler: «Cuando un personaje que amamos renuncia, podemos sentir su tenacidad y audacia. Ese sentimiento puede inspirar a los espectadores a hacer grandes cambios ellos mismos, u ofrecer una sensación de aliento de que no estamos solos en querer dejar trabajos sin sentido y sin salida». O también, los significativos que se han vuelto demasiado estresantes.

Muchas escenas de renuncia comienzan de manera divertida, con una situación exagerada como la grosera despedida de Aniston en *Enredos de oficina*, pero después de un rato la risa muere en tu garganta y tienes la sensación de que algo más serio está pasando y que todo a partir de ese momento es desconocido y tal vez incluso un poco desquiciado. Un crepitar de aprensión recorre estas películas, un escalofrío de temeridad y miedo. Lo que sea que se deje atrás, ya sea un trabajo, un niño, un esposo o una esposa, o cualquier tipo de responsabilidad adulta, es como el último trozo de tierra firme antes de una caída libre hacia nadie sabe qué. La anarquía es divertida, pero solo temporalmente.

⚐ MOMENTO DE BANDERA BLANCA ⚐

El personaje que interpreté [en *Los Colby*] fue Constance Colby Patterson... Dejé el programa después de la primera temporada. Parecía estar diciendo las mismas cosas semana tras semana: la única forma en que la gente podía ver alguna diferencia en el desempeño era el hecho de que tenía un vestido diferente... Constance no iba a ninguna parte, pero yo sí... ¡Renuncié!

Barbara Stanwyck

Y a veces el momento de renunciar puede parecer estrafalario y genial, pero luego se establece una realidad aleccionadora. La audiencia, como los personajes que lo han tirado todo por la borda en un momento impulsivo, se pregunta: «¿Y ahora qué?». Eso es lo que sucede en la famosa escena final de *El graduado* (1967), cuando Elaine (Katharine Ross) deja abruptamente a su prometido en el altar para fugarse con Benjamin (Dustin Hoffman). Sentados uno al lado del otro en el autobús, sus expresiones se marchitan, pasando de la emoción a la dudosa incertidumbre. «¿Qué diablos hemos hecho?», parecen decir sus rostros. Renunciar siempre tiene un precio.

Tammy (2014) sigue a una mujer con problemas y recientemente despedida (Melissa McCarthy) mientras le dice al mundo que se joda y sale a la carretera con su enérgica abuela (Susan Sarandon). Comienza como una de aquellas comedias de situación graciosas, pero poco a poco una especie de pavor progresivo se apodera de ti mientras miras: una cosa tras otra sale mal. Nada es seguro ni predecible, y es extraño e inquietante. *Eddie y los Cruisers* (1983) cuenta la historia de una estrella de rock (Michael Paré) que desaparece justo cuando su carrera cobra impulso, y el misterio de por qué renuncia nunca se resuelve. La renuncia en estas películas no es refrescante ni divertida. Es desesperada, nerviosa y peligrosa.

Renunciar aparece una y otra vez en nuestras historias favoritas, un testimonio de su lugar central en la experiencia del ser humano. Cuando nos encontramos riéndonos de ello en una comedia de situación o cantando al unísono la letra de una canción o conmoviéndonos profundamente en un drama, recordamos que el acto de rendirse es trascendental y transformador. Leer un poema como «No entres dócilmente en esa buena noche» de Dylan Thomas, en el que se insta a un padre moribundo a resistir la muerte, a «resistir el llamado de la luz», puede dejarnos conmocionados, pero en una de dos maneras muy diferentes.

Para algunas personas, el poema resulta increíblemente convincente, y lo interpretan como un poderoso testimonio de la importancia de luchar por la vida hasta el último aliento, como un mandato urgente para nunca darse por vencido. Otros lo ven como una falta de voluntad para aceptar la inevitabilidad de la muerte. ¿Qué es para ti? La cuestión de renunciar, en este caso, dejar la vida misma, es una especie de prueba de Rorschach sobre nuestras actitudes ante un viaje que todos debemos emprender en algún momento.

«Y decir que sí a esta versión de su vida significaría decir no a otra versión de su vida», reflexiona el narrador en la novela de 2021 de Dana Spiotta, *Wayward*, que tiene un acto simple pero catastrófico de renunciar en su esencia. «Lo que sea que ella fuera, la suma total de 53 años en esta tierra, en este cuerpo, era insuficiente para lo que vendría después. Claramente, tenía que cambiar».

En la novela, «ella» es Samantha Raymond, una mujer de clase media alta que tiene problemas para dormir; en realidad tiene problemas con muchos aspectos de su vida, desde el matrimonio hasta la maternidad. Su marido no la entiende. Su hija adolescente la ignora. Su propia madre se está muriendo. Se siente perdida. Y entonces ¿qué hace ella? Compra una casa vieja y se muda. Sola.

Sam renuncia a su vida con el fin de conseguir... ¿qué? Ese es el riesgo: a veces no lo sabes hasta que lo haces, y para entonces ya es demasiado tarde para *deshacerlo*.

«Renunciar es una palabra negativa», dice Spiotta desde su oficina en la Universidad de Siracusa, donde enseña escritura creativa. «Pero tienes que renunciar antes de poder hacer otra cosa. La casa le habla. Se deja seducir por la posibilidad de otra vida. Tal vez pueda rehacerse mudándose a otro lugar».

MOMENTO DE BANDERA BLANCA

Dejé la universidad en mi segundo año. Pensé que eso era lo que tenía que hacer para convertirme en escritora. Fue bastante dramático. Y me he divorciado. Uno puede llegar a involucrarse tanto en el *statu quo*... La inercia se instala. No te das cuenta de lo atascado que estabas sino hasta que estás fuera de ello. Se necesita un salto para renunciar.

DANA SPIOTTA

Al escribir *Wayward*, me dice la autora, estaba tratando de «lidiar con la pregunta: "¿Puedes realmente dejar atrás tu pasado?". Tal vez no puedas. Puedes empezar de nuevo, intentar ser feliz. Pero sientes el juicio de la sociedad cuando renuncias a un trabajo o a un matrimonio».

Renunciar funciona bien como recurso argumental porque es «dramático y complicado», dice Spiotta. «Es difícil saber si estás haciendo algo porque estás huyendo de algo o corriendo hacia algo».

La novela de Spiotta está en buena compañía. La reinvención a través de un acto audaz de renuncia es un acto seminal para los personajes de la literatura clásica, desde Huck Finn y Jim dirigiéndose río abajo en *Las aventuras de Huckleberry Finn* (1884), de Mark Twain, hasta el escape de Jay Gatsby de su pasado en *El gran Gatsby*, de F. Scott Fitzgerald (1925).

Tu reacción a novelas como estas (si las acciones de los personajes principales te hacen pensar: «¡Lo entiendo!» o «¿Cómo se le ocurre?») puede decirte cuánto control crees que cualquier individuo tiene sobre su vida en última instancia. ¿Puedes dejar a tu familia y volver a crearte desde cero, como lo hace Gatsby? ¿Puedes cambiar tu vida abandonando la civilización y dirigiéndote río abajo en una balsa? ¿O tan solo terminarás volviendo a ser quien eras en primer lugar?

Como escribe Adam Phillips en su ensayo de 2022 «On Giving Up» en *London Review of Books*, renunciar energiza las historias de Franz Kafka y las obras de Shakespeare, en especial *Macbeth* y *El rey Lear*, y los ensayos de Sigmund Freud. «Nuestra historia de rendirnos, es decir, nuestra actitud hacia ello, nuestra obsesión con ello, nuestra negación de su significado, puede ser una pista para... las creencias, las oraciones, alrededor de las cuales nos hemos organizado», escribe Phillips, psicoterapeuta.

Se le ocurre una definición inventiva de los héroes trágicos: son «ejemplos catastróficos de la incapacidad de rendirse». Es una nueva forma de mirar a Lear, Hamlet, Macbeth y Otelo, personajes impulsados por compulsiones de las que no pueden librarse, como la venganza, la ambición y los celos, estados de ánimo que los mantienen cautivos de una forma más definitiva que un tipo malo con un arma.

La tensión entre renunciar o no es lo que hace que el tema sea tan ideal para el drama, escribe Phillips: «Tendemos a pensar que rendirnos, de manera habitual, es falta de coraje. Tendemos a valorar, e incluso idealizar, la idea de terminar las cosas, de terminarlas en lugar de abandonarlas. Renunciar tiene que estar justificado de una forma en que no lo está el hecho de completar las cosas; rendirse no suele hacernos sentir orgullosos de nosotros mismos; es no estar a la altura de nuestro yo preferido».

Sin embargo, para el Capitán Ahab, el personaje que busca furiosamente a la ballena blanca titular en *Moby-Dick*, de Herman Melville, renunciar es todo lo contrario. Es lo único que quiere dominar pero no puede; es el objetivo que no puede lograr. No poder abandonar su larga búsqueda cs la causa de su tormento: «¿Qué es esto, esta cosa sin nombre, inescrutable, sobrenatural; qué amo oculto y engañoso, qué emperador cruel e implacable me domina; que contra todos los amores y anhelos naturales sigo empujando; y el hacinamiento, y atascándome todo el tiempo...?», ruge y gime a Starbuck en la novela clásica publicada por primera vez en 1851.

———————————

«Take This Job and Shove It» está muy lejos del *Don Giovanni* de Mozart, pero ambos establecen la idea de renunciar con música de fondo. En este último, Donna Elvira le ruega al personaje principal que abandone sus días de mujeriego. No tiene suerte. Al darse cuenta de que nunca va a suceder, se rinde. Don Giovanni paga un alto precio por su conducta lasciva (eso, si crees que ser arrastrado al infierno es una forma menos que ideal de pasar tus años dorados), y Donna Elvira se dirige al convento.

Ese resumen proviene de Roger Pines, dramaturgo de Lyric Opera of Chicago durante casi un cuarto de siglo. Cuando le pregunté acerca de temas de renuncia en óperas conocidas, no dudó; se le ocurrió una larga lista más rápido de lo que uno puede terminar su bebida en el intermedio una vez que las luces se han atenuado. Algunos puntos destacados:

En *La Traviata*, de Verdi, Violetta renuncia a su esperanza de felicidad con Alfredo, habiendo renunciado primero a su vida como cortesana. En *La Perichole*, de Jacques Offenbach, Perichole abandona su vida en la calle con Piquillo; y en *Das Rheingold*, de Richard Wagner, Alberich se ve obligado a renunciar al anillo que creó. «Alberich maldice el anillo y entonces empieza todo el problema», explica Pines, que «dura el transcurso de tres óperas más». Renunciar, ya sea al amor, a la felicidad o a la vida misma, está en el corazón mismo de la ópera, me dice.

 MOMENTO DE BANDERA BLANCA

Cuando tenía 18 años, solo pensé: «No voy a tocar esto nunca más». El clarinete era mi pasión. Algo que en verdad amaba. Recuerdo haber pensado: «¡Soy realmente buena en esto!». Pero pensé que debía tener una carrera en la que ganara dinero. Y era muy mala para renunciar cuando era niña (porque era perfeccionista). Compré un clarinete el fin de semana pasado. ¡Primera vez que lo toco en 40 años! Y todo el conocimiento musical volvió.

Diane Casey

La sombra de renunciar cae sobre cada página de *Bartleby, el escribiente*, la fascinante novela de 1853 de Melville. Aquí, la descripción de darse por vencido es lo opuesto a lo que se encuentra en *Moby-Dick*. Ahab quiere renunciar, pero no puede; por otro lado, el abandono de Bartleby se acelera, hasta que finalmente no hace más que renunciar. Ninguno de ambos destinos es lo que podría llamarse óptimo.

Bartleby, un hombre de «misterios silenciosos», tiene un trabajo en el que debe copiar documentos en una oficina de Wall Street. Al principio, su trabajo es aceptable, aunque rechaza algunas tareas con un inexpresivo «Preferiría no hacerlo». Poco a poco, esto se convierte en una falta de voluntad para hacer cualquier cosa. «Por fin, en respuesta a mis insistencias», recuerda el narrador, «me informó que había renunciado a copiar para siempre». Finalmente, es necesario sacarlo por la fuerza de la oficina.

Bartleby muere en la cárcel, «acurrucado en la base de una pared, con las rodillas dobladas y acostado de lado, con la cabeza sobre las piedras frías». Su modo de vida (la renuncia) al final se convierte en su modo de morir.

Si no te identificas con Bartleby y su hábito de renunciar de manera continua (y espero por tu propia felicidad que encuentres otro modelo a seguir), es posible que te atraiga el narrador del cuento de John Updike «A&P», que renuncia en un hermoso gesto inútil. Publicado por primera vez en el *New Yorker* en 1961, el cuento agridulce ha sido incluido repetidamente en antologías desde entonces, una prueba más del constante atractivo del drama de renunciar.

«A&P» es narrado por un niño que trabaja en una pequeña tienda de comestibles. Una tarde de verano entran varias chicas jóvenes en traje de baño. El viejo gerente malhumorado se ofende por la informalidad de sus atuendos y se lo dice, a lo que el niño, en un acto espontáneo de galantería, renuncia como protesta: «Tiro del moño en la parte de atrás de mi delantal», cuenta, «y empiezo a quitármelo de los hombros». Al final de la historia ya no tiene trabajo y sabe que nunca volverá a ver a las chicas. «Sentí un hueco en el estómago», reflexiona con tristeza, «al sentir lo difícil que sería el mundo para mí de ahora en adelante».

———————

La cultura importa, nos recuerda el biólogo Heinrich: «No somos solo el producto de nuestros genes. Somos también el producto de ideas... Las ideas tienen efectos duraderos en nosotros».

Y esos efectos no siempre son positivos, en especial cuando se trata de imágenes de perseverancia. Price ofrece esta advertencia: «Al igual que las novelas de Horatio Alger del pasado, los medios populares de hoy en día todavía nos enseñan a adorar el trabajo duro y menospreciar a los perezosos».

Lo que es peor, cuando los *influencers* de Instagram y las celebridades de YouTube afirman que, si no renuncias, también puedes ser rico y famoso como ellos: «Cuando las estrellas más exitosas atribuyen su buena fortuna por completo a la diligencia con la que han trabajado», escribe Price, «hacen que las personas tengan expectativas poco realistas sobre las probabilidades de éxito y cómo se reparte la riqueza en este país».

Mientras disfrutamos del brillo azul de nuestras pantallas, absorbiendo mensajes culturales sobre los peligros de renunciar y el esplendor de la determinación, nuestro cerebro está trabajando, asimilando esas imágenes e ideas. Sin embargo, si parece que hemos llegado a la mitad de la trama, es porque así es. Como toda buena película de superhéroes, la perseverancia tiene una historia de origen. Un comienzo. La idea de que aguantar a toda costa es bueno (y rendirse siempre está mal) fue *creada*. Desarrollada y alimentada para un propósito específico. Convertida deliberadamente en un mito idealizado.

Pero ¿dónde, por quién y por qué?

NOTA DE PERMISO

Has visto *Novia fugitiva* 12 veces. Levantas el puño con orgullo cuando Renée Zellweger regaña a Hugh Grant en *El diario de Bridget Jones*. Las escenas de renuncia te hacen sentir audaz y luchador, listo para hacer cambios en tu vida. O quizás no: quizás te dejen nervioso y aprensivo. Vuelve a ver tus escenas favoritas sobre renunciar. Tu reacción puede decirte mucho sobre tu nivel de comodidad con el cambio.

SEGUNDA PARTE

CÓMO «RENDIRSE» SE CONVIRTIÓ EN UNA MALA PALABRA Y POR QUÉ ES IMPORTANTE

Seguir viendo el trabajo duro como la clave del éxito nos permite conservar nuestra creencia en un mundo justo y racionalizar la desigualdad.

ADAM GRANT

Capítulo cuatro

✦ ——— ✦

Perseverancia insignificante

¿Conoces el dicho «Un ganador nunca
se rinde y el que se rinde nunca gana»?
A lo que *Freakonomics Radio* responde:
«¿Estás seguro? A veces renunciar es estratégico,
y a veces puede ser el mejor plan posible».

Stephen J. Dubner

Cuando Heather Stone habla, a veces se puede escuchar un ligero acento de su natal Kentucky, una suave cadencia sureña que es como una suave brisa que alborota ciertas sílabas. Sin embargo, la mayor parte del tiempo su voz es puro Chicago: tiene esa pedregosidad plana que parece decir «por qué andar por las ramas» de una mujer que ha pasado por mucho y no le importa compartir los detalles.

«Definitivamente, fue una época muy oscura», me dice. «Di el salto a ciegas, pensando que todo resultaría. Bueno, así fue (pero no como yo pensaba). Me sentí como un verdadero fracaso. Pero no iba a mirar atrás. Había tomado mi decisión. Solo tenía que lidiar con eso».

Stone es una antigua colega, y decido verla una tarde veraniega de domingo para ponernos al corriente. Se acaba de mudar a su nueva casa en el centro de Florida con su pareja, Kai, después de pasar un par de décadas lidiando con los inviernos a la orilla del lago Míchigan. Es un gran cambio, admite: «Miro por la ventana y veo musgo y palmeras. No hay ni un edificio alto a la vista».

Mientras prepara un sándwich de queso, me cuenta sobre la odisea que la alejó de un trabajo que amaba: fotógrafa del *Chicago Tribune*, un trabajo en el que volaba por todo el mundo para seguir las noticias en lugares como Etiopía, Egipto, Japón, Polonia, Francia... y lo que sea que viniera después. Lo único que sabe con certeza es que ya no será fotografía.

«En retrospectiva», dice, «todo tenía que suceder. Pero fue un momento difícil».

En 2008, después de 12 años en el *Tribune*, Stone renunció a su trabajo para abrir un negocio de fotografía en Chicago. «Renuncié en un momento de felicidad», recuerda. «La vida era color de rosa. Di un salto de fe». Pero no saltó muy lejos: misma ciudad, misma profesión. Sin embargo, para su familia, el cambio fue demasiado arriesgado. «Reaccionaron así: "*¿Qué? ¡Tenías un trabajo demasiado bueno... y lo dejaste!*"».

Al negocio le estaba yendo regular. Y tenía una gran hipoteca sobre su casa. Los números simplemente no estaban cuadrando. Stone se estaba poniendo nerviosa. El banco también.

Regresó al *Tribune*, no como fotógrafa de planta, sino como técnica en el laboratorio fotográfico por la mitad de su antiguo salario. Y nada de viajes a Francia o Egipto. «Fue un ejercicio de humildad», admite. Pero logró controlar sus finanzas, lo que significó que pudo renunciar de nuevo. En ese momento ella y

Kai (que también es fotógrafo) se miraron y se dieron cuenta de que ambos estaban pensando lo mismo: era hora de irse.

Florida sonaba interesante, en especial después de todos esos inviernos grises y duros del oeste medio. «Era el momento adecuado para hacer otra transición y así lo hice», declara Stone. «Viví en Chicago durante veinte años y lo experimenté plenamente. Era hora de otra cosa».

Al principio planearon alquilar, pero encontraron la casa perfecta para comprar. Kai tiene un trabajo estable haciendo videos de bodas. Stone no está segura de cuál será su próximo trabajo, solo sabe que no involucrará cámaras.

«Voy a tener que reinventarme aquí. Puedo volver a la escuela, tal vez. Solo quiero empezar a hacer algo». Se ríe. «Estoy improvisando todo esto a medida que avanzo, solo reaccionando al universo».

La odisea personal de Stone no le agradaría a Samuel Smiles. Si, por cortesía de un desgarro en el continuo espacio-tiempo, pudieras volver al Londres victoriano y contarle la historia de Stone, él negaría con la cabeza y fruncíría el ceño. Luego murmuraría: «No, no, no». Incluso podría llegar a estar tan agitado y horrorizado que sudaría su levita de doble botonadura, la clase de levita preferida por los caballeros de esa época: «¿Dejar su trabajo? *¿TRES VECES?* ¿Ir en una dirección por completo nueva? Y la noción de "simplemente reaccionar al universo", ¿qué clase de locura es esa?».

En 1859, Smiles publicó un libro titulado *¡Ayúdate!: Descubre cómo desarrollar el carácter, la conducta y la perseverancia* *con ejemplos prácticos y reales*. La decisión de Stone de cambiar de carrera a mitad del camino es precisamente lo contrario de lo que Smiles predicó con ahínco. Repleto de biografías inspiradoras de hombres exitosos, desde ingenieros hasta alfareros, geólogos y capitanes, y reforzado con parábolas edificantes y charlas motivadoras, *¡Ayúdate!* promovió la noción de que la perseverancia es la cualidad sin la cual uno no puede esperar llevar una vida feliz y próspera. El libro fue una sensación: los lectores lo recibieron con entusiasmo, y era discutido de manera acalorada en las tabernas y citado con frecuencia en los salones.

Para entender cómo llegamos aquí, es decir, cómo, en el siglo XXI, renunciar se ha convertido en sinónimo de fracaso, y por qué la frase «rendirse» hace que la mayoría de nosotros se estremezca de vergüenza, tenemos que volver aproximadamente al punto medio del siglo XIX, cuando Smiles empezó a vender perseverancia del mismo modo que los vendedores ambulantes promocionaban elixires mágicos para curar la gota y las palpitaciones del corazón.

Smiles, un escocés nacido en 1812, creía que había que elegir un camino y seguirlo, sin pivotar. Burlarse de los contratiempos. Romper los impedimentos. Trabajar duro y (esto es crucial) nunca, *nunca* rendirse.

«Él inventó el mercado de la autoayuda en el momento justo», me dice Peter Sinnema, profesor de inglés en la Universidad de Alberta, que escribió la introducción de la edición Oxford World's Classics de *¡Ayúdate!* y, por lo tanto, es un experto en la historia de la perseverancia. Él sabe todo acerca de las condiciones culturales en la Gran Bretaña del siglo XIX, una época en la que la Revolución Industrial estaba cambiando todo, cuando unos pocos amasaban grandes fortunas, mientras que la vida para la mayoría de las personas era una prueba de pobreza implacable. Los miembros más reflexivos y sensibles del público lector necesitaban una forma de reconciliar esta gran disparidad en la fortuna. Y fue el genio particular de Smiles, dice Sinnema, reconocer que los lectores no querían lecciones morales monótonas; preferían historias coloridas sobre personas exitosas, con detalles sobre cómo lograron salir adelante al resistir.

«Smiles creó un nicho de mercado dentro de un campo de deseo humano que sabía lo que quería», dice Sinnema. «Creó algo nuevo: convirtió la biografía en una forma inspiradora. En una economía de mercado emergente, era importante salir adelante en un mundo despiadado. Era: "Si alguien más puede hacerlo, yo también puedo hacerlo". La idea era que, si tenías la suficiente energía, podías tener éxito».

Lo que significa, por supuesto, que lo contrario también era cierto: si *no* tenías éxito, eso con seguridad significaba que no te habías esforzado lo suficiente. Habías vacilado. Te habías desviado del camino. Habías sido voluble e irresponsable. Y lo peor de todo, te habías rendido.

El mismo año en que apareció *¡Ayúdate!*, Charles Darwin finalmente publicó *El origen de las especies*. «Este fue un momento rico en la percepción del lugar de la humanidad en el mundo», dice Sinnema.

Lo que las ideas de Darwin hicieron en referencia al mundo natural, destrozando viejas certezas con la fuerza de un tornado, las de Smiles lo hicieron con el mundo cultural. Su libro insistía en que solo el trabajo arduo y la perseverancia podían brindar una vida que valiera la pena. ¿Matices como la suerte y el nacimiento afortunado? Adiós. Y durante los siguientes 40 años, Smiles publicó secuelas con títulos como *Character* (1871) y

Thrift (1875). Estos libros, igualmente populares, recalcaron el punto: depende de ti abrirte camino en el mundo. Si fallas, es tu culpa. De nadie más. Y es verdad que no es culpa de las políticas gubernamentales o de los tribunales: «Ninguna ley, por estricta que sea», escribió Smiles en tono de reproche en *¡Ayúdate!*, «puede convertir al ocioso en trabajador, al despreocupado en previsor o al borracho en sobrio. Tales reformas solo pueden efectuarse mediante la acción individual, la economía y la abnegación; por mejores hábitos, más que por mayores derechos».

Todas las historias de *¡Ayúdate!* tienen el mismo punto: tu destino está en tus propias manos. Si no eres rico, si no eres poderoso, si no estás satisfecho, es porque no hiciste lo que hicieron las personas en el libro de Smiles: no cavaste profundo, no sudaste ni te sacrificaste. Tu suerte en la vida es tu propia obra. No te molestes en culpar a nadie más.

A menudo se etiqueta a Benjamin Franklin con el apodo de «santo patrón del movimiento de autoayuda», como lo llama Walter Isaacson en *Benjamin Franklin: An American Life*. Es cierto que *El almanaque del pobre Richard* salió primero: Franklin lo publicó inicialmente en 1732, más de un siglo antes de que apareciera *¡Ayúdate!* Este «ayudó a iniciar una locura que persiste hasta el día de hoy, la de libros que presentan reglas simples y secretos sobre cómo tener éxito en los negocios y en la vida», escribe Isaacson. El trabajo de Franklin, que, como *¡Ayúdate!*, se vendió fabulosamente bien, contenía «máximas morales geniales», señala su biógrafo, junto con relleno como recetas, trivialidades y chismes.

Sin embargo, *¡Ayúdate!* es algo por completo diferente. Es un plan sistemático y muy detallado de cómo prosperar y conquistar, no nada más una alegre lista de trucos para la vida.

No son solo homilías y aforismos campechanos. Tampoco es divertido, como lo es a menudo el *pobre Richard*. Su propósito no es entretener, sino estimular y motivar al compartir las historias de «distinguidos inventores, artistas, pensadores y trabajadores de todo tipo», como escribió Smiles, todos los cuales «deben su éxito, en gran medida, a una industria y aplicación infatigables».

La gran idea de Smiles floreció a finales del siglo XIX y durante el XX: la diferencia entre ricos y pobres es solo culpa de estos últimos. La brecha seguramente no podría atribuirse a la codicia, la corrupción y la falta de conciencia social en las clases dominantes, ¿o sí? *¡Ayúdate!* liberó a los ricos del apuro. Y ahora, en el siglo XXI, continúa su pernicioso control sobre nuestra imaginación.

En este punto puedes estar pensando: «Hmm, bueno... eso es interesante, supongo, pero ¿qué tiene que ver este tal Smiles con el hecho de que odie mi trabajo? ¿Y de que esté tratando de encontrar el valor para renunciar?

En una palabra: todo.

Porque si no fuera por la prolongada influencia de *¡Ayúdate!*, es posible que no dudaras en absoluto. Tal vez ya te habrías despedido de tu compañero de cubículo y hecho un pago inicial en esa granja de llamas. Sin embargo, tal como están las cosas, estás luchando contra una idea cuyo poder solo se ha intensificado desde los días de Smiles, arrasando con el panorama cultural. *¡Ayúdate!* transformó el hecho de renunciar de una opción a un pánico moral. Marcó un cambio crucial en la forma en que las personas veían su vida, de considerar el destino como el resultado de una serie compleja de factores (entre ellos, la clase social y el nivel de ingresos de sus antepasados, y los dones físicos e intelectuales con los que estamos dotados) a creer que este surge de una sola y simple fuente: el esfuerzo individual, o la falta de este. Todavía vivimos con el legado de la filosofía de Smiles, culpándonos a nosotros mismos si nos sentimos frustrados y atorados, preguntándonos por qué parece que no podemos salir adelante y escapar de nuestro propio camino.

Es posible que Smiles ya no sea un nombre familiar, pero el principio de autoayuda que defendió controla todavía nuestras expectativas de una vida feliz y significativa. La ferviente creencia en la autocreación sigue siendo una fuerza impulsora. El floreciente movimiento de entrenadores de vida surge directamente del manual de autoayuda, tanto que, si Smiles estuviera vivo en este momento y dispuesto a cambiar esa levita y el cuello almidonado por pantalones de yoga y una camiseta cómoda, él mismo sería un entrenador de vida. Por supuesto, tendría una dura competencia para inscribir acólitos. En 2007, una mujer llamada Brooke Castillo, nombrada «la reina del mundo del entrenamiento (*coaching*) de vida» por *The Guardian*, convirtió la idea del empoderamiento de uno mismo en un imperio lucrativo de pódcast, libros y cursos en línea que continúa produciendo aún más entrenadores de vida. Sus ganancias se cuadruplicaron entre 2017 y 2019, informa el periódico, y en 2020, la Life Coach School de Castillo obtuvo 37 millones de dólares en ingresos brutos. A sus clientes, informa la periodista Rachel Monroe, se les dice que sus «problemas no son causados por circunstancias externas (malos jefes, suegras difíciles), sino más bien por su incapacidad para manejar sus propios pensamientos».

Sin embargo, hay un lado oscuro en este elevado concepto de la perfectibilidad. Por un lado, puede hacernos sentir inadecuados y avergonzados si nuestra vida no está a la altura de algún estándar arbitrario de alegría y valor neto, porque ¿no podrías haber trabajado más duro? ¿En serio? Vamos, admítelo.

Aún más insidioso es su efecto sobre nosotros en tiempos de desolación emocional. Como escribe la terapeuta especializada en duelo Julia Samuel en *No temas al duelo*: «Nuestra cultura está imbuida de la creencia de que podemos arreglar casi cualquier cosa y mejorarla... El dolor es la antítesis de esta creencia: evita la evasión y requiere resistencia, y nos obliga a aceptar que hay algunas cosas en este mundo que simplemente no se pueden arreglar».

Eso es difícil de reconocer en una cultura donde el objetivo de la perfectibilidad infinita se ha abierto camino de modo tan profundo en nuestra psique. Es difícil desenterrarlo, en especial, quizás, para los estadounidenses, que viven en una tierra en que la idea fundamental es la de la energía, el impulso y el optimismo inquieto. «Somos un pueblo con visión de futuro y preocupado por el futuro», reflexiona Sharon O'Brien en su introducción a una nueva edición de *Mi Antonia*, de Willa Cather, una novela que explora las dificultades y los peligros de la experiencia de los inmigrantes en el oeste estadounidense. «Vemos esta creencia... manipulados de manera más cruda y oportunista por la publicidad que satisface nuestro deseo de renovación: anuncios de cosméticos, zapatos deportivos, productos dietéticos, restauradores del cabello, incluso electrodomésticos, productos que prometen un ser transformado y redimido».

Brad Stulberg ha visto de primera mano los resultados negativos de esta interminable búsqueda para ser impecable. En su libro reciente, *Máxima conexión*, el escritor y entrenador físico describe la difícil situación de muchas personas exitosas a las que ha entrenado: están cansadas y estresadas. Corren rápido todos los días, pero no sienten ningún progreso. Cuanto más logran, más vacíos se sienten. Sin embargo, no quieren renunciar ni cambiar de rumbo, me dice Stulberg, porque creen que perderán impulso y se quedarán atrás.

El culpable, dice, es el «individualismo heroico», que es «perpetuado por una cultura que te repite que necesitas ser mejor, sentirte mejor, pensar más positivo, tener más... Muchos hombres lo describen como una necesidad engorrosa de ser a prueba de balas, invencible. Muchas mujeres dicen que siempre deben ser todo, y constantemente no alcanzan esas expectativas imposibles».

MOMENTO DE BANDERA BLANCA

En la mañana del 6 de abril de 2007 estaba tirada en el suelo de la oficina de mi casa en un charco de sangre. Mientras caía, mi cabeza había golpeado la esquina de mi escritorio, cortando mi ojo y rompiendo mi pómulo. Me había desplomado por el agotamiento y la falta de sueño... Después de mi caída, tuve que preguntarme: ¿Así es como lucía el éxito? ¿Esa era la vida que quería...? Sabía que algo tenía que cambiar radicalmente.

ARIANNA HUFFINGTON

La presión de ser un triunfador sobrehumano se remonta muy atrás en nuestra historia, señala Stulberg: «Tan solo está envuelta en un papel diferente [en la actualidad]... Está bien esforzarse y tener ambición, pero ese esfuerzo y esa ambición deben basarse en valores que cuiden de ti y de tu comunidad. De lo contrario, se vuelve en extremo destructiva. No tiene sentido llegar a la meta si te hace sentir miserable y en el camino destruye el mundo. Eso es simplemente tonto».

Sin embargo, recibimos mensajes todos los días que nos dicen que renunciar es inaceptable. Ignóralos, recomienda él. Y piensa en la renuncia estratégica como un acto de resistencia heroica: «Hay todo tipo de tableros externos en la vida, pero también es muy útil tener un tablero interno. Creo que, en muchos casos, las personas que renuncian cuando les va bien, según lo considerarían los demás, están aplastando los tableros externos (y cayendo sobre los internos). Se necesita mucho valor para priorizar tu tablero interno en esas situaciones».

Renunciar. Retroceder. Recalibrar. Todas las palabras para la misma maniobra básica, para tratar de ver el mundo no como un juego con ganadores y perdedores, sino como un lugar donde todos son ambos, de vez en cuando. Para considerar la vida no como una montaña que debemos escalar solos, sino como un camino a recorrer en compañía de otros que luchan con las mismas dudas y penas.

Como lo expresa el novelista Matthew Specktor en una entrevista en 2021 en *The Millions*:

A menos que uno se mienta a sí mismo, la vida es un hervidero de fracasos. No siempre logras tus objetivos. Tus relaciones implosionan. Pierdes tu trabajo. Decepcionas a tus amigos, o a tus hijos. Atraviesas una enfermedad o una pérdida. Estas cosas pasan. A todo el mundo le pasa.

Pero, con un poco de suerte... es probable que tengas éxito al menos ocasionalmente. Y si puedes interiorizar algunos de esos éxitos con la misma eficacia con que todos lo hacemos con nuestras decepciones... te vuelves un poco más flexible. Los fracasos pueden no torturarte tanto y los éxitos no se te irán a la cabeza.

Sin embargo, la flexibilidad no es un atributo apreciado por Smiles. Él recomienda lo contrario: rigidez. Sin vacilaciones, sin compromisos, y en especial sin renunciar. «Los hombres deben ser necesariamente los agentes activos de su propio bienestar», escribió, y agregó: «El camino del bienestar humano se encuentra a lo largo de la antigua calzada del firme bien hacer». Su idea todavía existe hoy en día, en forma de libros, artículos, seminarios web y pódcast publicados por ministros y místicos, nutriólogos y médicos, atletas, vendedores y celebridades, profesores y expertos, que entregan variaciones del mismo viejo mensaje: hagas lo que hagas, no renuncies.

Renuncia en la página 59.

No sé quién es ni dónde vive ni a qué se dedica. No conozco el color de su cabello o qué tipo de automóvil conduce. Pero sé esto:

Sé precisamente dónde murió su esperanza, porque ahí es donde termina el subrayado.

En las primeras 59 páginas de mi copia de segunda mano de *Una vida con propósito*, de Rick Warren, que me costó 25 centavos en una tienda de beneficencia de artículos de segunda mano, el dueño anterior había subrayado con entusiasmo los pasajes que le atraían, con un marcador naranja brillante. Las oraciones están resaltadas con gruesas líneas. Párrafos enteros están encerrados en grandes círculos. Casi puedes canalizar la emoción del lector:

«Este, este y... ¡Sí, sí! este».

Página tras página, capítulo tras capítulo, los signos de exclamación incomodan a los márgenes. El resto del espacio en blanco disponible está marcado con líneas de verificación, el equivalente simbólico de un entusiasta. «¡Oh, sí!». De vez en cuando un concepto del texto se repite en la parte inferior de la página, en forma de un garabato frenético e inspirado de mi lector desconocido: «Descubrir qué es la vida. Encontrar la razón».

Y luego, de repente, todo se detiene.

En la página 59, al final del capítulo 7, mi lector está emocionado; escribe con letra impaciente debajo de la última oración del capítulo: «Entregarnos para ser usados para Su propósito». Sin embargo, al pasar al capítulo 8 del libro...

Sonido de grillos.

No más signos de exclamación. No más marcas de verificación. No más grandes círculos. No más paráfrasis concisas en los márgenes junto con las muchas viñetas del libro.

El resto de las 321 páginas (excluyendo los apéndices y la guía de recursos) parece intacto. No hay ni una muesca, una mancha, una línea, un punto, nada. No hay ni una gota seca de café derramado o una pestaña caída.

Puedo adivinar lo que le pasó a este lector (sí, podría haber muerto, pero vayamos con la explicación más probable):

Renunció.

No estoy criticando a este lector anónimo. Para nada. Pocas personas llegan hasta el final de un libro de autoayuda, incluyéndome a mí, o se quedan mucho tiempo con un programa de bienestar. Podemos comenzar con las mejores intenciones, pero luego nos estancamos y nos alejamos, y cuando lo hacemos nos encogemos bajo el peso de un golpe doble: no solo renunciamos, sino que renunciamos durante un intento deliberado y premeditado de aprender cómo no ser un desertor.

Entonces, ¿cómo fue que la pobre alma que abrió *Una vida con propósito*, armada con todas esas grandes esperanzas y brillantes expectativas, sin mencionar un marcador naranja de punta húmeda y perfumado probablemente, comprado en un paquete en Costco, lidió con su fracaso?

Para empezar, descartó la evidencia. Quitó el libro de su vista al donarlo a una tienda de segunda mano. Las tiendas de segunda mano, de hecho, fueron mi principal coto de caza de libros de autoayuda, viejos y nuevos, para ver qué tenían que decir acerca de renunciar. Revisé varias de ellas, busqué en librerías de tomos usados, estacioné mi confiable Honda en cada venta de garaje y de artículos usados de la iglesia que me llamó la atención. Los libros de autoayuda, puedo informar ahora, en general superan en número a todas las demás categorías en esos emporios, superando con facilidad a la historia, la biografía y la ciencia ficción, aplastando cómodamente el romance, la religión, el terror e incluso los libros de cocina. Para mí, eso por sí solo prueba, y lo hace de manera bastante conmovedora, la fuerza de nuestro deseo perenne de mejorar, de cambiar lo que debe cambiarse, de ser más felices y amorosos (y, Dios sabe, más delgados). Pero también sugiere cuán inadecuados son muchos de estos libros y cómo, igual que la comida chatarra, a menudo nos dejan más hambrientos de lo que estábamos antes de consumirlos. Y así, seguimos buscando y encontrando y leyendo y citando y renunciando, y luego salimos y buscamos un poco más.

Pero esta es la cuestión: como no les había prestado mucha atención antes, descubrí que muchos libros de autoayuda son interesantes y estimulantes, y contienen un optimismo resplandeciente en su núcleo. Si eres alguien que quiere ser mejor, es difícil discutir con eso.

«Los críticos de la autoayuda», escribe Anna Katharina Schaffner, académica que estudia el género, se quejan de que esta «considera todos nuestros problemas como personales y atribuye todos nuestros fracasos a la falta de fuerza de voluntad y resiliencia». Sin embargo, hay una ventaja, nos recuerda: «El deseo de mejorarnos a nosotros mismos está ligado a nuestra necesidad de autoconocimiento, de dominio y de transformación. Es un deseo atemporal y una parte esencial de lo que nos hace humanos».

Wendy Kaminer está de acuerdo. Es la autora de un ingenioso derrumbamiento del movimiento de transformación personal, *I'm Dysfunctional, You're Dysfunctional: The Recovery Movement and Other Self-Help Fashions* (Soy disfuncional, eres disfuncional: El movimiento de recuperación y otras modas de la autoayuda), pero entiende el atractivo de los libros que lo promueven: «La gente camina desconcertada, es parte de la condición humana», me dice. «No es difícil entender el atractivo de un experto autoidentificado que dice: "No tienes que estar tan desconcertado. Tengo esta fórmula"». Y la fórmula tiene un ingrediente principal simple: no te rindas.

Hoy lo llamaríamos manifestación, pero a principios del siglo XX se conocía como el movimiento del Nuevo Pensamiento. Los dos libros que mejor lo aprovecharon, y que más apasionadamente vilipendiaron el hecho de renunciar, todavía existen hoy en día, y pueden encontrarse en convenciones de ventas, como regalos otorgados por tías bien intencionadas o hasta como regalos de graduación. Has oído hablar de ellos, incluso si no has visto los libros reales: *Piense y hágase rico* y *El poder del pensamiento positivo*. Tan solo los títulos tienen un LUGAR en la historia intelectual estadounidense. Puedes trazar una línea desde los entrenadores de vida de hoy hasta los autores de estos libros, respectivamente, Napoleon Hill y Norman Vincent Peale.

La idea detrás de ambos es: si visualizas lo que quieres, lo obtendrás. O como a veces se expresa en estos días en carteles inspiradores y protectores de pantalla que muestran picos de montañas cubiertas de nieve: si puedes soñarlo, puedes hacerlo. Todo lo que se interpone en tu camino eres *tú*, y tu capacidad para resistir la tentación de renunciar. Así que pon manos a la obra.

«¡Los soñadores prácticos no se dan por vencidos!», escribió Hill en su libro, publicado por primera vez en 1937 y reimpreso muchas veces desde entonces. Su introducción afirma que el magnate del acero Andrew Carnegie le enseñó el secreto para lograr una gran riqueza y una felicidad personal duradera. (No importa que Hill, que murió en 1970, no haya presentado pruebas de que alguna vez conoció a Carnegie, y que Carnegie estaba convenientemente muerto cuando se publicó *Piense y hágase rico*, y no importa que el libro esté repleto de historias sin fuentes sobre gente común que ganaba millones tan solo porque pensaba mucho en ello). Entre las estrategias: «Los pensamientos que se mezclan con cualquiera de los sentimientos de las emociones constituyen una fuerza "magnética" que atrae otros pensamientos similares o relacionados». Puedes superar cualquier cosa, a menos que te rindas, insistió Hill: «Ningún hombre es derrotado, sino hasta que se da por vencido (en su propia mente)».

En un capítulo titulado «Persistencia», escribió: «La mayoría de las personas está lista para arrojar sus objetivos y propósitos por la borda, y se da por vencida ante la primera señal de oposición o desgracia… La falta de persistencia es una de las principales causas del fracaso». No la Gran Depresión o, en el presente siglo, la implosión del mercado inmobiliario o la inflación galopante. O, en *cualquier* siglo, una lesión debilitante a un miembro de la familia y una cobertura de seguro de salud inadecuada. «Si uno no posee persistencia», sermonea Hill, «uno no puede lograr un éxito notable en ninguna vocación».

Hill ofreció lo que llamó un Inventario de Persistencia, que preguntaba a los lectores si alguno de los 16 comportamientos de autosabotaje les sonaba familiar, como «la indiferencia, generalmente reflejada en la disposición de uno a dar su brazo a torcer en todas las ocasiones, en lugar de encontrarse con la oposición y luchar contra ella», y «la voluntad, incluso entusiasmo, de renunciar a la primera señal de derrota».

Si bien *Piense y hágase rico* tiene el tono de la astuta insinuación de un anunciador de carnaval, el libro de Peale es más amable y tranquilo. Es difícil que te disguste tanto como el de Hill, dado su tono amable como de abuelo, aunque el mensaje es muy similar: con el pensamiento puedes abrirte camino hacia la alegría y la prosperidad, y ganar amigos que te apoyen y familiares amorosos. Los eventos no solo te suceden, sino que tú los convocas. Los llamas a tu vida por la calidad y dirección de tus pensamientos. Tus pensamientos son tu destino. Así que ni se te ocurra pensar en renunciar.

Ambos hombres decidieron entrar al negocio de los libros de consejos después de descubrir un don para la actuación pública: Peale era ministro, y Hill un vendedor y aspirante a actor.

El poder del pensamiento positivo comienza con un estallido: «¡Cree en ti mismo! ¡Ten fe en tus habilidades!». El resto del libro está repleto de recetas igualmente conmovedoras y estimulantes para el comportamiento: «Durante las próximas veinticuatro horas», aconseja Peale, «habla de manera deliberada con esperanza sobre todo, sobre tu trabajo, sobre tu salud, sobre tu futuro».

El propietario original de mi copia de segunda mano agregó solo una línea en el margen de una sola página. Muy distinto al frenesí de comentarios anaranjados que deja el lector de *Una vida con propósito* (hasta la página 59, claro). Esta es una respuesta más tranquila.

Cuando me topé con esa línea, me encontré de inmediato completando la historia de fondo, imaginando a mi lector comprando el libro cuando era novedoso y emocionante, en 1952, tal vez, pensé, al siguiente día después de que ocurriera una crisis emocional en la cocina pasada la medianoche, en medio de un estallido de promesas incumplidas y últimas oportunidades.

Con el corazón roto, habían subrayado las palabras de Peale en el texto: «Es un principio bien definido y auténtico que lo que la mente espera profundamente tiende a recibir. Tal vez esto sea cierto porque lo que en verdad esperas es lo que en realidad quieres».

A lo largo del margen izquierdo junto a ese pasaje, mi lector había puesto una pequeña estrella dibujada a mano y estas palabras:

«*¿Quería que Ed se fuera?».

Espero que, si en verdad quería a Ed de vuelta y él era digno de su amor, finalmente haya regresado.

Paul Peterson nunca ha subrayado un solo pasaje en ningún libro de autoayuda. Nunca ha encerrado en un círculo idea alguna. Nunca dobla la esquina de una página para consultarla más adelante. La verdad es que apenas ha *abierto* un libro de autoayuda en su vida. Tiene aversión a ellos, en particular del tipo que la gente te da porque cree que necesitas leerlos. Es un poco como recibir un libro de dietas que no pediste: pasas el resto del día mirándote las nalgas en el espejo del pasillo y preocupándote.

Pero incluso Peterson, que no es fanático de los libros que ofrecen buenos consejos para una vida feliz, puede entender por qué la gente los compra: «Las reglas son buenas. La gente necesita un plan».

Ha tenido muchos jefes malos, no... mejor, usemos sus palabras: ha tenido algunos «hijos de perra muy egoístas» como jefes que hicieron de su vida un infierno hasta que pudo escapar de sus garras, pero nunca olvidará el momento desagradable que le hizo pasar uno en Modesto, California: le entregó a Peterson un libro de autoayuda.

«Era una mierda», me dice Peterson rotundamente. «Miré en el estante detrás de él y ese tipo tenía todos los libros y cintas de autoayuda que se hayan hecho jamás».

El resentimiento de Peterson era comprensible. Le estaba yendo bien sin esa clase de consejos porque, además de ser talentoso e inteligente, había dominado el poder estratégico de renunciar. En una carrera de 35 años al aire en una serie de estaciones de radio, moviéndose a mercados cada vez más grandes, con cheques de pago igualmente grandes, siempre renunciaba en un santiamén cuando llegaba una mejor oferta. Y siempre llegaban mejores ofertas.

«Tenía una confianza poco realista en mí mismo», me dice con una sonrisa. «Y nunca podía decidirme por una sola cosa, por lo que en realidad quería hacer». Así que siguió moviéndose. Y prosperó.

Nacido y criado en Mesa, Arizona, Peterson tenía dos pasiones mientras crecía: escuchar partidos de beisbol y rock en la radio. El denominador común, la radio, se convirtió en el trabajo de su vida.

«Me encantaba. Me divertí mucho», declara Peterson, quien ahora vive en Phoenix. Su noche más memorable fue el 8 de diciembre de 1980. «Estaba al aire la noche en que asesinaron a John Lennon. El mundo entero se volvió loco. La gente llamaba a la estación y lloraba».

Rápido desarrolló una presencia distintiva, ayudado por un ingenio agudo como cimitarra. «Subí en la cadena alimenticia muy rápido. En el camino me volví bastante pragmático sobre mi carrera». Trabajó en estaciones en Phoenix, luego en California y en muchas ciudades del oeste medio, incluida Chicago.

Irónicamente, dado su desdén general por el género, tiene una conexión familiar con el negocio del desarrollo personal. «Mi tío era un tipo muy famoso dedicado a la autoayuda». La hermana de su padre fue la primera esposa de Earl Nightingale, una popular personalidad de la radio en las décadas de 1960 y 1970, cuyo programa sindicado ofrecía bromas motivacionales con voz de barítono, agradablemente tosco. Nightingale, que murió en 1989, expandió su imperio a libros y cintas, y atribuye a las ideas de *Piense y hágase rico* su inspiración para entrar en el mercado de la autoayuda.

Peterson está bastante seguro de que su famoso tío habría tenido algunas palabras severas para él sobre todas esas renuncias. Pero renunciar fue esencial para su propio éxito, dice Peterson; era otra herramienta, otra forma de escalar: «Quería algo de verdad grande en la vida». La transmisión fue una forma perfecta de lograrlo porque, concluye con una sonrisa, «nunca tuve una voz interior».

MOMENTO DE BANDERA BLANCA

Un día el jefe me llamó y comenzó a criticar mi guion. Estaba abusando de mí. Tan solo exploté. Le dije: «No puedes hacer lo que yo hago». Señalé a la gente fuera de su oficina. «Nadie aquí puede hacer lo que yo hago». Estaba sentado y luego me animé y me puse de pie para exponer mis puntos. Fue como si se abrieran las compuertas. Volví a mi escritorio y terminé mi turno. Llegué a casa y envié un correo electrónico de una oración: «No volveré».

PAUL PETERSON

Ron y Rick no se conocen. Lo más probable es que nunca lo hagan. Viven a más de 1 500 km de distancia. Su única conexión es que cada uno me habló sobre las muchas veces que cambió de dirección. Tienen puntos de vista muy diferentes sobre renunciar y el efecto que puede tener en la vida.

Uno de ellos lo ve como un ancla. El otro lo ve como una vela.

Ron Rhoden se describe a sí mismo como buscador. Varios estantes de la casa que comparte con su esposa y sus dos perros en las afueras de un pequeño pueblo del medio oeste están llenos de libros de autoayuda, de los que puede citar con facilidad. A menudo ve videos de YouTube en su teléfono y escucha pódcast producidos por autores de autoayuda.

«Toda mi vida ha sido una búsqueda del alma», me dice. «Siempre he tenido este anhelo que he tratado de cumplir, pero nunca he logrado hacerlo. Si tuviera que decir por qué renuncié a tantos trabajos, es porque no me parecían gratificantes».

Como sabía que quería hablar con él sobre renunciar, sacó algunos currículos antiguos para mostrármelos. «Se remontan a 1986. Me había olvidado de muchos de estos trabajos, así que ya te imaginarás cuántos he tenido».

Una lista parcial: ha sido fotógrafo en un parque de diversiones y en Walmart; cocinero en McDonald's y luego en un restaurante; trabajador de fábrica; electricista; instructor de baile de salón; masajista; representante de la mesa de ayuda de una empresa de informática; repartidor de agua embotellada en edificios de oficinas; cantinero; conductor de camión; vendedor de bienes raíces; subastador. Algunos de sus trabajos han sido de emprendimiento: ha construido y vendido canoas y mesitas de café.

«Ojalá me hubiera quedado con algunos de los trabajos anteriores», dice. «Creo que hoy estaría en una mejor posición».

MOMENTO DE BANDERA BLANCA

Cuando pienso en por qué renuncio tan a menudo, de lo que me doy cuenta y me cae como balde de agua fría es que nunca quise ser lo que todos los demás eran. Esa es mi fuerza impulsora. Quería ser diferente. Nunca tuve interés en ser una persona común.

RON RHODEN

La gama de sus habilidades y experiencias, señaló, es asombrosa. No falló en esos puestos; optó por renunciar y seguir adelante. Los empleadores lamentaron verlo partir. Lo habrían recontratado en un instante. Pero muchos de sus libros y videos de autoayuda asegurarían que ese era el motivo de su descontento: dejar muchos trabajos.

¿Renunciar es realmente un asesino de carreras? ¿Es tan malo tener una variedad de trabajos? Según un artículo de 2021 en *Inc.*, la respuesta es un no rotundo. «No hay necesidad de una desbandada frenética para encontrar el trabajo ideal», dice un entrenador ejecutivo citado en el artículo. «La primera parte [...] de tu carrera profesional es probar múltiples trabajos». Renunciar por algo mejor, o tal vez simplemente algo diferente, debería ser la norma, no la aberración.

En una encuesta realizada por LinkedIn que pedía a los usuarios que pensaran en el consejo que se darían a sí mismos cuando tenían 20 años, «el mismo consejo surgió una y otra vez», afirma el artículo, resumido en frases como «continuar probando», «cometer errores y seguir aprendiendo» y «no tener miedo de explorar». La conclusión, aconseja *Inc.*, es esta: «La mejor manera de descubrir tu profesión es a través de la acción».

Tal vez renunciar no sea tanto lo que debemos evitar; tal vez sean las asociaciones negativas *acerca de* renunciar en las que insiste la sociedad.

———

Rick McVey también saltó de un trabajo a otro, pero esa historia de rayuela no le preocupa. Le encanta: «Cada vez que he dejado algo, fue la decisión correcta en ese momento de mi vida», me dice. «Me gusta el cambio».

Recientemente se mudó de River Forest, Illinois, a Mobile, Alabama. «Mi mejor amiga vive en Nueva Orleans. Iba varias veces al año y ella y yo hacíamos viajes por carretera. Una vez fuimos a Mobile y después regresamos ahí una y otra vez. Cuanto más iba, más me gustaba».

Nacido en Lancaster, Pensilvania, McVey creció en las cercanías de York, donde su padre trabajaba en una planta de tractores Caterpillar. Ese también fue el primer trabajo de McVey, durante su último año en la preparatoria. Más adelante entró a un programa de capacitación gerencial y lo enviaron a Cleveland, y luego vino una larga sucesión de trabajos, ciudades y aventuras. Cuando surgía algo más prometedor, lo tomaba. Dirigió una tienda de ropa para hombres durante un tiempo, y cuando uno de sus empleados renunció y dijo que iría a la escuela de enfermería, McVey pensó: «Escuela de enfermería. Hmm...».

Después de graduarse de la escuela de enfermería a los 40 años, trabajó como enfermero de unidad de cuidados intensivos durante tres años. Luego se fue a Louisville para ayudar a realizar ensayos clínicos para un nuevo tratamiento contra el sida, seguido de periodos en varias ciudades de Illinois para trabajar en departamentos cardiovasculares. Y no olvidemos sus años como vendedor de productos farmacéuticos, que lo llevaban a una ciudad diferente cada pocos días.

«Me encantaba», recuerda McVey. «Miami el lunes, San Diego el miércoles».

Pero cuando había trabajado en ese puesto el tiempo suficiente, tuvo otro momento de «hmm...» y consideró comprar una posada. «Sin embargo, parecía demasiado trabajo».

En cambio, compró una floristería en el barrio Lincoln Park de Chicago, y la dirigió durante cinco años. «Tuvimos clientes increíbles: Bob Dylan, Sheryl Crow, Michelle Obama, Venus y Serena Williams».

Estuvo en una relación durante dos décadas, pero esta terminó de manera amigable. Su expareja, dice McVey, «recientemente, me dijo que me admiraba porque podía mudarme a una ciudad por completo diferente y de inmediato tener una vida nueva».

Los trabajos no son lo único a lo que renuncia con regularidad. Fue presbiteriano por un tiempo, y fue ordenado diácono en la iglesia. Reflexionó sobre la idea de convertirse en católico, pero al final se decidió por la iglesia episcopal. Ahora es el judaísmo lo que lo llama. «Tomé 18 semanas de clases» antes de convertirme, dice.

El cambio a Mobile fue pensado como una aventura de jubilación, pero está considerando obtener su licencia de bienes raíces, lo cual quiere decir que puede haber más «hmms» por delante: «Ahora sigue el próximo desafío».

¿Alguna vez la gente le dice que renuncia con demasiada frecuencia?

Nunca. «Me parece que cuando comparto mi historia con la gente, se sienten inspirados. A veces escucho a la gente decir: "Odio envejecer". Yo les digo: "¡Oh, nunca ha sido mejor!"».

Renunciar es una fuerza liberadora, cree, y también es un hábito saludable, tanto como comer más verduras y hacer tiempo para la meditación matutina. Ayuda a mantener su mente, cuerpo y alma más ágiles: «Nunca he estado más feliz o contento en toda mi vida de lo que estoy ahora».

NOTA DE PERMISO

Te han dicho desde que eras un niño que la perseverancia es la clave del éxito. Has leído libros, escuchado pódcast y visto videos de YouTube que afirman que renunciar es malo. Pero vista desde otro ángulo, la imagen de renunciar se vuelve más complicada: después de todo, es una forma de comenzar de nuevo, para trazar una línea entre quien eres y quien quieres ser. No se trata de falta de concentración, se trata de una sensación de posibilidad infinita.

Capítulo cinco

✦ ———— ✦

La suerte y dejarse llevar: Las cosas. Solo. Suceden.

La aleatoriedad fundamental nos resulta insoportable...
No nos damos por vencidos sino hasta que encontramos
consuelo en decidirnos por alguna causa, sin importar
cuán inverosímil pueda ser. Y ahora, de repente, la física
cuántica nos habla de eventos que tan solo suceden.
Einstein estaba perturbado por esto. Supuestamente
una vez exclamó que, si la aleatoriedad permaneciera con
nosotros, preferiría trabajar en un casino que como físico.

ANTON ZEILINGER

Sharon Harvey no quiere llevarse el crédito. Un acto audaz e intrépido de renunciar cambió de manera permanente su vida para mejor, sin mencionar la vida de cientos de perros y gatos callejeros sin hogar, pero está convencida de que en realidad no fue obra suya.

Atribúyanlo, dice, a dos entidades poderosas y misteriosas.

La primera: suerte.

La segunda: Hugh.

Llegaremos a la parte de la suerte en un momento, pero primero, ¿quién es Hugh y cómo cambió la vida de una mujer que, hasta 2003, era directora del departamento de medicina vascular de la Cleveland Clinic (Clínica Cleveland), un centro médico de renombre mundial, un puesto de enorme responsabilidad (por no hablar de prestigio y excelente salario), durante casi 20 años?

«Nunca había entrado a un refugio de animales antes del 2000», me dice Harvey. Ese fue el año en que decidió ser voluntaria en uno cerca de su casa, en un suburbio de Cleveland. Una de sus primeras asignaciones fue entrenar a un perro llamado Hugh. «Lo habían encontrado en un estado horrible cerca de un contenedor de basura. Estaba muy, muy enfermo. Pero tenía una chispa, ganas de vivir. Y un coraje increíble. Era marrón claro. Grande, esponjoso y marrón. Y era maravilloso. Hugh no tenía mucho estilo, era solo un animal sólido y devoto. Pero cuando creaba un vínculo contigo, era un vínculo fuerte y duradero».

Después de adoptar a Hugh comenzó a pasar más y más tiempo en el refugio, ayudando con el cuidado y la alimentación de otros Hugh. Cuando se abrió el puesto remunerado de directora, Harvey estaba, para su infinita sorpresa, intrigada. Tenía una decisión que tomar.

Por un lado, estaba su larga y satisfactoria carrera en la Clínica Cleveland.

Por otro lado, estaba... Hugh.

«Le doy crédito por darme la valentía para hacer un cambio de carrera tan grande y emocionante. No soy alguien que suele tomar riesgos. No amo el cambio. E iba a tener que aceptar un recorte salarial significativo y una reducción en los beneficios».

Pero si alguna vez tuviste un perro al que amabas más allá de toda lógica y razón, y si alguna vez lo miraste a los ojos y viste en ellos el espíritu de todos los perros perdidos y de alma grande que esperaban ser rescatados, sabes qué opción eligió Harvey. «Pensé: "Puedo decidirme por lo que es seguro y tiene sentido. O arriesgarme por una vez por algo que me apasione"». Así que renunció a lo seguro.

Después de dirigir su refugio local durante algunos años, asumió el puesto más alto en la Cleveland Animal Protective League (Liga Protectora de Animales de Cleveland), donde ahora dirige a un personal de 70 personas y administra un presupuesto anual de 6.5 millones de dólares.

Dejar su trabajo en la Clínica Cleveland no fue la primera vez que renunció a algo importante, solo la primera vez que lo hizo y nunca miró atrás. Ella estaba en la segunda clase de mujeres admitidas en la Academia de la Guardia Costera de Estados Unidos, la clase de 1981. Pero no estaba preparada para el sexismo y el acoso, dice, y renunció antes de graduarse. «Para consternación de mi familia, a quienes nunca había decepcionado en mi vida, me fui después de dos años. Y hay momentos en los que me pregunto si debí haber aguantado».

Sin embargo, ni una sola vez ha dudado de la sabiduría de su cambio del mundo de cuidar seres de dos piernas al mundo de salvar a los de cuatro patas: «Ni un solo arrepentimiento. *Nunca*».

Siempre estará agradecida con Hugh por ayudarla a dar el salto. Pero había otro factor, junto con el innegable encanto de Hugh: la casualidad afortunada. Lo que Thomas Wolfe llamó «ese oscuro milagro del azar que produce magia nueva en un mundo viejo y polvoriento».

Harvey sabe que es posible que ella y Hugh nunca se hubieran conocido. «Definitivamente hubo suerte involucrada. No soy la persona más valiente del mundo. Estaba en el lugar correcto en el momento correcto. Ciertas cosas tuvieron que encajar cuando lo hicieron. No estoy segura de que habría hecho esto por mi cuenta si la oportunidad no me hubiera llegado de golpe».

Entonces, ¿qué habría pasado si Hugh nunca hubiera entrado en su vida?

No tiene idea. Nadie la tiene, ni de su propio camino ni del de cualquier otra persona. Es el tipo de cosas en las que tendemos a pensar a altas horas de la noche cuando no podemos conciliar el sueño: «¿Qué hubiera pasado si...?». Y el hecho de que nos hagamos ese tipo de preguntas revela mucho acerca de por qué no dejamos las cosas con más frecuencia, y tal vez, por qué deberíamos hacerlo.

Esto no es con exactitud una noticia de última hora, pero aquí va:

La vida es ridículamente aleatoria y exasperantemente inescrutable. Las personas honorables y meritorias a veces fracasan mientras que los cabrones suben a la cima. La vida, por decir lo menos, no es justa.

Puedo escuchar tu pregunta desde aquí: «Espera, Julia. Si todo el mundo ya lo sabe, lo cual es cierto, entonces ¿por qué lo repites y por qué no podemos tan solo escuchar más sobre las aventuras de ese gran perro marrón?».

Porque la imprevisibilidad de nuestro destino es una de esas pequeñas verdades difíciles que con determinación tratamos de negar, una negación que ocupa un lugar destacado en la forma en que lidiamos con renunciar. Preferimos pretender que tenemos el control absoluto de nuestra vida. Que tomamos nuestras propias decisiones. Que lo que nos sucede es el resultado directo de nuestras elecciones y, como insistiría Samuel Smiles, de la cantidad de trabajo que realizamos y la cantidad de sacrificios que hacemos para alcanzar nuestras metas. Que tendremos éxito si no nos damos por vencidos.

Es una idea bonita. Y también es una tontería.

Estamos, inevitablemente, a merced de las circunstancias. Y a las circunstancias no les importan nuestros sueños o nuestro bienestar. O si trabajábamos, sudábamos y aguantábamos, o si nos relajábamos y nos pintábamos las uñas de los pies con un esmalte de color rosa mexicano. O si somos amables y considerados o egoístas y desagradables.

Porque las cosas. Solo. Suceden.

Esa aleatoriedad puede funcionar en ambos sentidos: si conociera a cualquier perro o gato recientemente adoptado del refugio de animales que administra Harvey, a pesar de no hablar su idioma, notaría la gratitud en su mirada por no seguir en la calle y disfrutar de comidas regulares. A veces la casualidad trae resultados maravillosos. A veces no.

¿Qué pasaría si la persona que encontró a Hugh temblando y hambriento junto al contenedor de basura ese día hubiera ido a otro callejón y Hugh no hubiera sido rescatado a tiempo?

Así que la vida es un juego de dados. Y todos lo *sabemos*. Pero el mensaje que transmiten los libros que prometen mejorarte es precisamente lo contrario. Nos aseguran que estamos a cargo de nuestra vida de manera incondicional.

Hay una razón perfectamente sólida para eso, por supuesto: decirle a la gente que su existencia no importa mucho en un universo insondablemente vasto, donde el caos reina y el dolor es inevitable, que no importa cuántas horas pases meditando cada mañana o cuántas afirmaciones positivas repitas o cuántas dietas repletas de col o programas de ejercicios draconianos lleves a cabo, un cierto número de cosas malas te van a pasar solo *porque sí* no es considerado como un gran motivador. Tampoco es un argumento de venta recomendado para un pódcast de autoayuda o un servicio de entrega de comida a base de plantas.

Por lo tanto, aceptamos con gratitud la idea ficticia, aunque sabemos que no es así, de que somos quienes dirigimos el programa porque es un concepto más agradable de aceptar que la alternativa: ser la víctima indefensa. Preferimos no reconocer la inquietante verdad sobre la aleatoriedad esencial de la vida.

Es mejor atribuir un resultado indeseable al hecho de que tú (o mejor aún, alguien más, porque entonces tienes la oportunidad de ser satisfactoriamente crítico) hiciste una mala elección que reconocer que, a menudo, no tenemos mucha influencia en lo que nos sucede, sin importar lo que elijamos. Que podemos hacer nuestro mayor esfuerzo y, a veces, no importa.

Porque las cosas. Solo. Suceden. Todo el tiempo. En todos lados.

Cosas que no provocaste. Cosas que no puedes cambiar. Cosas como el divorcio y los volcanes. Accidentes y anomalías. Cosas que no querías que sucedieran pero que sucedieron de todos modos. O cosas que hiciste. Cosas que no ves venir pero que, para bien o para mal, alteran para siempre el curso de tu vida una vez que llegan.

Lo sabemos, pero no *queremos* saberlo. Así que nos resistimos creyendo en la idea que promete lo contrario, que nos dice que somos nosotros los que estamos en el asiento del capitán, en control de la situación, en el trono de la reina. Una idea que afirma que tenemos el timón, el *joystick* o el látigo. Una idea que nos asegura que tenemos poder y elección.

En *Pensar rápido, pensar despacio*, su incisivo estudio de las incongruencias de la cognición humana, Daniel Kahneman señala que «una desconcertante limitación de nuestra mente es nuestra excesiva confianza en lo que creemos que sabemos, y nuestra aparente incapacidad para reconocer el alcance total de nuestra ignorancia y la incertidumbre del mundo en que vivimos. Somos propensos a sobrestimar cuánto entendemos el mundo y a subestimar el papel del azar en los acontecimientos humanos. El exceso de confianza se alimenta de la certeza ilusoria de la retrospectiva».

Si somos honestos, admitiremos que todos tratamos de mantener el mito de la autonomía individual hasta que ya no podemos más, hasta que nos enfrentamos a una situación que cambia la vida y que no creamos nosotros: somos diagnosticados con una enfermedad de la que nunca hemos oído hablar. Sufrimos la muerte de un ser querido. O golpes menores: un amigo nos defrauda. Nos pasan por alto para un ascenso.

O, debido a que el gran lanzamiento de la moneda cósmica puede caer en cara con la misma facilidad que en cruz, celebramos la llegada un nuevo bebé, un nuevo trabajo, un nuevo romance o una luz verde y nada de tráfico cuando vamos tarde a una cita. Hacia arriba o hacia abajo, éxito o fracaso (puede ir en cualquier dirección, lo cual resulta tanto estimulante como aterrador).

Así que tenemos que encontrar una manera de superar la aleatoriedad, para hacer frente a los accidentes y la casualidad. Para no estar permanentemente desalentados, constantemente desilusionados o ser víctimas de otras vicisitudes, debemos aprender a ejercer el pequeño dominio que tenemos, para arrebatar el último hilo frágil de control en un mundo que siempre parece estar desarrollándose a toda prisa ante nuestros ojos.

Por lo común, el consejo que escuchamos es apretar los dientes y aferrarnos a lo que esté a la mano, como si las reglas para lograr el éxito y la alegría fueran las mismas que sobrevivir a nuestro turno en un toro mecánico. Pero me gustaría ofrecer una sugerencia diferente:

Ríndete.

El 7 de septiembre de 2009, Dan Cnossen pisó una mina terrestre mientras patrullaba en Afganistán como parte de las Navy SEAL (Fuerzas de Operaciones Especiales de la Marina). Al despertar de un coma inducido médicamente una semana y un día después en el Walter Reed National Military Medical Center (Centro Médico Militar Nacional Walter Reed), se enteró del alcance de sus heridas: amputaciones de ambas piernas por encima de la rodilla, fractura de pelvis y graves lesiones internas. Tendría que someterse a más de 24 cirugías. La única forma en que superó su terrible experiencia, dijo Cnossen al *Washington Post* en una entrevista de 2022, fue usando una técnica que había dominado durante su entrenamiento.

En pocas palabras, renunció.

Tuvo que dejar de lado los objetivos elevados, abstractos y generales, porque parecían distantes, borrosos, imposiblemente inalcanzables y, por lo tanto, desalentadores. Tuvo que abandonar el camino que había imaginado para su vida y encontrar, o forjar, otro.

«Ayuda tener objetivos a largo plazo, pero lo que en realidad necesitas son objetivos a corto plazo en los que concentrarte. Necesitaba sobrevivir todos los días», dijo Cnossen al *Post*. Había utilizado una técnica similar para dominar con acierto la llamada Semana del Infierno, el legendario y riguroso entrenamiento de las Fuerzas de Operaciones Especiales de la Marina. En lugar de proclamar un objetivo general, se dio cuenta de que «la mejor estrategia [...] era llegar al final de la tarea específica en cuestión». Sin grandes eslóganes, sin citas elevadas e inspiradoras, y sin mirar más allá del momento actual. Solo progreso silencioso, constante y aumentativo. Dejó lo grande para abrazar lo pequeño y, al final, la acumulación de cosas pequeñas se convirtió en lo grande: reconstruir su vida.

Cnossen, quien ganó una medalla de oro en el evento de biatlón de esquí sentado masculino en los Juegos Paralímpicos de Invierno de 2018, no sabía que una explosión lo dejaría sin piernas mientras servía a su país. Pero ante el desafío de una lesión catastrófica, tuvo que renunciar a una forma de vida y adoptar otra. A veces eso significaba simplemente llegar al final de un día, o al final de una hora.

Él no eligió su destino. Pero eligió cómo respondería a él: con coraje y gracia.

Otros también han enfrentado pruebas que fueron devastadoras tanto en lo físico como en lo emocional. Ellos también tenían que hacer una distinción entre lo que no podían cambiar y lo que podían, y si decidían que un desafío en particular entraba en la última categoría, cambiarlo. Muchas veces eso significa renunciar.

«La lección que aprendí es que no siempre tienes control sobre lo que te sucede. Lo único que puedes controlar es cómo pasas tu tiempo. ¿Estás aprendiendo? ¿Estás creciendo?».

Esa es Michele Weldon, una mujer intensa y dinámica que vive en un suburbio de Chicago. Ha publicado seis libros (está terminando el séptimo) y demasiados ensayos para seguirles la pista. Enseñó en la Universidad Northwestern durante casi dos décadas y ahora asesora a escritores que están encontrando sus voces.

Encontró la suya después de una experiencia personal traumática. No era lo que ella quería para su vida, no era lo que *nadie* querría, pero sucedió y tuvo que lidiar con eso. Una de las maneras en que lo hizo fue dándose cuenta de que no era su culpa. Y que tenía el poder de cambiar las cosas y la responsabilidad de transmitir a los demás una verdad crucial, a menudo pasada por alto:

Renunciar siempre es una opción.

«Durante nueve años estuve casada con un abogado carismático y exitoso que todos pensaban que era maravilloso, pero era física y emocionalmente abusivo», me dice. «En terapia de pareja, yo siempre estaba tratando de arreglarlo. Y luego tuve una revelación: "No puedes arreglar esto"».

Aun así, aguantó, principalmente por el bien de sus tres hijos pequeños. Dejar su matrimonio y vivir como madre soltera sería el último recurso, un gran y abrumador paso, hacia un territorio desconocido.

«Nunca antes había renunciado a nada. Siempre sentí que podía cambiar la situación. Mejorarla. Y soportar. Había visto las estadísticas. Conocía el panorama financiero y emocional para los hijos sin padre. Así que pensé: "Tengo que agotar todas las posibles soluciones"».

Al final, después de lidiar con la duda y la culpa, pero con las tensiones aumentando de nuevo entre ella y su esposo, en 1986 decidió poner fin al matrimonio. Fue, recuerda, un momento demoledor, en el que no podía creer que realmente lo estuviera haciendo.

Sus amigos intentaron apoyarla, pero los mensajes internos a veces pueden gritar con más fuerza que los que vienen del exterior, decían: «Oh, eso fue muy valiente». Y yo me decía a mí misma: «¿Lo fue? ¿O fue estúpido?».

Weldon decidió poner en palabras su incertidumbre y su miedo, con la esperanza de que el proceso fuera terapéutico. Primer paso: escribió un ensayo sobre sus experiencias para un concurso de escritura y ganó el primer premio. Ese ensayo se convirtió en el capítulo inicial de su primera memoria, *I Closed My Eyes*. «Fue la primera vez que me dije la verdad. Y la dije en voz alta».

MOMENTO DE BANDERA BLANCA

> Las mujeres como yo, que cuidamos de los niños y, a veces, de los padres ancianos, del hogar y de la profesión, a veces quisiéramos hacer una cosa menos... A veces estamos tan cansadas de mantenernos en control y al mando que ni siquiera queremos hablar, escuchar o elegir una película... A veces queremos derretirnos en silencio por un rato antes de volver a ser la directora ejecutiva de la corporación familiar.
>
> MICHELE WELDON

Renunciar, antes impensable, ahora es una estrategia que puedes emplear a voluntad, me dice. Una tragedia familiar, la muerte de su amado hermano, Paul, por cáncer en 2021, le hizo comprender una vez más el poder creativo y vitalizador de renunciar. No hubo nada que pudiera hacer para salvar a su hermano, pero puede usar su vida como un recordatorio para perdonarse a sí misma por las cosas que están fuera de su control, y usar las cosas que *sí* puede controlar, como su tiempo y su energía emocional, de forma positiva.

«Después de la muerte de mi hermano comencé a editar amistades y relaciones con mucho más cuidado. He dejado relaciones que estaban rancias y no eran edificantes. Eso es muy liberador: alejarse de las cosas».

«Solo me pregunto: "¿Realmente quiero pasar mi tiempo haciendo eso?"».

Al igual que Weldon, Amy Dickinson tuvo que aprender a renunciar. Del mismo modo, los eventos que provocaron dicha lección no fueron obra suya. Eran, en general, cosas que simplemente le sucedieron, cosas que hubiera dado cualquier cosa en el mundo por no haber vivido nunca. Pero una vez que descubrió el poder de renunciar, me dice Dickinson, se dio cuenta de que esto puede ser una gran y reafirmante fuerza positiva.

Tal vez hayas escuchado sus ingeniosas contribuciones en *Wait Wait... Don't Tell Me!*, el programa de concursos de National Public Radio (Radio Pública Nacional o NPR por sus siglas en inglés) en el que es una panelista habitual. O asentido, al estar de acuerdo con sus respuestas reflexivas, divertidas y sensatas a las preguntas de los lectores en su columna sindicada de consejos publicada a escala nacional. O leído sus dos memorias más vendidas, *The Mighty Queens of Freeville* y *Strangers Tend to Tell Me Things*.

Dickinson se presenta como una mujer consumada e imperturbable, rebosante de confianza y optimismo. Pero no siempre fue así, dice.

«La versión corta es que mi padre abandonó a nuestra familia de manera en extremo abrupta, dejando atrás cuatro hijos, una granja hipotecada y un establo lleno de vacas que necesitaban ordeñarse dos veces al día. ¡Vaya desertor!». Más tarde, «mi primer marido me dejó, de nuevo, muy abruptamente. ¡Otra vez con la renuncia! Entonces, como alguien a quien renunciaron un par de veces de manera muy trascendental, he batallado mucho con esto».

Como resultado, dice, se convirtió en lo opuesto a una persona que renuncia: convencida de que «renunciar es perder», se volvió una persona motivada, concienzuda y en extremo confiable que nunca se dio por vencida con nada, ni con nadie. Pero luego llegó el momento, en 2020, cuando renunció a Daughters of the American Revolution (Hijas de la Revolución Americana), un punto de inflexión en su vida que discutiremos en el capítulo 11. «Intenté renunciar por primera vez en mi vida y me siento por completo liberada».

La clave, aconseja Dickinson, es dejar de lado las expectativas de otras personas y hacer lo que tu propio corazón y tu brújula moral te digan que hagas. «Sin duda, no creo que renunciemos con suficiente frecuencia. Al menos sé que yo no lo hago», declara. «Últimamente, los estadounidenses tienen la reputación de tener aires de superioridad y ser indisciplinados, pero creo que este sentimiento de vergüenza está integrado en nuestro ADN cultural cuando quieres detenerte o retirarte de una obligación».

«Pero creo que, si renuncias de manera deliberada a algo que no disfrutas, se libera espacio para que te dediques a otra cosa. O para tumbarte en el sofá. O ejercitar tu libre albedrío para dedicar tu tiempo a las cosas que disfrutas».

Christine Broquet nunca lo vio venir.

Llevaba casada 23 años. Su vida no era perfecta; ella y su esposo, Bernie, definitivamente se habían distanciado, y él pasaba mucho tiempo en el extranjero por su trabajo, pero siempre fueron cordiales y respetuosos el uno con el otro. Sus hijos, Zoe, entonces de 16 años, y Remy, de 11, eran fantásticos.

Así que las cosas estaban bien.

Excepto que no lo estaban. No en realidad.

Descubrió lo mal que estaban cuando, durante una sesión de terapia de pareja, su esposo reveló que tenía la intención de hacer la transición para convertirse en mujer.

«Yo estaba en la negación», recuerda Broquet, que vive en Chicago. «Yo pensaba: "Podemos resolver esto". No estaba dispuesta a rendirme».

Pero su determinación de no renunciar ya no importaba. No fue su decisión. Su esposo quería el divorcio. La situación estaba fuera de sus manos. Tenía que concentrarse en sus hijos y asegurarse de que estuvieran bien después del terremoto que sacudió a la familia.

Y lo estaban. Ambos tienen ahora sus propias familias y profesiones que aman. Broquet está encantada de ser abuela. Pero el recuerdo del día en 2002 cuando su entonces esposo le arrojó esa bomba emocional todavía la persigue. Le tomó un tiempo comprender que aceptar terminar el matrimonio fue la decisión correcta, aunque ese no había sido su primer instinto. Ella estaba lista para luchar por su familia. Para no rendirse. Poco a poco se dio cuenta de que rendirse era lo que tenía que hacer. Había hecho todo lo posible y aquello no era su culpa. Pero eso no hizo que doliera menos.

«Hasta que mi matrimonio estalló de esta manera extraña», dice, «nunca me había pasado nada malo».

MOMENTO DE BANDERA BLANCA

Por lo general no dejo las cosas. ¡Me quedo y sufro! Pero un día estaba en mi trabajo y decidí que estaba realmente cansada de estar en el mundo del diseño. Quería estar en marketing. Mi jefa me llamó y me dijo que le iban a dar ese trabajo a otra persona... Era enero. Habíamos tenido una gran nevada y había un montículo gigantesco de nieve sucia justo afuera de su ventana. Parecía una bestia. Recuerdo mirar esa cosa y pensar: «Ojalá esa bestia entrara por esa ventana y le arrancara la cabeza a esta mujer de un mordisco». Eso fue todo para mí. Sabía que no estaría allí mucho más tiempo.

CHRISTINE BROQUET

Broquet ha trabajado muchos años en el diseño gráfico. Está escribiendo sus memorias sobre el fin de su matrimonio (el título provisional es *The Other Woman* [La otra mujer]) y tratando de conocerse mejor a sí misma. Le tomó mucho tiempo, dice, darse cuenta de cómo el hecho haber sido sorprendida por ese divorcio ha afectado su capacidad de hablar por sí misma en otros aspectos de su vida.

«He evitado decisiones importantes de vida porque estaba traumatizada por el matrimonio», admite. «Muchos de mis problemas para renunciar provienen del miedo incluso a intentarlo. No renuncio a cosas muy a menudo porque no *empiezo* cosas muy a menudo».

Está decidida a cambiar eso. La forma de sentirse cómoda con renunciar, dice, es hacer más para tener más a que renunciar.

───────────

Howard Berkes también tuvo que renunciar estratégicamente para cumplir sus sueños. Trabajó duro y asumió riesgos, sí, pero también desarrolló una sana apreciación por los accidentes del destino, como, por ejemplo, volcanes en erupción, que pueden cambiar la vida de cualquier persona en cualquier momento.

Por su larga y galardonada carrera con NPR, que duró casi cuatro décadas, Berkes tiene una deuda de gratitud con ese desastre natural. Estaba por completo fuera de sus manos, como suelen estarlo los volcanes, pero la parte que estaba bajo su control, la aprovechó al máximo.

Si hubieras querido encontrar a Berkes a finales de la década de 1970 y principios de la de 1980, tu mejor opción habría sido dirigirte a los bosques de Oregón o Minnesota. Allí es donde a Berkes, siempre inquieto, le gustaba pasar el rato, explorando por su cuenta o dirigiendo viajes en canoa por parte de Outward Bound. Había sido comprador en una librería universitaria, organizador comunitario, intérprete de lenguaje de señas y muchas otras cosas mientras trataba de descubrir la mejor manera de canalizar su energía y compromiso con los problemas de justicia social. Se había inscrito en clases de comunicación en un colegio comunitario, pero esa no era su prioridad. Informar en el campo, me dice Berkes, era mucho más de su agrado; en ese momento había comenzado a archivar historias, trabajando de forma autónoma, en la estación de NPR en Eugene.

A principios de la primavera de 1980 el Monte Santa Helena, un volcán al sur de Seattle, «comenzó a hacer erupción, retumbar y escupir ceniza», recuerda. «Y yo presenté tantas historias y noticias como NPR aceptó. Me convertí en el chico del volcán de la cadena». Su editor de NPR le dijo que subiera a la montaña y se quedara ahí.

«Pero primero tuve que lidiar con la posibilidad de faltar a clases. Acudí con un par de mis instructores, les expliqué la situación y me ofrecí a escribir artículos y hacer presentaciones sobre mis experiencias en el mundo real para compensar las clases perdidas. "No", me respondieron. "Si faltas tres clases, repruebas"». Así que dejó la universidad.

«Y luego subí mi trasero a esa montaña. Y me abrí camino en el grupo de prensa. La experiencia fue épica y resultó en mi primera entrevista en vivo en *All Things Considered*».

Cuando ocurrió la gran erupción del volcán, el 18 de mayo, «ese editor de NPR me convirtió en el reportero principal para la cobertura. Estuve en el aire durante meses».

Al final del año fue contratado a tiempo completo como uno de los primeros reporteros nacionales de NPR, a pesar de que un jefe en su estación local de NPR le había dicho que nunca aceptarían a alguien que no tuviera título universitario.

Fue el trabajo perfecto para Berkes, quien quedó fascinado desde el primer momento por «la adrenalina y el desafío creativo de la radio».

Un volcán fue el catalizador de la carrera de Berkes, pero él no lo hizo entrar en erupción personalmente. Weldon no quería ser madre soltera. Cnossen no eligió sus terribles heridas. Dickinson no pidió tener un padre holgazán y un marido mujeriego. Broquet quedó sorprendida por el anuncio de su exmarido de que estaba en transición. Cada uno enfrentó los desafíos que se le presentaron, pero no los habían visto venir.

Una gran parte de nuestra vida está fuera de nuestro control. No tenemos elección sobre dónde nacemos, o quiénes son nuestros padres o, en muchas ocasiones, qué eventos nos suceden y cuándo. El difunto Justus Rosenberg, quien arriesgó su vida para trabajar con la resistencia francesa durante la Segunda Guerra Mundial, le dijo una vez a un entrevistador: «No hay genios, en realidad solo lo que la gente hace con lo que se les da, eso y una confluencia de circunstancias».

El senador estadounidense Bob Dole, quien murió en 2021, resultó gravemente herido en el cumplimiento de su deber en la Segunda Guerra Mundial. Durante su carrera política estuvo muy cerca de su objetivo final: la Casa Blanca. Su destino a menudo era una cuestión de factores aleatorios, un punto del que George F. Will tomó nota en su columna después del fallecimiento de Dole: «Si hubiera estado a unos metros de donde estaba en esa colina italiana el 14 de abril de 1945, o si la guerra en Europa hubiera terminado 25 días antes, habría escapado de esa herida severa que lo dejó adolorido el resto de su vida. Unos pocos miles de votos más de Ohio y Mississippi en 1976 habrían convertido a Dole en vicepresidente».

Así que aguantamos lo mejor que podemos mientras nos arremolinan los eventos y las contingencias. Y dentro de todo ese flujo, agitación e incertidumbre, dentro de esa vorágine constante, hay muy poco que podamos hacer. Excepto esto:

Podemos renunciar cuando lo necesitemos. Y también podemos dejar que *otras personas* renuncien cuando lo necesiten, sin juzgarlas.

Y esos dos actos, por simples que parezcan, podrían cambiar el mundo.

NOTA DE PERMISO

Has tenido buena suerte en tu vida. Y algo de mala suerte también. Es igual para todos. Sin embargo, dentro de la incertidumbre confusa de la vida, puedes realizar al menos un acto puro y definitivo: renunciar. Puedes cambiar de rumbo cuando lo necesites. Es una forma de luchar contra el azar y de recuperar tu poder.

Capítulo seis

✦ ──────── ✦

Construyendo un mundo mejor, un «Yo renuncio» a la vez

> La otra cara de la positividad es, por lo tanto,
> una dura insistencia en la responsabilidad personal:
> si tu negocio fracasa o tu trabajo es eliminado,
> debe ser porque no te esforzaste lo suficiente.
>
> Barbara Ehrenreich

El 9 de enero de 2022 un incendio arrasó un edificio de departamentos de gran altura en el Bronx y mató a 19 personas. Entre los muertos había niños de cuatro años. Citando el informe del departamento de bomberos de que un calefactor había causado el incendio y que las puertas abiertas de las escaleras ayudaron a propagarlo, el nuevo alcalde de la ciudad de Nueva York, Eric Adams, dijo: «Si podemos tomar un mensaje de esto», sería un simple: «Cerrar la puerta. Cerrar la puerta. Cerrar la puerta».

Eso enfureció al periodista Ross Barkan. En un ensayo titulado «¿Por qué el alcalde de la ciudad de Nueva York culpa a los inquilinos por el incendio más mortífero en un siglo?», Barkan escribe: «La historia del incendio del Bronx no es una de responsabilidad personal. Al culpar a los actores individuales, Adams en cambio permite que los verdaderos culpables salgan del apuro: los propietarios del edificio. ¿Por qué un inquilino necesitaba usar un calentador para empezar? ¿Por qué las puertas estaban tan defectuosas?».

Por lo tanto, algunas respuestas a la tragedia se basaron en un guion familiar: decirle a la gente en el extremo inferior de la escala económica que sus contratiempos son, en gran parte, obra de ellos mismos. Si tan solo hubieran trabajado más duro y se hubieran acordado de cerrar una puerta, no serían pobres y desafortunados, ni víctimas de un horrible incendio. Si tan solo no hubieran renunciado tan a menudo.

Barkan, enfurecido por la implicación de que los inquilinos eran responsables de su propio destino, agrega en su ensayo: «Que haya más niños y adultos obsesionados con su supuesta culpabilidad en las torres de apartamentos en ruinas significará que haya una clase de inversionistas inmobiliarios que puede seguir haciendo lo que siempre ha hecho: tomar atajos para aumentar las ganancias».

Los funcionarios de la ciudad no citaron a Samuel Smiles, pero bien podrían haberlo hecho, porque ofrecían un eco de su manifiesto: si vives al margen de la vida, si te estás quedando atrás, si te pasan cosas malas y te preguntas por qué, mírate al espejo.

¿Podría haber una conexión entre nuestra indiferencia ante la desigualdad económica y nuestra celebración de la determinación?

Desde incendios hasta ejecuciones hipotecarias, desde pobreza hasta pandemias, el mundo está inundado de una compleja variedad de problemas. El culto a la perseverancia ofrece una solución simple: aguanta. No renuncies. Pero es una promesa falsa y, al final, puede hacernos menos compasivos con los necesitados.

«Los libros de superación personal no funcionan. No funcionan. Toda la construcción es una ilusión», declara McGee, autora y académica, desde su casa en Nueva York. «*No* eres un yo independiente. Formas parte de un sistema de organización, del que todos somos parte. La idea de que estamos actuando como individuos es hilarante, en el mejor de los casos. En el peor, es algo trágico».

El libro de McGee de 2005, *Self-Help, Inc.: Makeover Culture in American Life*, ofrece una crítica convincente y agudamente argumentada de los programas de desarrollo personal, en particular en lo que se refiere a las mujeres. Me preguntaba si se habría suavizado en los 17 años desde que se publicó su libro.

Por fortuna, la respuesta es no. Todavía es tan escéptica como siempre sobre la promoción de la perseverancia, pero ahora tiene dos nuevas razones para cuestionarla (no es que una crítica feminista no fuera razón suficiente): el auge de los estudios sobre discapacidad, un nuevo enfoque de su investigación y enseñanza en la Universidad de Fordham, y el efecto de la pandemia en todos nosotros.

«La cultura de la superación personal es incorpórea», me dice. «Es una negación de nuestra vulnerabilidad física. Implica que uno siempre debe estar superando la propia insuficiencia corporal». La autoayuda impulsa «la idea de una capacidad ilimitada, sin grietas en la armadura». Pero el virus del COVID-19 nos recordó a todos lo que las personas que lidian con una discapacidad, ya sea propia o de un ser querido, siempre han sabido: nadie está exento de la dura lotería de la enfermedad. «La gente se cae», declara McGee. «Tienen que pasar un año en la cama. O tienen un hijo con una discapacidad del desarrollo. Necesitamos hacer lo que la autoayuda *no* hace: ocuparnos del cuerpo en su fragilidad, no en su capacidad. De la mente en su debilidad, no en su robustez».

Esos perfiles aduladores de multimillonarios solo empeoran las cosas. «La autoayuda ofrece este ideal fantasmático de que los seres humanos son invencibles: el ideal de Jeff Bezos. El mito de hacerlo solos. Bueno, imagina si tienes un salario mínimo y no tienes suficiente dinero para pagar el alquiler».

En las historias sobre Bill Gates, Mark Zuckerberg y Elon Musk, el tema suele ser el mismo: son decididos e implacables. Soportaron reveses y siguieron adelante. Nunca se dieron por vencidos. Si otras personas luchan y flaquean, bueno, debe ser porque les falta esa laboriosidad, esa voluntad de no rendirse e ignorar el desánimo. No importa si los que luchan nacieron pobres, o negros o morenos, o mujeres, o con discapacidades físicas o psicológicas, o de padres indocumentados: todo eso se puede superar con suficiente empuje, o eso dice esta teoría.

Es fácil culpar a las personas por sus propios problemas cuando estás convencido de que se los causaron ellos mismos al darse por vencidos. «El ideal del éxito individual y la invención de uno mismo, personificado en figuras como Benjamin Franklin, Andrew Carnegie y Bill Gates, sirve para engatusar a los trabajadores estadounidenses», escribe McGee en *Self-Help, Inc.*

En 2021 las personas más ricas del país se hicieron mucho más ricas. «El año pasado [fue] el mejor momento de la historia para ser uno de los multimillonarios de Estados Unidos», escribió Eli Saslow en el *Washington Post*. «Su riqueza acumulada ha crecido aproximadamente un 70% desde el comienzo de la pandemia... Juntos, esos 745 multimillonarios ahora valen más que el 60% de los hogares estadounidenses más pobres combinados». Ese no es un estado saludable de la realidad; sin embargo, lo aguantamos. ¿Podría haber un vínculo entre nuestro sesgo cultural en contra de renunciar y nuestra tolerancia de la brecha cada vez mayor entre ricos y pobres? Ese sesgo nos ayuda a racionalizar el no hacer nada sobre la desigualdad de ingresos: «Esas personas que viven en esa pequeña casa de mierda deben ser flojas. Deben ser desertoras. Porque todo el mundo sabe que el éxito es cuestión de esforzarse y creer en uno mismo».

Necesitamos dedicarnos, dice McGee, a crear un mundo que funcione tanto para ricos como para pobres: «El objetivo no se trata de uno mismo. El objetivo es el compromiso con el mundo y con otras personas. Sabemos que hay una mejor manera de vivir y sabemos que la mejor manera lo lleva a uno de "arreglar" o reforzarse a sí mismo a cuidar el futuro. El futuro de todos».

A Phillip Martin no le gusta mucho la palabra «perseverancia», aunque mucha gente podría decir que su vida refleja una abundancia de esa misma cualidad. «Está en la misma categoría que esas ideas de "Levántate por tus propios medios"», me dice. «Es demasiado simplista y está impregnada de individualismo».

Prefiere atribuir su éxito a otros factores: una gran red de apoyo y renuncias estratégicas.

«Tuve varias renuncias importantes en mi vida», dice, como dejar la universidad en 1973 para convertirme en un activista por la justicia racial en Boston, una decisión que significó que tuvo que dejar su ciudad natal de Detroit. «Fueron las dos renuncias más inteligentes de mi vida porque alteraron mi futuro de maneras que nunca podría haber imaginado».

MOMENTO DE BANDERA BLANCA

Era abril de 1975. Estaba sentado en un salón de clases en la Universidad Estatal de Wayne. Un amigo me entregó un volante implorando a los estudiantes que vinieran a Boston ese verano «para luchar contra el racismo». Ese mismo junio conduje de Detroit a Boston en un Ford Pinto beige que se descompuso dos veces en el camino. Me instalé en una casa en Waldeck Street en Dorchester con cuatro compañeros de cuarto. Durante parte del verano enseñé escritura e historia negra a jóvenes en la escuela gratuita Highland Park de Roxbury.

PHILLIP MARTIN

Martin, periodista de investigación de WGBH, la estación de radio pública nacional (NPR) de Boston, dice que la palabra «perseverancia» implica que has logrado cosas únicamente a través de tus propios esfuerzos. «Las partes bajas de mis altibajos fueron temporales porque tuve mucha ayuda para volver a levantarme», incluido el apoyo de su esposa, Bianca; su madre, Louise; editores de NPR que creyeron en él al principio de su carrera; y maestros y mentores a lo largo del camino, las personas que miraron a un joven negro de un entorno empobrecido y vieron al periodista consumado en el que se convertiría.

Atribuir el éxito únicamente a la determinación es engañoso, dice Martin. Ignora el papel que otras personas han jugado en tu vida mientras perseguías tus sueños. «Me mudé a Boston y me imaginé algún día escribiendo sobre Boston, con toda su suciedad, su crimen y su complejidad racial, y eso es lo que sigo haciendo».

Y es capaz de hacerlo no solo porque trabaja duro, lo cual hace, o porque es inteligente y talentoso, lo cual es, sino también porque tuvo ayuda. Cuando hizo grandes cambios, como dejar su ciudad natal, pudo contar con el amor y el apoyo de los demás. Él nunca olvida eso. Fue un conjunto, dice Martin, no un acto en solitario.

Hubo un tiempo, recuerda Joe Rodríguez, cuando el futuro era lo último en lo que quería pensar. Nacido en el este de Los Ángeles, de padres mexicano-estadounidenses que hablaban poco inglés (ni su madre ni su padre habían terminado la escuela), inicialmente no sabía qué quería hacer con su vida. Esa falta de rumbo se sentía como una carga. Como un juicio sobre su valor como persona.

«Era vergonzoso», me dice. «No tener un plan establecido, una meta, un trabajo con un sueldo fijo».

Al carecer de una lista de verificación de ambiciones y los pasos que daría para alcanzarlas, sentía el reproche del mundo, dice Rodríguez. Estaba orgulloso de su herencia y no quería que su agitación se reflejara negativamente en las personas que amaba. Como parte de una familia extensa que había llegado a Estados Unidos desde el norte de México, sabía que se esperaba mucho de él por su inteligencia y su creatividad. Pero parecía que no podía estabilizarse, ni arraigarse.

«Pasé cinco años entrando y saliendo, entrando y saliendo, de la universidad comunitaria. No sé cuántas veces cambié de carrera. Estaba indeciso e inseguro». Se ríe. «Me dejé crecer el cabello y anduve en motocicleta con mis amigos por toda la costa de California». Luego vuelve a ponerse sombrío. «Era un chico confundido y sin ancla que no podía entender lo que quería hacer». Renunciar fue casi lo único que hizo constantemente, dice.

Durante una de sus repetidas incursiones en la universidad, estaba sentado en la biblioteca un día cuando se le ocurrió que quería ser escritor. Y al diablo con la opinión de cualquier otra persona al respecto. «Recuerdo que pensé: "Bueno, conseguir un trabajo como escritor será una propuesta con el 50% de probabilidades"».

La apuesta valió la pena. En 2016 Rodríguez se retiró después de casi tres décadas en el periodismo, con trabajos de columnista en el *Hartford Courant* y *San Jose Mercury News*. Ahora vive en una pequeña comunidad cerca de las montañas de San Bernardino, en California.

Escribir una columna para un diario era el trabajo de sus sueños. «Me gustaba enfocar mi columna en la gente común». Por «común» no quiere decir sin importancia; se refiere a personas que no son celebridades, políticos o magnates de los negocios. Personas que, como cierto chico inquieto de pelo largo que conducía una motocicleta por la autopista 101 hace algunos años, pueden estar un poco inseguras e incluso un poco perdidas, pero que están bastante seguras de que al final descubrirán quiénes están destinados a ser.

«Creo que era mi destino considerar todas estas cosas que quería hacer, antes de apostar por el trabajo que era adecuado para mí. Pero en definitiva creo que la sociedad otorga un estatus más alto a las personas que dicen que sabían lo que querían hacer en el momento en que salieron del vientre de su madre».

Si tienes éxito, dice Rodríguez, se atribuye a la perseverancia. Si no, bueno, eso debe significar que te rendiste. Pero él cree que hay otro factor que el mundo tiende a pasar por alto: «Pasamos mucho tiempo elogiando a las personas que simplemente tienen suerte».

Y la suerte, por supuesto, puede ir en ambos sentidos.

«Gran parte de la autoayuda *nos* hace responsables», dice Wendy Simonds, profesora de sociología en la Universidad Estatal de Georgia. «La idea es que tenemos control sobre nuestra vida, si seguimos las reglas». Llamé a Simonds porque escribió un libro en 1992 titulado *Women and Self- Help Culture: Reading between the Lines*. Sus intereses de investigación se han movido en otras direcciones; en este momento está estudiando la sociología del sistema de atención médica estadounidense, pero aún mantiene un ojo en la industria de la superación personal que, en los años transcurridos desde la publicación de su libro, solo ha aumentado su presencia en las listas de éxitos de ventas y su enorme influencia en la vida de las personas, enseñándoles que la perseverancia es la clave de la felicidad.

MOMENTO DE BANDERA BLANCA

Originalmente quería ser artista. Siempre me ha gustado hacer arte. Pero un día me di cuenta de que tal vez no era posible ganarse la vida de esa manera. A menudo desearía haber encontrado un trabajo relacionado con el arte. He estado enseñando durante mucho tiempo, desde 1985, y ahora pienso todo el tiempo en dejarlo.

WENDY SIMONDS

«La autoayuda hace que las personas sientan que pueden ser expertas en su propia vida», me dice. «Recuerdo haber entrevistado a una mujer para mi libro que tenía una pila de libros para mostrarme, todos de autoayuda. Se sentía orgullosa de tener esa motivación para la superación personal».

Pero incluso si es posible obtener ganancias personales modestas por medio de un libro o un pódcast, no ayudan a los problemas más grandes que aquejan a la sociedad, señala Simonds, como el racismo sistémico, la inseguridad alimentaria y el acceso desigual a la atención médica. «En general, no van a resolver los problemas que se proponen abordar, en especial si son problemas sociales».

Esos problemas permanecen, crecen y se enconan. Eso podría deberse a que estamos menos ansiosos por abordar temas complicados como la desigualdad de ingresos y la injusticia social. Es más fácil sacar un libro de autoayuda y decir: «Mira, ¿leíste eso? Si de verdad lo das todo, las cosas saldrán bien».

Responsabilizar a las personas por su situación de vida, sin tener en cuenta los detalles de sus luchas, y estigmatizarlas por renunciar, da como resultado un mundo injusto. Porque la vida de otras personas es desordenada y complicada y esencialmente incognoscible, y siempre es mucho más fácil culpar.

En su novela *Mercy Street* de 2022, Jennifer Haigh incluye un párrafo que canaliza la visión contundente de la sociedad sobre el tipo de personas que frecuentan una clínica llamada Wellways en un barrio venido a menos de Boston: «Adicción a las drogas y alcoholismo, depresión y ansiedad, embarazo no planeado y enfermedades de transmisión sexual. Se cree que estas condiciones comparten una etiología común, el fracaso de la virtud. Cualquiera que sea su diagnóstico, todos los pacientes de Wellways tienen esto en común: se considera que sus problemas son, en parte o en su totalidad, culpa suya».

Entonces, ¿cómo pasó esto? ¿Se reunió un día una camarilla de gente adinerada en Jackson Hole o Davos y decidió convertir la acción de renunciar en el villano de la historia, como una forma de mantener a las masas bajo control? (Puedo imaginarme al flaco y sonriente señor Burns de *Los Simpson*, después de haber lanzado este complot contra los *donnadie*, y riendo diabólicamente mientras levanta su copia de *¡Ayúdate!* de Smiles y la agita sobre la cabeza de sus compañeros multimillonarios como una especie de bendición retorcida).

Pues no. Así no es como funciona la cultura. La cultura se construye por acumulación lenta de una variedad de fuentes; es una acumulación gradual de canciones e historias y erudición, de mitos y chismes y eslóganes publicitarios y calcomanías para autos. No es un proceso abierto. Se filtra con sutileza en la sociedad. No se produce a través de la legislación o de una orden ejecutiva. No puedes precisar exactamente cuándo se convierte en parte de la mentalidad común; todo lo que sabes es que un día despiertas y ahí está. Y se siente como si siempre hubiera estado ahí. Como escribe Louis Menand en *The Free World: Art and Thought in the Cold War*: «Las culturas no se transforman de forma deliberada o programática, sino por los efectos impredecibles del cambio social, político y tecnológico, y por actos aleatorios de polinización cruzada».

Vivimos en un mundo adoctrinado con la idea de Smiles de que el esfuerzo siempre traerá recompensas y, por extensión, si no obtienes esas recompensas, es tu culpa. Como señala Sarah Kendzior en su ferozmente luminosa colección de ensayos sobre el sistema de castas estadounidense y la justicia social, *The View from Flyover Country: Dispatches from the Forgotten America*: «Cuando se hace pasar a la riqueza por mérito, la mala suerte se ve como una falla de carácter». Presionaste el botón de «seguir durmiendo» demasiadas veces. Saltaste de la caminadora demasiado pronto. No creíste en ti mismo. Te rendiste. Y si te atreves a citar otros posibles factores que hayan influido en tus oportunidades y tu puntaje crediticio, te descartan como un quejoso. Un llorón.

La predilección contra renunciar es insidiosa no porque diga que la autotransformación es posible (es posible y sucede todos los días) sino porque implica que el resultado de esos esfuerzos siempre está en nuestras manos. Las fuerzas sociales no cuentan. Los factores políticos no cuentan. Y si las fuerzas sociales y la política son irrelevantes para el destino, ¿por qué molestarse en arreglar el sistema fiscal para hacerlo más justo? ¿Por qué preocuparse por la vivienda asequible?

Las personas que dirigen empresas de marketing multinivel (MLM, por sus siglas en inglés) se aprovechan con astucia de nuestra voluntad de ver el éxito y el fracaso solo como el resultado del esfuerzo individual. Estos esquemas explotan nuestras inseguridades, nuestras vulnerabilidades. Todos anhelamos la validación, casi tanto como anhelamos ese ingreso adicional, por lo que nos dejamos persuadir de que la única manera de fallar es si no trabajamos lo suficiente. No alcanzar los objetivos de ventas no puede ser el resultado de los productos o la técnica de ventas; debe significar que nos dimos por vencidos muy fácilmente. ¿Verdad? Es el mismo viejo culpable, tanto en MLM como en otros ámbitos: renunciar.

Pero renunciar no es el problema. Es la solución.

Y hay una manera de hacerlo mejor.

NOTA DE PERMISO

Te mantienes informado sobre los problemas del mundo, desde la guerra y la pobreza hasta el hambre y la falta de vivienda. Estás empezando a cuestionar el mensaje que nos han dado durante tantos años: si las personas marginadas se esforzaran más, les iría bien. Los poderosos suelen utilizar el mito de la perseverancia para demonizar a las personas necesitadas. Es hora de dejar de culpar, porque todos estamos juntos en esto.

—•——•—

TERCERA PARTE

RENDIRSE:
UNA GUÍA PASO A PASO

—•——•—

Da un paso hacia atrás
para poder saltar más alto.

DUDLEY CARLETON (1573-1632)

Capítulo siete

◆ ——— ◆

LA CUASI RENUNCIA: UNA PAUSA Y UN CAMBIO DE DIRECCIÓN

> Nos retiraremos para poder atacar.
>
> CHUCK RHOADES (PAUL GIAMATTI)
> en la serie de televisión *Billions*

Tiger Woods es desertor.

Ahora, antes de que los fanáticos del golf me golpeen con un hierro nueve, permítanme explicarlo: el hombre que ganó 15 torneos importantes y definió la excelencia en un deporte increíblemente difícil, el hombre cuyo mantra ha sido «Nunca te rindas», el ganador consumado, el gran campeón que ha luchado contra la angustia física y emocional, nunca fue más campeón y nunca un competidor más grande que en el Masters de Augusta de 2021.

No triunfó. No estuvo cerca de ganar. De hecho, quedó en el puesto 47.

Sin embargo, por primera vez, notaron muchos observadores de Woods, parecía satisfecho con no terminar primero. Porque terminó, punto. Y después de sufrir lesiones devastadoras en un accidente automovilístico el 23 de febrero de 2021, llegar al final del torneo fue en sí mismo un gran logro. Un periodista preguntó: «¿Fue esto el equivalente a una victoria para ti, solo presentarte y poder competir como lo hiciste?».

La respuesta de Woods: «Sí».

No abandonó el torneo. Pero abandonó el perfeccionismo que lo había perseguido en el pasado, una mentalidad que hacía que cualquier cosa que no fuera la victoria absoluta fuera indistinguible de la derrota aplastante. Dejó de pensar en su trabajo de una manera única y estrecha.

Al igual que otras personas que conoceremos en breve, algunas de ellas figuras históricas reconocidas, Woods no cambió todo sobre su vida y su trabajo, dando la espalda a todo lo que había sucedido antes, en un acto rápido y definitivo. No abandonó de repente el deporte que lo ha colmado de riqueza y fama, ni le dio la espalda a la carrera que ha brindado a sus fanáticos tanto placer al verlo sobresalir, una y otra vez. No recortó repentinamente sus famosos altos estándares de desempeño atlético. Quería ganar, con tanta ferocidad como ha querido ganar durante todos los años que ha jugado.

Pero aun así renunció. Dejó atrás una forma de competir (una que requería que él considerara aceptable solo un resultado superior) por otra forma, una que toma en cuenta tanto a la persona en su totalidad como la realidad presente, una forma que involucra el contexto y la historia.

Lo que Woods logró ese día fue casi renunciar. Piénsalo como una renuncia de precisión. Es una de las varias estrategias creativas que consideraremos, una forma constructiva de convertir esa actividad históricamente vilipendiada, darse por vencido, en un enfoque de vida que podría brindarte alegría y satisfacción en lugar de frustración y vergüenza.

No se trata de una «renuncia silenciosa», la tendencia que surgió en el otoño de 2022 que implica «hacer la menor cantidad de trabajo, lo necesario para no ser despedido». Cuasi renunciar no se trata de holgazanear y tratar de escabullirse, con la esperanza de que nadie de los que están a cargo se dé cuenta. Se trata de hacer más, no menos. Cuasi renunciar es activo, no pasivo. Está impulsado por la agilidad y la perspicacia, no por la apatía.

Woods hizo una evaluación realista de sus circunstancias actuales y modificó sus métodos para adaptarse a ellas. En su mente, con seguridad movió algunos elementos aquí y otros allá. Midió la dirección del viento. Se inclinó hacia un lado y luego hacia el otro, evaluando el momento del mismo modo que podría calcular la mejor aproximación a un *putt* difícil, viéndolo desde una docena de ángulos diferentes antes de seleccionar su palo y realizar su tiro. Desde esta nueva perspectiva, fue el mayor ganador de todos.

Bryony Harris, una mujer que cambió su vida a la edad de 64 años, cuasi renunció de manera similar. Hace una década, después de una profesión heterogénea en Gran Bretaña (ha sido, entre otras cosas, arquitecta y fotógrafa), se mudó a Noruega y se convirtió en psicoterapeuta. Sus renuncias y reinicios crónicos no fueron realmente tan dramáticos, dice, a pesar de cómo se veían desde el exterior. Eran cuestiones de gradación y grado. «Nunca tomé una decisión del estilo de "Voy a dejar de hacer eso y hacer otra cosa"», le dijo a un reportero en 2022. «Siempre ha sido una progresión suave».

Lo que Woods sabe, lo que Harris sabe, es esto:

Renunciar puede ser un dial de reóstato, no solo un interruptor de encendido y apagado.

————————

Leidy Klotz entiende la cuasi renuncia. Es profesor de ingeniería, arquitectura y negocios en la Universidad de Virginia y el autor de *Subtract: The Untapped Science of Less*.

«Tienes que luchar contra este pensamiento binario», me dice. «Si renuncias, no significa que no puedas también seguir con algo».

Renunciar y no renunciar, agrega, «no están en oposición. Son diferentes formas de reaccionar, de hacer algo mejor. Se puede restar y sumar a la vez, y renunciar en favor de no renunciar».

Sin embargo, a menudo hay un aspecto de todo o nada en nuestra visión de renunciar, concuerda Klotz, impulsado por la noción de que renunciar es un fracaso, que significa encerrarse en un extremo del espectro, en lugar de moverse hacia arriba y hacia abajo en el continuo según lo justifiquen las circunstancias. Este punto de vista insiste en que, si renuncias, pierdes. Ese abandono debe ser un momento en el tiempo (y dramático, para empezar).

Por supuesto, renunciar puede ser un gesto extravagante de todo o nada. Puede ser una renuncia atronadora. Puede implicar el lanzamiento de objetos e insultos.

Pero renunciar no tiene que ser ninguna de esas cosas. Puede ser reflexivo, deliberado y meditativo. Puede ser sutil, una cuestión de matices y delicadeza. Puede ser el resultado de una toma de conciencia lenta y un cambio gradual, una acomodación elegante y un giro astuto, tal como lo fue para Charles Darwin.

Cierta mañana de primavera en 1858, a sus 49 años, Darwin estaba en el apogeo de sus poderes intelectuales. Era propenso a la indigestión, pero por lo demás estaba sano. Después de un largo viaje por mar en su juventud, se instaló en su casa grande y cómoda con una familia que amaba, para reflexionar y discutir sus ideas allí. Estaba tratando de averiguar por qué tantas especies diferentes se arrastraban y volaban y rebotaban y corrían y deambulaban por el planeta.

Estaba bastante seguro de que se le había ocurrido una teoría plausible. No tuvo un momento de *¡Eureka!*, solo una serie de pequeñas revelaciones que apuntaban hacia una conclusión interesante. Pero aún no había publicado sus ideas. Siempre quedaba un experimento más por realizar, un ensayo más de un colega por consultar, un hecho más por concretar. Era un procrastinador impenitente, un vacilante descarado.

Luego vino la noticia (repasaremos los detalles en breve) de que alguien más había tenido una idea muy similar y estaba a punto de publicar un ensayo al respecto.

Esto fue un desastre. Significaba que el trabajo de toda la vida de Darwin habría sido en vano, al menos cuando se trataba de obtener crédito por sus ideas que rompían paradigmas. Recibiría poco reconocimiento por haber revolucionado la biología porque alguien más lo había hecho primero.

MOMENTO DE BANDERA BLANCA

Estaba en la oficina de mi jefe y me estaban apaleando. Por encima de su hombro podía ver el centro de Chicago, y una pequeña parte del horizonte. Recuerdo haber pensado: «Esta es la última vez que veré esa vista desde esta ventana». Simplemente lo sabía. Entonces, cuando la gente me pregunta: «¿Cómo sabes que es hora de dar el salto y renunciar?», soy honesta con ellos. No digo: «Tú también puedes hacerlo», porque yo tengo una red de seguridad. Mi esposo tiene un buen trabajo y yo tengo seguro médico por su conducto. En cambio, les hablo de decidir convertir en prioridad lo que quieren hacer, incluso si no pueden renunciar a su trabajo en ese momento. No tienes que esperar al momento de renunciar. Tal vez eso sea dentro de varios años, pero hay tantas cosas que puedes hacer antes de eso.

LORI RADER-DAY

En ese momento, él tenía una opción. Podía enfadarse, cruzarse de brazos, maldecir al Dios en el que no creía y continuar trabajando como siempre había trabajado, haciendo exactamente lo que había hecho antes: seguir adelante, desperdiciando más décadas en la indecisión y el retraso. Podía apretar los dientes y mantener el rumbo.

O podría renunciar.

Este no fue un momento de dejar caer el micrófono. Darwin no estrelló sus transparencias contra la repisa de la chimenea ni arañó el revestimiento de madera. No renunció a sus estudios del mundo natural. No quemó sus manuscritos.

Se rindió, pero cómo se rindió es lo que importa. Renunció en sus propios términos. Renunció en lo que hoy llamaríamos la fase de marketing de su trabajo. Comenzó a cambiar la forma en que se presentaba al mundo. Y funcionó. Poco más de un año después, se publicó *El origen de las especies*.

———————

Renunciar no tiene por qué ser una cuestión de extremos: sí o no, presente o pasado, ahora o nunca. No significa necesariamente mandar todo a volar, vaciar el escritorio, hacer borrón y cuenta nueva. También puede significar una ligera pero crucial recalibración de las estrategias. Tal cambio puede ser tan sólido y consecuente como detenerse en seco. Es una forma de tomar lo que ya sabes y usarlo a medida que avanzas, en lugar de comenzar desde cero.

Así es como Dave Allen ha dirigido su vida. Siempre ha sido capaz de convertir un interés apasionado por algo en un interés apasionado por otra cosa. Renunciar es un comienzo para él, dice, no un final. Nada de lo que ha aprendido se ha desperdiciado.

«Es difícil ser yo», me informa con una risa triste. «¡Porque tengo que saberlo todo sobre todo!».

Nacido y criado en Sewickley, Pensilvania, Allen ahora vive en Cincinnati. Y recuerda con deleite ese momento especial a los 15 años cuando escuchó por primera vez música de acordeón. Unas lecciones más tarde tocaba el acordeón en una banda y ganaba bien. Se abrió camino en la universidad como DJ en una estación de radio local. Su romance con la radio continuó durante más de una década, pero luego dio paso a su gran interés por las computadoras.

«Tomé mi amor por la programación de computadoras y comencé mi propio negocio de software personalizado», dice.

Vendía sus productos, entre ellos programas para medir audiencias y sus preferencias, a estaciones de radio. Luego le llamó la atención otro negocio: el inmobiliario. Obtuvo su licencia de bienes raíces para poder comprar casas para remodelar. «Mucha gente ve los cambios que he hecho y pregunta: "¿Qué te motiva?". Yo les respondo: «¡El miedo!"». Se ríe. «Es decir, ¿qué diablos voy a *hacer*?».

Se refiere al miedo económico, sí. Pagar facturas y todo lo demás. Pero hay algo que teme aún más: el aburrimiento. Oxidarse. Arranciarse. «Creo que esa cualidad me ha hecho seguir adelante y reinventarme».

En 2009, comenzó a tomar clases de vuelo. «Renuncié tres veces. Lo más difícil que he hecho. Pero siempre volvía». Obtuvo su licencia de piloto hace dos años.

Su esposa, Karen, es maestra de artes culinarias en centros comunitarios. «A veces me ve luchando con algo y dice: "Dave, déjalo". Pero no me rindo». Solo se cuasi rinde. Y lo aprovecha al máximo.

En su historia del *New York Times* de 2021 sobre Vinny Marciano, un nadador de élite que dio un giro sorprendente en su vida en 2017, David W. Chen presenta una metáfora maravillosa para describir una cuasi renuncia. Los atletas de élite a menudo sienten la inmensa presión de tener que ser siempre geniales, señala Chen: «Pero ¿y si albergaran un deseo secreto de detenerse y quisieran comenzar de nuevo (básicamente, presionar Ctrl+Alt+Supr?)».

En otras palalbras, renunciar. Renunciar no tiene que ser un punto final. Puede ser una vacilación, un periodo de reflexión tras el cual se persigue un nuevo objetivo, tal vez similar al anterior, tal vez no. Una pausa y un giro.

Marciano había batido récords en estilo libre y dorsal como nadador en preparatoria en Nueva Jersey, lo que le valió comparaciones con Michael Phelps. Su potencial parecía ilimitado. Pero entonces, escribe Chen, pareció desvanecerse.

Seguía ahí, aunque, simplemente, no en la piscina. Agotado por la natación, Marciano se había vuelto escalador. Su pasión por el atletismo no disminuyó; solo la había redirigido. Había comenzado a sentir su carrera como nadador más como una carga que como una alegría; le dice a Chen: «Veía una escalera sin fin: sin importar lo que hiciera, siempre iba a haber algo que se esperaba que yo lograra». Escalar le proporcionó la misma liberación física sin la ansiedad.

Para los atletas que no son de élite podría ser el problema opuesto: ¿Cómo abandonas algo en lo que eres mediocre en el mejor de los casos, pero a lo que no quieres renunciar por completo?

En la primera página de su libro *How Soccer Explains the World: An Unlikely Theory of Globalization*, Franklin Foer hace una admisión sincera: es un terrible jugador de futbol. Es tan malo que incluso la vista de sus deslices y tropiezos es insoportable para quienes se preocupan por él y, presumiblemente, por la reputación de su familia: «Cuando era niño, mis padres daban la espalda al campo para evitar verme jugar».

Tuvo que elegir: ¿futbol o amor propio?

Bueno, no. No tenía que elegir, después de todo. Foer podía tener ambos: su amor por el futbol *y* su deseo de logro. Las cosas que hace bien (pensar, investigar, entrevistar y escribir) podrían combinarse con su amor por un deporte que no pudo dominar como jugador: «Porque nunca sería competente en el juego en sí», escribe. «Pero podía hacer lo siguiente mejor: tratar de adquirir la comprensión de un experto». Podía cuasi renunciar al futbol.

En su libro *Amplitud (Range): Por qué los generalistas triunfan en un mundo especializado*, David Epstein señala que la visión tradicional del éxito (que solo puede provenir de la devoción de largo aliento e hiperenfocada en una meta inmutable) a menudo es incorrecta.

«Contadas en retrospectiva por los medios populares», escribe Epstein, «las historias de innovación y autodescubrimiento pueden parecer viajes ordenados que van de *A* a *B*». Pero ese no es siempre el caso. «La investigación en una miríada de áreas sugiere que las divagaciones mentales y la experimentación personal son fuentes de poder y que la ventaja inicial está sobrevalorada».

Nunca lo sabrías si lees el perfil de una celebridad promedio, donde el tema siempre es: «Desde el principio sabía lo que tenía que hacer y lo hice. No miré a la derecha ni a la izquierda, solo hacia adelante. Y por supuesto, nunca me rendí».

Se nos dice que la perseverancia siempre rinde frutos. Que la ruta tortuosa es un camino que hace perder el tiempo y no lleva a ninguna parte. Que nuestros héroes, atletas, actores, empresarios, directores ejecutivos nacen sabiendo exactamente a dónde quieren ir, y luego van ahí, sin vacilación alguna, sin dudas o cambios de rumbo. Que solo los soñadores adormecidos se abrirían paso a tientas, tropezando de una actividad a otra.

MOMENTO DE BANDERA BLANCA

En el último momento, cambié de opinión y me fui a otra parte a estudiar ciencias políticas... Nadie en su sano juicio diría que la pasión y la perseverancia no son importantes, o que un mal día es una señal para renunciar. Pero la idea de que un cambio de interés, o una recalibración del enfoque, es una imperfección y una desventaja competitiva conduce a pensar que existe una narrativa simple y única para todos...

DAVID EPSTEIN

Sin embargo, como informa Derek Thompson en un ensayo de *Atlantic*, ajustar repetidamente tu carrera (probar esto, incursionar en aquello, ir en una dirección un poco diferente) puede traer recompensas más adelante, porque las encuestas salariales de varias profesiones «encontraron que las personas que cambian de trabajo con mayor frecuencia al inicio de sus carreras tienden a tener salarios e ingresos más altos en sus mejores años de trabajo. Cambiar de trabajo puede parecer la acción de un diletante inseguro, pero mejora las probabilidades de que encuentres un trabajo que combine maestría, significado y una buena cantidad de dinero».

De hecho, esta «reevaluación y reorientación» de la vida profesional, como lo describe Arianne Cohen en un artículo de *Bloomberg Businessweek*, puede ser una estrategia genial para las personas que llevan más o menos una década en su carrera y se sienten estancadas e inquietas. Los expertos en empleo a los que consultó están de acuerdo en que «el malestar puede ser un signo de dominio». Has progresado lo más posible en un solo lugar; tal vez es hora del siguiente paso. Y eso significa hacer una reevaluación reflexiva de quién eres y qué quieres de tu vida y tu carrera (no almorzar temprano y dar por terminado el día).

Por lo tanto, no tienes que entregarte a un rechazo total de cada esperanza y sueño que hayas tenido; es preferible hacer una serie de cambios y movimientos laterales. Una cuasi renuncia puede enviarte en una nueva dirección y ampliar tu sentido de posibles opciones para la vida. Es una forma de darte el regalo de tu propia renovación personal, sin esperar a que alguien más decrete que eres digno de ello.

En un estudio de trayectorias profesionales realizado por el programa Mind, Brain, and Education (Mente, Cerebro y Educación) de la Universidad de Harvard, escribe Epstein, surgió algo inesperado de los datos. Los investigadores habían anticipado resultados bastante sencillos: los hábitos y rutinas de las personas exitosas, con independencia de sus campos, serían más o menos similares. Para su sorpresa, «resultó que prácticamente todas las personas habían seguido lo que parecía un camino inusual». Lo que lleva a Epstein a ofrecer este consejo: «Aborda tu propio viaje y proyectos personales, así como Miguel Ángel se acercó a un bloque de mármol, dispuesto a aprender y adaptarse sobre la marcha, e incluso a abandonar un objetivo anterior y cambiar de dirección por completo si surge la necesidad».

En 1723 no había ningún programa de Mind, Brain and Education que consultar, pero Benjamin Franklin, de 17 años, sabía que tenía que hacer lo que le parecía correcto, independientemente de las consecuencias. No tenía interés en los caminos recorridos por otros. Era inquieto y ambicioso.

También estaba molesto. Su hermano mayor, James, era su jefe en una imprenta en Filadelfia, y el joven Ben se sentía menospreciado. Decidió huir, escribe Walter Isaacson en *Benjamin Franklin: An American Life*. Más tarde, Franklin volvería a la imprenta, y esta se convertiría en el centro de su vida profesional y de su fortuna. Abandonar el negocio de su hermano fue casi una renuncia, un momento que parecía una nueva dirección pero que, de hecho, fue un breve interludio. Tendría muchos giros temporales de este tipo a lo largo de su larga y ajetreada vida, paradas y arranques que en realidad eran solo manifestaciones de su curiosidad propulsora.

«Franklin», me dice Edward Gray, «es el ejemplo absoluto de agilidad cognitiva».

Gray, quien enseña historia estadounidense en la Universidad Estatal de Florida, dice que Franklin siempre tuvo muchos platos girando en el aire. Su interminable interés por el mundo y cómo funciona lo llevó a sumergirse en un proyecto tras otro, abandonando la obsesión de ayer para disfrutar la de hoy. La cuasi renuncia fue una cuestión de estrategia para él.

MOMENTO DE BANDERA BLANCA

En preparatoria quería ser soldador eléctrico. Mecánico industrial. Crecí construyendo maquetas. Hice motores para
go-karts, desarmé cosas. De niño siempre estuve muy inte-
resado en todo lo mecánico.

Pensaba: «Esto es lo que quiero hacer con mi vida».
Quería hacer y deshacer cosas.

Pero esto fue a finales de los setenta. La recesión. Vi
mucha desesperación. Mis padres descubrieron que estaba
tomando clases para tener un oficio y se asustaron. Ellos
tenían una educación universitaria.

Fui a la Universidad de Chicago y me di cuenta de que
me gustaba el trabajo académico. Eso también era hacer cosas.

EDWARD GREY

Un número demasiado grande de sus alumnos contemporáneos,
dice Gray, no parecen entender las «figuras polímatas» como
Franklin. Es casi como si temieran que una cuasi renuncia al estilo de Franklin sea una señal de falta de seriedad en sus carreras,
agrega, y los retrase. «Lo ven como un residuo pintoresco de
una era pasada. Están programados para ser muy resueltos y
orientados a su carrera. Tienen los ojos puestos en la facultad
de derecho o en alguna otra escuela profesional. La mayoría de
ellos piensa que se se espera que sean lineales en el curso de su
vida». Se están perdiendo, dice, de los beneficios del meandro

creativo, la rotonda gratificante, la estrategia no lineal conocida como cuasi renunciar, que puede ser una ventaja, como veremos, tanto en el mundo de los negocios como en el del arte.

En 1996 la compañía de jugos con sede en California que Greg Steltenpohl había fundado como una broma con sus amigos seis años antes era un éxito monstruoso. La compañía acumulaba ventas anuales de casi 60 millones de dólares. Y luego vino una catástrofe: el jugo de manzana Odwalla contaminado con *E. coli* estuvo implicado en la grave enfermedad de decenas de personas y una muerte. Dos años más tarde Steltenpohl renunció a la empresa y reevaluó el curso de su vida.

Uno pensaría que el negocio de las bebidas sería el último al que querría regresar. Sin embargo, como señaló *The New York Times* en su obituario para Steltenpohl, quien murió en 2021, eso es exactamente lo que hizo. Fundó una empresa llamada Califia que vende bebidas no lácteas como café con leche de avena. Lo que lo liberó para hacer eso, le dijo su hijo, Eli Steltenpohl, al *Times*, fue el consejo que le dio el fundador de Apple, Steve Jobs, un cuasi desertor legendario: «Steve lo animó a pensar con originalidad y mirar el momento como una oportunidad para la innovación y el pensamiento progresista, y no como una derrota». Esta no es solo otra iteración del viejo mantra de «cuando la vida te da limones, haz limonada». Esta es la audacia de renunciar y luego reanudar, usando algunos de los mismos dones que te metieron en problemas en primer lugar, pero con la adición de sabiduría y perspectiva.

La creación de una segunda empresa en la misma línea de productos, como lo hizo Greg Steltenpohl, requería que el empresario abandonara casi por completo las esperanzas que había albergado en el negocio original, que es similar a lo que hizo Henry James alrededor de un siglo antes, con libros en lugar de bebidas.

Para 1895, James había publicado novelas notables como *Daisy Miller* y *El retrato de una dama*, pero alimentaba un ferviente deseo de ser dramaturgo. Así que el 5 de enero de ese año un jubiloso James recorrió las atestadas calles de Londres hasta el Teatro St. James para la noche de estreno de su obra *Guy Domville*.

El drama ampuloso no fue del todo bien recibido. Hubo muchos discursos largos y ventosos llenos de un lenguaje ostentosamente exaltado. Los miembros de la audiencia se inquietaron. Murmullos de disgusto recorrieron el teatro repleto. Al final de un largo discurso hacia el gran final de la obra, el personaje principal proclamó: «¡Soy el último, mi señor, de los Domville!». Eso hizo que un miembro de la audiencia aburrido gritara: «¡Menos mal!».

Sin embargo, la mayor humillación de James aún estaba por llegar. Al subir al escenario para unirse al elenco, fue recibido con «burlas y chiflidos», escribió Leon Edel en *Henry James*. El actor en el papel principal intentó salvar el día dirigiéndose a la multitud: «Solo puedo decir que hemos hecho lo mejor que hemos podido». A lo que un alborotador respondió: «No es su culpa, la obra es un asco». Destrozado, James más tarde le confió en una carta a un amigo que esa noche de estreno implicó «las horas más horribles de mi vida».

En ese momento, James podría haber seguido produciendo obras, decidido a no parecer un desertor, cambiando su estilo de escritura y comprometiendo su visión mientras intentaba desesperadamente complacer al público. O podría haberse dirigido de lleno en la dirección opuesta, y dejar su pluma para siempre. Pudo haber cerrado con pestillo las persianas en su imaginación para nunca más arriesgarse a la reacción del público a su trabajo. Dejar de repente el llamado de su vida era una solución drástica, pero tenía que hacer *algún* tipo de cambio. Otra noche como la del Teatro St. James lo destruiría.

Sin embargo, quizá el cambio podría ser uno más pequeño y específico: una cuasi renuncia. Así que James dejó de escribir obras de teatro, pero no de escribir. Su enfoque principal volvió a la ficción, y creó muchas de las historias y novelas por las que es más conocido hoy en día, como *Otra vuelta de tuerca* y *La copa dorada*. Escribiría unas cuantas obras más antes de su muerte en 1916, pero para ninguna de ellas buscó el tipo de producción a gran escala que le había traído la vergüenza abrasadora de *Guy Domville*.

Volvemos a Charles Darwin, esa mañana de primavera de 1858, cuando acababa de abrir una carta. En este punto, se acerca rápidamente a su momento de la verdad. Está a solo unos segundos de distancia.

Ha pasado más de dos décadas (o en realidad toda su vida, si cuenta su apasionada incursión en el estudio de cada criatura con la que se ha cruzado desde que era niño) observando en silencio y pensando con paciencia.

Tal vez con *demasiada* paciencia.

Porque, desde que regresó hace dos décadas de ese viaje al extranjero para recolectar especímenes, Darwin ha estado un poco... bueno, atorado. Pasa la mayor parte de su tiempo en esta gran casa antigua en el pueblo de Downe, a unos 53 km al sureste de Londres, holgazaneando en el laboratorio que ha instalado exactamente como lo quiere, cautivo de su perfeccionismo.

Su riqueza heredada significa que puede mantener a su numerosa familia y también continuar con su investigación científica, sin las molestias de un trabajo rutinario. Ha creado su propia burbuja privada de exploración y descubrimiento. Lleva notas rigurosas, pero no siente especial urgencia por publicarlas, y tiene los fondos para hacer lo que le plazca en su propio tiempo.

Mientras abre con alegría una misiva de un hombre a quien conoce poco, pero a quien siempre ha respetado como compañero naturalista, Darwin no tiene ni idea del cataclismo que se avecina. Escanea el contenido y, ¡*puf!*, de repente sus esperanzas, sus ambiciones, sus sueños de renombre se desvanecen como un percebe bajo una gran ola.

El remitente es Alfred Russel Wallace, una especie de *doppelganger* darwiniano (sin la riqueza y el tiempo libre para sentarse y pensar en escarabajos y medusas). A partir de su trabajo de campo realizado recientemente en Indonesia y Malasia, Wallace ha elaborado un ensayo. Se lo ha enviado a Darwin con la esperanza, dice la carta que lo acompaña, de que Darwin, que tiene mejores conexiones, pueda ayudar a publicarlo.

El ensayo de Wallace esboza una teoría sobre cómo las especies se ramifican en diferentes formas. Sobre cómo la lucha por la supervivencia hace que algunas especies se extingan mientras que otras prosperan. Es, en resumen, una síntesis de la misma teoría sobre la que Darwin ha estado trabajando, pero que aún no ha presentado al mundo.

Los dos hombres han llegado aproximadamente a la misma idea revolucionaria en casi el mismo momento. Pero Wallace lo ha escrito y busca de manera activa su publicación. Y ahora que Darwin la ha leído no puede afirmar que ignora el trabajo de Wallace.

«Es algo miserable en mí preocuparme en absoluto por la prioridad», gemiría más tarde un angustiado Darwin a sus amigos en melancólicas misivas. «Así que toda mi originalidad, sea lo que sea, será aplastada... Estoy postrado y no puedo hacer nada».

En este punto, Darwin tiene una opción. Puede redoblar su actitud casual hacia hacer su trabajo en el mundo que lo ha llevado a un mal lugar. Puede negarse a cambiar de dirección. Puede seguir con su rutina. Puede exhibir coraje, y no llegar a ninguna parte.

O puede cuasi renunciar.

Puede decirse a sí mismo: «Está bien, entonces esto no resultó como esperaba. Tengo que hacer algunas cosas, no todo, pero algunas cosas, de manera diferente». Puede reevaluar. Reconocer dónde se equivocó.

Y así, cambia la forma en que presenta y promueve sus ideas, decidido a presentarlas a los lectores. Después de renunciar a los «derechos del trabajo de su vida» en su mente decepcionada, como dice la biógrafa de Darwin, Janet Browne, puede ver la tarea bajo una nueva luz, y se da cuenta de que, después de todo, podría haber una ruta hacia el éxito. Esto lo ha sacudido hasta la médula, y también lo ha energizado.

Así es como lo describe Browne: «Durante mucho tiempo, Darwin había estado acorralado por ansiedades, siempre circunspecto, exteriormente convencional y luchando por la integridad científica... Ahora todos los impedimentos fueron hechos a un lado. Mientras que el proceso de ser anticipado podría haber destruido a un espíritu menor, Darwin salió resuelto y determinado.

Atrás quedó el hombre tímido y vacilante que no puede dejar de jugar con su teoría. «Con el empeño que lo caracterizaba», escribe Browne, «trabajó más duro que nunca antes. El ensayo de Wallace le dio la ventaja que necesitaba». Darwin es un hombre honorable, por lo que ayuda a Wallace a publicar su trabajo. Pero también publica su propio trabajo, *El origen de las especies*. La cuasi renuncia, abandonar la forma de presentar su idea, no la idea en sí misma, le permite a Darwin completar el libro que, según Browne, no es solo un tratado científico, sino «una obra de arte duradera».

NOTA DE PERMISO

Estás inquieto. Quieres probar algo nuevo. Todavía estás en la etapa de sentarte en la cama en medio de la noche escribiendo en tu laptop, pero es hora de un cambio. Sin embargo, dudas de hacer una ruptura completa. ¿Por qué no dejar ir algunas cosas sin perderlo todo? Renunciar no tiene que ser un absoluto.

Capítulo ocho

✦ —————— ✦

Renunciar para alcanzar el éxito en el trabajo

Renunciar estratégicamente es el secreto
de las organizaciones exitosas.

Seth Godin

Supongamos que en un maravilloso día soleado, en Palo Alto, California, a finales de 2014, un día con nubes diminutas que salpican el cielo azul como gotas de crema batida arremolinadas, las cosas hubieran... tomado un giro inesperado.

Supongamos que Elizabeth Holmes, moviéndose con su paso que por lo general es enérgico, preocupado y parece decir «no te metas conmigo», hubiera entrado en la sede de Theranos, la compañía de tecnología médica que fundó en 2003, y en lugar de desaparecer de inmediato en su oficina con apenas un guiño a su personal, su rutina habitual, hubiera hecho... algo más.

Supongamos que hubiera convocado una reunión. Y supongamos que les hubiera dicho a los empleados reunidos, y repetido unos minutos más tarde en una conferencia telefónica a periodistas que cubren el mundo de la tecnología: «La máquina no funciona. Simplemente no funciona. Y no sé cómo solucionarlo. Así que voy a cerrar la empresa. Renuncio».

Pero eso no fue lo que hizo. En cambio, pasó los siguientes años redoblando sus afirmaciones sobre su nuevo dispositivo y su potencial para cambiar el mundo. Para 2018, la decisión de renunciar o perseverar se le fue de las manos. La empresa colapsó. Holmes y su principal asistente enfrentaron cargos federales. Y su sueño de un tipo revolucionario de máquina de análisis de sangre capaz de realizar cientos de pruebas con un solo pinchazo en el dedo, un artilugio que ella había llamado Edison en honor a su inventor favorito, fracasó.

Para la mayoría de las personas el comportamiento de Holmes es desconcertante: cuando quedó claro por primera vez que el dispositivo era un fracaso, ¿por qué no renunció? ¿Por qué no se lamió las heridas y vivió para pelear otro día? ¿Por qué no detenerse, reflexionar y comenzar un nuevo proyecto?

La caída de Theranos se convirtió en el relato moral más importante del mundo de los negocios, una parábola de advertencia sobre los peligros de la arrogancia y la codicia y, como lo ven sus detractores, las artimañas. Pero también es algo más: la exhibición A en el Salón de la Fama de «Qué sucede si no renuncias a tu trabajo cuando deberías renunciar a tu trabajo».

Porque todos somos Elizabeth Holmes.

No, no todos usamos cuellos de tortuga negros ni abandonamos Stanford para establecer empresas que fracasan. Pero en un sentido más amplio, sí, todos somos Elizabeth Holmes. Todos hemos tenido la tentación de quedarnos demasiado tiempo con una mano perdedora.

Cualquier persona que haya trabajado en cualquier trabajo y haya pasado por una mala racha y haya tenido que decidir si renunciar o seguir adelante es una Elizabeth Holmes en potencia. Ya sea que seas el jefe altamente remunerado o el empleado peor pagado, ya sea que fabriques chips de computadora o pastelitos, seas electricista, maestro, camionero o (Dios te ayude) escritor, ya seas un empresario de renombre o una anfitriona en Olive Garden, ya sea que respondas a una junta directiva o a una gerente pasivo-agresiva llamada Nadine, cuando sientes la necesidad de abandonar una situación que es claro que no está funcionando, enfrentas dos obstáculos gigantes. Son los mismos a los que se enfrentó Holmes, y ante los que se estremeció, que fue lo que la condenó:

Primero, el miedo. Y segundo, la falacia del costo irrecuperable.

Cuando reflexionas sobre una decisión importante sobre tu carrera, puedes pensar que estás solo en tu oficina (o en la ducha, que es donde algunos de nosotros pensamos mejor, escuchando las melodías de los espectáculos de Broadway), pero no es así. El miedo también está en la habitación, siempre. Cuando te das cuenta de que debes renunciar, es posible que te sientas inquieto, vacilante y titubeante, que lo retrases y pongas excusas. Eso no significa que seas cobarde. Solo estás reflejando lo que te han enseñado. Estás canalizando la dudosa sabiduría de Samuel Smiles. ¿Lo recuerdas? Era el señor Autoayuda, el caballero victoriano bien intencionado pero equivocado que recomendaba una devoción feroz, inquebrantable y de por vida a un solo objetivo.

Si fabricas látigos para carruajes, sigue con eso, aconsejó Smiles. Si rompes piedras para ganarte la vida, será mejor que *sigas* rompiendo piedra para ganarte la vida, con un demonio; no escuchemos tonterías sobre dejar la cantera para ir a administrar una lechería o criar gallinas. Cambiar de rumbo es para débiles. Renunciar es para perdedores.

Detrás de esta idea de perseverancia obstinada e inquebrantable se esconde el temor de que, si renuncias a tu trabajo actual, todo puede perderse. ¿Qué pasa si te va mal en el siguiente? ¿Y el que sigue después de ese? ¿Cómo sabes cuándo es el momento adecuado para rendirte? Renunciar es un riesgo. Dejar un trabajo menos que perfecto y buscar uno mejor requiere fe en lo desconocido, la creencia de que al fin *encontrarás* ese trabajo ideal. Sin embargo, primero debes reconocer y vencer la inquietud, y confiar en que, del embrollo turbio y el garabato desordenado que a menudo es la vida, surgirá un camino claro y brillante.

«Definitivamente, esto no es como lo que me propuse cuando junté todas las piezas para llegar allí», así es como la presentadora y autora de MSNBC, Rachel Maddow, describió la trayectoria de su carrera a un entrevistador. «Tuve muchos más tropezones como de borracho a lo largo de mi carrera de lo que uno podría esperar... pero ahora que he llegado aquí, lo valoro».

Puedo escucharte murmurar: «Hm, pero yo no soy una persona brillante, superarticulada con la habilidad para ganar millones de dólares al año presentando mi propio programa de noticias por cable». Tal como murmuraste antes, cuando se discutía la carrera de Holmes: «Hm, no soy un visionario carismático con innumerables contactos en el mundo del capital de riesgo de Silicon Valley». Es verdad. No lo eres. Y yo tampoco. Pero cuando se trata del miedo a renunciar, todos somos hermanos. Renunciar requiere un salto de la imaginación hacia el aterrador vacío etiquetado como «Podría funcionar. Tal vez no. Pero tengo que intentarlo».

Maddow, cabe señalar, renunció a su trabajo como anfitriona de un programa nocturno en MSNBC en 2022, después de casi una década y media, para centrarse en proyectos y libros de formato largo. (Ella todavía está en la cadena: aparece una noche a la semana y durante la cobertura de las elecciones). Renunciar no la desconcierta. De hecho, parece inyectarle energía.

¿Quién sabe qué hubiera pasado si Holmes hubiera renunciado antes, cuando quedó claro que el Edison tenía fallas fatales? ¿O si Maddow se hubiera quedado con uno de esos trabajos tempranos y no del todo correctos a lo largo de su camino sinuoso, en lugar de darse por vencida y tomar otra dirección? Para ambas mujeres, renunciar, o no, marca un momento crucial en sus vidas, el punto álgido de su futuro, una y otra vez. Una no renunció cuando debería haberlo hecho; para la otra, renunciar es su superpoder.

De acuerdo, no es fácil confiar en que pueden venir cosas buenas después de renunciar. Hemos asimilado bien el mensaje de Smiles: el que advierte de las terribles consecuencias si nos detenemos en nuestro rumbo actual, el que insiste en que la perseverancia es siempre el camino correcto. Si renunciamos, seremos culpados a partir de entonces por cualquier cosa mala que nos suceda. Las palabras que a nadie le gusta escuchar: «Tú mismo provocaste esto».

El miedo es un hecho. Es una respuesta perfectamente racional a un futuro desconocido. Renunciar a un trabajo puede significar una pérdida temporal de ingresos, así como una pérdida del sentido de pertenencia, porque nuestro trabajo se convierte en una gran parte de nuestra identidad. (Volveremos a hablar de la parte de la pertenencia en el capítulo 11). Renunciar a un negocio significa decir adiós a un sueño. Sin embargo, fundamentalmente, el miedo que nos impide renunciar cuando deberíamos no tiene que ver con el dinero, la camaradería, el estatus o la ambición. Se trata de la creencia en un mañana mejor, y de lo difícil que puede ser mantener esa creencia frente a malas oportunidades y errores tontos. La única manera de vencer el miedo es cultivar el optimismo, y con eso no me refiero a una tontería alegre, sino a un optimismo sensato, directo y ganado, el tipo de optimismo que requiere renunciar a algo para encenderse.

Si no me crees, tal vez le creas a Betsey Stevenson, miembro del Consejo de Asesores Económicos del presidente Obama y ahora profesora de políticas públicas y economía en la Universidad de Míchigan. Ella dijo lo siguiente en el pódcast *The Ezra Klein Show* en 2021, cuando un número récord de personas renunció a su trabajo:

«Es decir, recuerdo que en la recesión de 2008 miraba los datos de renuncia y decía: "Vamos, gente, dejen su trabajo. Porque renunciar equivale a sentir optimismo... Así que tómense su tiempo. Dejen su trabajo y encuentren algo mejor. Encuentren lo correcto para ustedes».

Lucinda Hahn, editora y escritora, estaría de acuerdo. Porque el castigo por no renunciar, por dejar que el miedo te mantenga en un trabajo que no satisface tus necesidades, puede ser más serio de lo que crees, advierte.

Hace tres años Hahn trabajaba para una editorial en Carolina del Norte cuando una reorganización de la gerencia la dejó en un lugar vulnerable. «Empecé a ser ignorada. Fue una cosa tras otra. No querían despedirme; era un miembro valioso del equipo. Me pagaban muy bien: había obtenido un aumento del 30% y un ascenso el año anterior. Pero estaba aburrida por sus proyectos y sus perspectivas recientemente reducidas».

«Dan ganas de decir: "A la mierda, me largo de aquí", pero no lo haces. Y cuando te tratan mal y no te defiendes, *hay un costo*».

A Hahn le sorprendió, me dice, que no podía tan solo hacer lo que siempre había hecho antes: renunciar y ponerse a buscar el trabajo adecuado. La capacidad de cortar sus pérdidas y seguir adelante con rapidez se había convertido en su mecanismo de supervivencia, dice, y lo había desarrollado por primera vez después de una experiencia difícil durante sus años universitarios en la Universidad Northwestern, donde jugaba tenis y softbol. «Mi identidad estaba envuelta en la idea de que yo era atleta. Me lastimé la rodilla varias veces. En algún momento supe que tenía que dejar de practicar deportes, pero no quería, y luego me lesioné la rodilla de manera catastrófica».

MOMENTO DE BANDERA BLANCA

Estuve trabajando en Praga unos seis meses. Una amiga mía estaba trabajando en el mismo lugar. Recuerdo cuando me dijo que se iba. Y yo pensé: «¡Nadie hace eso! ¿Quieres decir que puedes hacer eso? ¿Puedes renunciar?». Lo pensé durante unas dos semanas y luego renuncié también. Le estaba agradecida por plantar esa semilla. Se sentía como quitarse un peso de encima. Como una cortina que se abre. Fue un momento muy poderoso.

Lucinda Hahn

Podría haberse evitado un gran daño en los ligamentos, recuerda Hahn, si hubiera dejado antes los deportes competitivos, pero el atletismo era más que un simple pasatiempo. Habitaba el mismo centro de su propia imagen. «Me dolió mucho tener que dejar de jugar. Recuerdo haber llamado a mi mamá llorando y decirle: "No tengo nada que ofrecerle a nadie". Necesitaba algo para llenar ese vacío, el que quedó cuando dejé de jugar».

Después de la universidad, había comenzado a trabajar en sí misma, decidida a aprender una forma diferente de existir en el mundo. Quería tomar decisiones basadas en sus propios deseos, no en las expectativas de otra persona. Quería ser juzgada por el tipo de persona que era, no por sus logros, ni por su salario ni por su cargo. En el camino siguió a su corazón, renunciando a trabajos cuando ya no le representaban un desafío o cuando las condiciones de trabajo se volvieron insostenibles.

Por eso estaba desconcertada por la situación en la que se encontraba en Carolina del Norte: atrapada en un trabajo que la hacía sentir miserable, que ya no aprovechaba sus talentos ni alimentaba su alma. Entendía los beneficios de renunciar estratégicamente: lo había visto funcionar, una y otra vez, en su propia vida y en la vida de sus amigos. Entonces, ¿por qué no pudo lograrlo esa vez?

Una ráfaga repentina de miedo, dice, le había hecho olvidar su regla de vida número uno: «Renunciar puede ser increíblemente liberador». Una vez que reconoció que era el miedo el que la frenaba, redescubrió su coraje. Nombrar al enemigo la ayudó a vencerlo. Negoció una buena indemnización antes de salir, vendió su casa y se mudó a un pequeño pueblo en el norte de Míchigan, donde rápido encontró un excelente puesto de trabajo remoto y una vida que ama.

¿El otro factor que nos impide dejar un trabajo cuando deberíamos hacerlo? El infame concepto conocido como la falacia del costo irrecuperable. Es posible que no hayamos creado una empresa que valga unos 9 mil millones de dólares, como Theranos en su apogeo, pero todos sabemos lo que es dedicar tiempo, dinero, esfuerzo y esperanza a algo que nos importa mucho. Eso nos hace reacios a rendirnos, incluso cuando está claro que lo que debemos hacer es rendirnos. Seguimos adelante incluso cuando queda muy claro que debemos parar, porque estamos tratando de redimir el tiempo, el dinero y la energía emocional que ya hemos invertido. Sin embargo, la parte que hemos puesto se ha ido. Es irrecuperable. Sabemos que *debemos* renunciar, pero renunciar se siente como un desperdicio de recursos, y como una derrota. Así que aguantamos demasiado tiempo, por las razones equivocadas.

Holmes, como cada uno de nosotros, seguramente tiene pecadillos psicológicos privados que influyen en sus acciones, y existe el riesgo de simplificar demasiado cuando hacemos autopsias en carreras en ruinas. Pero, a grandes rasgos, si hubiera actuado más como el homónimo de su dispositivo, podría haberse embarcado en otro proyecto. Y este podría haber tenido éxito. Cuando se hizo evidente para los empleados que Edison (la máquina) no funcionaba, Holmes podría haber seguido el ejemplo de Edison (el ser humano): Renunciar. Recalibrar. Es una opción que está al alcance de todos, ya seamos empleados o empresarios. ¿Cuál es la mejor forma de hundir la falacia del costo irrecuperable? Canaliza a tu Edison interior. Porque el hombre era un virtuoso de renunciar.

Prueba y error (abandonar una y otra vez un camino infructuoso para liberar tiempo, dinero y valor para así encontrar uno más prometedor, era su especialidad). Si Edison hubiera podido patentar la renuncia como una metodología patentada, seguramente lo habría hecho. Entendía lo valioso que es renunciar para alcanzar el éxito al final. Si algo no funciona, te detienes. Y buscas algo que sí funcione.

La extraña habilidad de Edison para renunciar se ve reflejada en su larga búsqueda de una planta cultivada en Estados Unidos que pudiera producir caucho, un proyecto que lo obsesionó desde los años previos a la Primera Guerra Mundial hasta su muerte en 1931. La búsqueda constituyó la última gran aventura de su vida, según el biógrafo Edmund Morris. El caucho era un producto importante; ganó guerras y, en tiempos de paz, podía hacer o deshacer economías. Muchos historiadores comparan la importancia del caucho a principios del siglo xx con el lugar que ocupa el petróleo en el mundo actual: era esencial y nunca parecía haber suficiente disponible en lugares accesibles.

Este era precisamente el tipo de desafío que provocaba que Edison saltara de su silla, arrojara un cigarro masticado y corriera a su taller. En lugar de depender de la savia de los árboles que crecían en lugares como América del Sur y el sudeste asiático, soñaba con producir caucho en sus propios laboratorios, utilizando plantas que se encuentran en Estados Unidos. La odisea requería el tipo de renuncia de un mecanismo de relojería como la que definió los logros más importantes de Edison.

De cada planta que encontraba, incluyendo algodoncillo, dientes de león, vara de oro, adelfa, madreselva, higueras, guayule y más de 17 mil más, extraía la savia y trataba de vulcanizarla. «Parecía incapaz de pasar en su auto junto a un área de maleza sin brincar fuera del auto para empezar a buscar variedades lechosas», escribió Morris. Una y otra vez, Edison creyó que había encontrado la planta adecuada. Después de algunos resultados prometedores, escribía FENÓMENO en sus notas, en mayúsculas, junto al nombre de la planta, pero los experimentos posteriores resultaron invariablemente decepcionantes. Se daba por vencido y luego pasaba al siguiente.

Si se hubiera quedado atascado en el potencial de una sola planta, el diente de león, por ejemplo, y se hubiera negado a ceder, dándose palmaditas en la espalda por no haber renunciado, habría perdido tiempo y esfuerzo. Renunciar era su medida de éxito, no de fracaso. Para Edison, renunciar fue una marcha hacia adelante, no un tropiezo hacia atrás.

E incluso si no prevaleció (el caucho sintético fue desarrollado por otros, después de su muerte), lo que importa fue la forma como persiguió su misión. Es una fórmula que cualquiera de nosotros puede seguir. Puede que no seamos genios, pero podemos aprender a hacer que renunciar funcione para nosotros.

🏳 MOMENTO DE BANDERA BLANCA 🏳

Mi suegro se cansó de enseñar. Él y su esposa siempre habían amado California. Así que nos llamó y dijo: «Renuncio». Nos quedamos pasmados: «¿Cómo?». Él dijo: «He estado incursionando en la afinación del piano. Vamos a buscar un lugar donde "Ballenger" se convierta en el primer afinador de pianos en la Sección Amarilla». Vendieron todo y se fueron de Iowa. Todo lo que se llevaron fue un camión de mudanza y dos perros.

CATHY BALLENGER

Para usar la frase que Sheryl Sandberg, ex alta ejecutiva de Face-book, hizo famosa, Edison se inclinó por renunciar. Cultivó técnicas para renunciar en serie. Comprendió que la verdadera perseverancia nunca se trata de no darse por vencido, se trata de renunciar de manera estratégica, inteligente, con gusto y estilo. Se trata de soportar los altibajos que ocurren en cualquier bús-queda que valga la pena.

Al igual que los negocios, la ciencia «no es una progresión directa», dice Guy Dove. «Su historia puede ser desordenada y, a veces, catastrófica». Visto desde la perspectiva prística del presente, el camino hacia los avances científicos y técnicos puede parecer una caminata suave y fácil que sube y sube, en la que cada error es parte del plan, cada desastre es solo una prueba adicional de que estás dirigiéndote en la dirección correcta.

No es así como sucede realmente, por supuesto, pero así es como se siente después del hecho.

Dove, profesora de filosofía en la Universidad de Louisville, impartió un curso en la biblioteca pública gratuita de Louisville en la primavera de 2022 sobre cómo el fracaso y la renuncia impulsan, a la larga, el progreso científico. Mientras tanto, no es fácil para nadie vivir en medio del caos y la incertidumbre de un nuevo emprendimiento.

«Los perfiles de Elon Musk o Steve Jobs, o de quienquiera que admiremos en el momento, parecen decir: "Mira todos estos fracasos que llevaron al éxito". Pero debemos tener mucho cuidado con eso», me dice Dove. «No tanto para desmitificar el fracaso, sino para entender lo arbitrario que es».

«Ahora hay un nuevo modelo en las escuelas de negocios, la idea de "fracasar en tu camino hacia el éxito". Se ha convertido en un tema común: ver el fracaso como una forma de lograr el éxito. Sospecho de eso porque puede ser engañoso».

Cuando te atormentes pensando en decisiones cuestionables que has tomado sobre tu carrera, recuerda que, en el momento en que las tomaste, no sabías lo que se avecinaba. Hiciste lo mejor que pudiste con la información que tenías a la mano. En el futuro, asegúrate de que, cuando tomes esas decisiones, renunciar siempre esté sobre la mesa como una opción.

«Como yo lo veo, no renunciamos lo suficiente», declara John A. List. «La sociedad nos ha enseñado que renunciar es malo. "Renunciar" es un término repugnante. Pero renunciar es como cambiar de jugada en el futbol americano. Hay mariscales de campo de la NFL que son glorificados porque abandonaron una mala jugada, y cuando lo hicieron, pusieron a su equipo en una mejor posición para ganar».

MOMENTO DE BANDERA BLANCA

Al final de ese fin de semana... Terminé aceptando el hecho de que, sin importar cuánto me interesara el golf y lo practicara, y sin importar lo que significaba para mí, nunca sería lo bastante bueno para llegar al Tour PGA, o incluso acercarme... Así que decidí que era hora de abandonar mi sueño.

JOHN A. LIST

List, profesor de economía en la Universidad de Chicago y execonomista en jefe de Uber y Lyft, dedica una parte de su último libro, *The Voltage Effect: How to Make Good Ideas Great and Great Ideas Scale*, a los aspectos positivos de renunciar. En un maravilloso capítulo titulado «Renunciar es para los ganadores», argumenta que «ser bueno para renunciar es uno de los secretos para escalar con éxito», y agrega que las empresas «deben estar dispuestas a renunciar a una idea que no va a ninguna parte, y liberar así tiempo y recursos para invertir en otras direcciones donde podría surgir una ventaja innovadora». Otro nombre para eso es costo de oportunidad.

List me dice que parte del problema es la jerga: «Cuando las personas escuchan la palabra "renunciar", piensan: "Van a renunciar y se quedarán en la cama todo el día". Por eso la palabra "pivotar" es buena, porque implica terminar, y luego, comenzar algo nuevo. Pivotar no es solo abandonar, sino también comenzar».

Ya seas un empleado o el jefe, hay que considerar la posibilidad de renunciar si las cosas comienzan a descomponerse. De lo contrario, tu negocio puede terminar como Theranos o WeWork, otra empresa cuyos problemas plantearon la pregunta: cuando los problemas comenzaron a acumularse, ¿por qué no renunciaron e intentaron otra cosa?

Con su encanto y habilidad para vender, el fundador de WeWork, Adam Neumann, logró mantener una mala idea durante mucho tiempo, según Eliot Brown y Maureen Farrell, autores de *The Cult of We: WeWork, Adam Neumann, and the Great Startup Delusion*: «Hizo que los que estaban al otro lado de la mesa vieran el futuro que él veía... Era, en el fondo, un truco de magia», escribieron. Y entonces el truco dejó de funcionar. Para 2015, WeWork perdía un millón de dólares por día. Su caída se dramatiza en la serie *WeCrashed* de Apple TV+ de 2022. (La debacle de Theranos también apareció como una serie de televisión, *The Dropout*, que se estrenó el mismo año en *Hulu*. Como fuente de entretenimiento, parece que no nos cansamos de estos Ícaros del mundo de los negocios que caen en picada a la tierra con extravagancia).

Holmes y Neumann tienen egos fuertes. Se preocupan mucho por cómo se ven ante otras personas, desde sus inversores hasta sus empleados y los lectores asombrados de las revistas.

Sin embargo, una razón clave de su caída (y del tropiezo de cualquiera que no se dé por vencido cuando sea prudente hacerlo) podría encontrarse en una preocupación excesiva por cómo se ven a sí mismos.

La imagen propia puede ser una barrera importante para la renuncia estratégica, según Adam Grant, profesor de la Escuela Wharton de la Universidad de Pensilvania y autor de muchos de los libros de negocios más vendidos. Así como puede evitar que un director general actúe rápidamente para evitar una debacle, puede mantener a las personas atrapadas en trabajos insatisfactorios en lugares de trabajo poco atractivos.

«He escuchado esto innumerables veces por parte de mis alumnos en Wharton», me dice Grant. «Tienen miedo de alejarse de los jefes abusivos, las culturas tóxicas y las elecciones de carrera equivocadas debido al temor a renunciar. No es solo la imagen, también es la identidad. Sí, les preocupa parecer desertores, pero también les preocupa mucho verse a sí mismos como desertores. No quieres mirarte en el espejo y ver a una persona que te aparta la mirada».

Con esa mentalidad, no es de extrañar que muchos de nosotros nos rehusemos a renunciar. Renunciar significa que no pudimos lograrlo. Decepcionamos a todos, en especial a nosotros mismos. Y el mundo sigue recordándonos que darse por vencido es un signo de debilidad. Sin embargo, olvidamos que renunciar es un instinto de supervivencia, que nuestro cerebro es bueno para ello por una razón y que tenemos la capacidad de sobrescribir las narrativas culturales que le dan el brillo engañoso de una falla moral. (Gracias por nada, Samuel Smiles). Renunciar sigue siendo la opción nuclear, lo cual es una pena, porque cuando se emplea de manera estratégica, con precisión y creatividad, puede reiniciar una carrera estancada o impulsar un nuevo negocio.

Cuando los clientes la buscan, dice Ruth Sternberg, generalmente se encuentran en una encrucijada y, a menudo, tienen miedo de incluir renunciar en su lista de opciones. Ella es consejera de carrera, con sede en Rochester, Nueva York, y se especializa en ayudar a las personas en la mitad de su carrera profesional a encontrar la confianza para cambiar de campo o comenzar su propio negocio, en especial cuando sienten que están bien (no muy bien, pero bien) justo donde están. Están preocupados por perder la antigüedad que han acumulado en una carrera existente.

«Es una gran lucha», me dice. «Puedo sentir su miedo al fracaso. No lo dicen en voz alta, pero está ahí».

MOMENTO DE BANDERA BLANCA

Un montón de cosas comenzaron a acumularse en el periódico. Pensé: «Si tengo que salir una vez más en un día frío de invierno y encontrar a un grupo de personas en trineo y entrevistarlas, voy a gritar». Así que me senté y comencé a hacer una lluvia de ideas. Me senté en mi auto y fingí que tenía mi propio negocio y se lo estaba describiendo a otra persona.

RUTH STERNBERG

Ella conoce el sentimiento. Agotada, después de muchos años de trabajar en periodismo y publicaciones en el oeste medio, estaba decidida a renunciar y comenzar su propio negocio en un campo diferente, desarrollando un nuevo conjunto de habilidades. Pero hacer un cambio radical significaba alterar la forma en que se veía a sí misma. Y eso, recuerda, fue más desalentador que cualquier otro aspecto de su metamorfosis personal de empleada a propietaria de una pequeña empresa.

A menudo se nos dice que los grandes cambios solo son posibles si tienes 20 o 30 años, como si los sueños tuvieran una fecha de caducidad. Sternberg rechaza esto. Para las personas que quieren renunciar a su trabajo e intentar otra cosa, pero descubren que la idea las llena de aprensión porque no están recién graduadas de la universidad, ella tiene este consejo: haz una evaluación realista de tu valor para un posible empleador. Tu valor en el mercado se encuentra no solo en la cantidad de experiencia relevante en un campo en particular, sino también en la capacidad de forjar conexiones en *cualquier* campo, en la flexibilidad, en una mentalidad dinámica. «No se trata de tu currículum», asegura. «Se trata de tus relaciones».

No todo el mundo quiere dejar su trabajo y ser emprendedor. Pero aquellos que lo hacen están de suerte, dice Sternberg: «Ahora es mucho más aceptable comenzar tu propio negocio. Les digo que miren a las personas que están inventando cosas nuevas y emocionantes. La gente se adapta. Siempre lo ha hecho. Así es como progresa el mundo».

Sin embargo, no es fácil trascender las perogrulladas que hemos escuchado durante años sobre las desventajas de renunciar. Como escribe List en *The Voltage Effect: How to Make Good Ideas Great and Great Ideas Scale*: «Elegir el dolor intenso pero breve de renunciar por encima del dolor prolongado del fracaso posterior es una habilidad que tanto los individuos como las organizaciones deben cultivar».

«Debes renunciar», agrega, «para darte otra oportunidad de ganar».

Jack Zimmerman puede atestiguarlo personalmente. Él puede informarte sobre la sorprendente utilidad de renunciar, y estará feliz de hacerlo si se lo pides, porque es un narrador extraordinario.

Él es muchas otras cosas también. Es músico y fotógrafo. Es un padre atento y un abuelo cariñoso y un esposo que adora a su esposa. Es fanático de las bicicletas y la ópera. Sin embargo, lo único que en definitiva no es, es un hombre de negocios.

Trató de serlo.

Y renunció.

Piensa en Zimmerman como el anti-Holmes. Se dio cuenta de que no podía seguir haciendo lo incorrecto solo porque alguien podría llamarlo desertor. Cierto, no tenía una sede elegante en Palo Alto, ni una junta directiva de alto nivel, ni reporteros del *Wall Street Journal* husmeando en su oficina, haciendo preguntas incómodas sobre sus estados financieros. Pero, aun así, fue difícil al principio decir: «Renuncio», admite, y no escucharlo en sus propios oídos como «soy un fracaso».

«Ahora no me arrepiento de nada de lo que he dejado», declara Zimmerman, que vive en un alto condominio en el centro de Chicago con su esposa, Charlene. «¡Y ha habido varias cosas! Inicialmente, quería ser trombonista en una sinfonía. No lo quería como un pasatiempo, lo quería como una profesión.

Pero no estaba equipado en cuanto a talento para lograrlo». Así que dejó de lado esa ambición y se alegró: «Habría tenido una vida muy infeliz, yendo a audiciones y no quedándome en ninguna».

Luego, me dice, abrió una tienda de pianos en un suburbio de Chicago, con un trabajo adicional como afinador de pianos. Intentó durante 15 años que funcionara, pero no estaba hecho para una carrera empresarial.

Fue uno de los puntos más bajos de su vida. «Fracasar en un negocio duele. Es como un divorcio».

MOMENTO DE BANDERA BLANCA

Era tan infeliz: la mayoría de los días trabajaba solo. Soy una persona social. Estar solo en una habitación con un piano no me gustaba. Necesitaba salir. Necesitaba respirar. Así que puse el lugar a la venta.

JACK ZIMMERMAN

Afortunadamente, nunca tuvo que preocuparse por un divorcio real, solo del tipo metafórico. Su esposa, ahora jubilada después de una carrera profesional de tres décadas como clarinetista principal en la Ópera Lírica de Chicago, «fue un apoyo increíble, fue maravillosa».

Después de abandonar su carrera empresarial volvió a su primera pasión: contar historias. Piensa en David Sedaris con acento de Chicago y tendrás una idea de la habilidad de Zimmerman como narrador, de su humor y su atractiva visión de la vida, mientras cuenta sus historias del viejo Chicago: el mundo de los instaladores de tuberías y los políticos en potencia, de espectáculos de un solo hombre alrededor de la ciudad y en YouTube. Ha trabajado como columnista en revistas y periódicos, y en relaciones públicas para varios lugares de música en el área de Chicago.

¿Remordimientos? Nop.

«He visto a muchas personas que son realmente infelices y no se dan por vencidas», dice. «Se pasan la vida luchando. Yo, yo he estado feliz de llegar al siguiente paso».

———————

Es una fría noche de otoño en Bexley, Ohio, cuando me reúno con Lesli y Mike Mautz por primera vez. Pero el frío no tiene ninguna posibilidad contra Lesli.

Unos 20 segundos después de mi llegada, enciende la chimenea en el comedor, y cuando nos acomodamos para hablar todo es cálido, cómodo y acogedor (lo cual, convenientemente, es, de modo preciso, el tipo de ambiente que uno querría encontrar en una posada).

He venido a ver a Lesli y Mike (que se une a nosotros unos minutos más tarde, acompañado por su diminuto y bien educado perro rescatado, Cole) para preguntarles cómo lo hicieron: cómo dejaron sus trabajos, sus zonas de confort y (dijeron algunos amigos en ese momento) su control sobre la cordura para invertir su tiempo, su energía y una parte considerable de los ahorros de su vida en un negocio del que sabían, en números redondos, aproximadamente esto: cero.

⚑ MOMENTO DE BANDERA BLANCA ⚑

Renunciar al Joie de Vivre… no fue fácil, ya que definía no solo mi identidad profesional sino también mi identidad personal. [Él fue el fundador de la cadena de hoteles Joie de Vivre]. Pero a veces es necesario que haya una intervención divina (tuve una experiencia de vida o muerte debido a que era alérgico a un antibiótico) o amigos que te ayuden a ver lo que no estás dispuesto a ver por ti mismo.

CHIP CONLEY

Incluso antes de abrir sus puertas por primera vez en 2013, los costos de construcción para renovar la venerable estructura triplicaron lo que habían presupuestado. La necesidad inesperada de cambiar toda la instalación de plomería y electricidad, más mil metros cuadrados de páneles de tablaroca nuevos, multiplicó las estimaciones iniciales.

«A veces», dice Mike con tristeza, «es mejor ir a ciegas».

Sin embargo, todo salió bien. El Bexley Bed and Breakfast es un lugar hermoso, un edificio de ladrillos laberíntico ubicado en medio de la tranquila y ordenada elegancia de Bexley, un suburbio de Columbus conocido por sus grandes casas antiguas adornadas con techos de pizarra y ventanas emplomadas.

Me encantaría poder decir: «Ve y saluda a los Mautz, y pasa la noche en su posada».

Pero no puedo. Porque, para cuando leas esto, los Mautz habrán pasado a su próxima aventura. Son trabajadores de corta duración en esta fresca noche de otoño.

Los encuentro, en otras palabras, en la cúspide de otro salto. Hace poco vendieron el negocio a una pequeña universidad en el área, que continuará operándolo como posada. Su experiencia proporciona otra lección valiosa sobre renunciar:

Al igual que hay oportunidades para *iniciar* nuevos negocios y empezar nuevos trabajos en todas partes, también hay las mismas oportunidades para dejarlos. Y tal vez empezar otro. O tal vez no.

No todos los finales son tragedias. A veces son solo estaciones en el camino hacia otro lugar, un lugar mejor o un lugar peor, porque todo está en constante cambio, pero, indiscutiblemente, un lugar distinto.

———

Renunciar no siempre es una decisión que se toma voluntariamente. A veces se te impone. Renuncias porque tienes que hacerlo, no porque quieras. Aun así, hay formas de hacer que incluso esa contingencia, renunciar cuando estás acorralado, se convierta en algo positivo, en un trampolín para tu próximo salto hacia adelante.

En la noche del 9 de diciembre de 1914, poco después de la puesta del sol, se incendió una cantidad de reserva de nitrato almacenada en un pequeño edificio en los terrenos del extenso complejo de laboratorios de Edison en Nueva Jersey. Las llamas se extendieron rápidamente, engullendo 13 edificios mientras él y otros miraban desde un punto alto cercano.

Nadie resultó herido en el incendio, pero el daño fue considerable: se destruyeron las materias primas y los prototipos, gran parte de la elaborada infraestructura que había permitido al inventor más famoso de Estados Unidos crear en promedio un nuevo invento cada 11 días durante 40 años.

«Estoy bastante agotado», anunció Edison en una declaración preparada a los reporteros que se presentaron a la mañana siguiente para ver cómo respondería a este contratiempo, «pero mañana habrá una movilización rápida cuando descubra dónde estoy». Se recuperaría de la adversidad, como era su costumbre. Y haría lo que siempre hizo, que era aprovechar ese momento de renuncia como inspiración.

Edison nunca inventó una máquina del tiempo, aunque, si lo hubiera hecho, y si la hubiera usado para catapultarse al siglo XXI, me gusta pensar que se habría puesto en contacto con Holmes poco después de que su dispositivo fallara en las pruebas iniciales, una debacle que constituyó otro tipo de incendio, de combustión lenta pero, en última instancia, igual de ruinoso.

Puedes imaginar lo que el viejo le habría dicho: «Deja de hacer lo que estás haciendo ahora, jovencita, y encuentra otra manera de hacer que esta máquina haga lo que dices que puede hacer. Si no puedes encontrar otra manera, entonces renuncia e inventa algo más. Y mientras tanto, no uses mi nombre sino hasta que esa méndiga cosa *funcione*». Renunciar no era un fracaso para Edison, sino el primer paso hacia el éxito.

De pie en la colina esa noche, rodeado de colegas ansiosos y miembros atónitos de la familia, viendo las llamas crecer y destellar, un empleado desolado se acercó a Edison y calificó el incendio, con voz temblorosa, como «una terrible catástrofe».

Ese empleado no entendía a su jefe en absoluto. El encanto y el desafío de la vida es lo que haces *después* de que te obligan a renunciar. Haces planes para revisar las ruinas humeantes en busca de algo, cualquier cosa, sobre lo cual puedas construir de nuevo. Y mientras tanto, disfrutas del espectáculo.

La alegre respuesta de Edison a su sombrío subordinado: «Sí, Maxwell, una gran fortuna se ha incendiado esta noche, pero ¿acaso no es una vista hermosa?».

NOTA DE PERMISO

Estás desanimado. Estás frustrado. El trabajo no está funcionando como esperabas. O tal vez empezaste tu propio negocio y fracasó. Es hora de canalizar a tu Edison interior. No seas víctima del miedo, o de la falacia del costo irrecuperable o de no prestar atención al costo de oportunidad. Renunciar no es el final. Puede ser el comienzo del éxito.

Capítulo nueve

◆ ——— ◆

LA CULPA DEL DESERTOR: ¿QUÉ SUCEDE SI DECEPCIONO A LAS PERSONAS QUE AMO?

> Espero que vivas una vida de la que estés orgulloso,
> y si descubres que no lo estás, espero que tengas
> la fuerza para empezar de nuevo.
>
> ERIC ROTH

Stephany Rose Spaulding lo había aplazado todo lo posible. Pero era el momento crucial. Tuvo que decirle a su papá que había decidido renunciar.

Estaban sentados en su auto en un estacionamiento, recuerda ella, después de hacer el mandado juntos. Spaulding estaba visitando a sus padres en el lado sur de Chicago. Había conducido hasta allí desde Lafayette, Indiana, donde era candidata a doctorado en el programa de estudios estadounidenses de la Universidad de Purdue.

«Nadie en mi familia había obtenido nunca un doctorado», me dice Spaulding, explicando por qué había tanto en juego en

215

ese momento. Su madre y su padre, ambos maestros de escuelas públicas, estaban emocionados cuando ella ingresó a la escuela de posgrado, orgullosos de su hija, con sus becas y sus ambiciones.

Pero había un problema del que no sabían, porque ella nunca lo había revelado. No había querido que se preocuparan por ella. Ahora, sin embargo, después de cuatro años, había llegado a un punto de crisis. Se sentía miserable. Una de las pocas estudiantes negras en su departamento, se sentía marginada y que no la respetaban. Y definitivamente, fuera de lugar.

«Estaba bajo una gran tensión», recuerda. «Solo el nivel de racismo en Purdue... West Lafayette era uno de los lugares más tóxicos en los que he vivido. Me pesaba».

Había decidido dejar el programa. Sin embargo, ¿cómo podría darles la noticia a sus padres, en especial a su padre, quien creía que el Todopoderoso la había destinado a una carrera académica?

Te mueves en múltiples mundos. Eres hijo de tus padres, y si tienes hijos, también eres padre. También puedes estar rodeado de hermanos, una pareja, amigos cercanos, vecinos, miembros de la familia extendida, además de jefes y colegas. Tener personas que se preocupan por ti y albergan grandes expectativas para ti es maravilloso. Esas expectativas pueden guiarte, inspirarte y levantarte cuando flaquees.

Pero cuando te enfrentas a la decisión de dejar un trabajo, la escuela o una relación, esos vínculos significan que debes tener en cuenta algo más que tu propio punto de vista. Si otras personas no creen que sea una buena idea para ti, las mismas fuerzas benévolas que te mantienen en marcha pueden funcionar de manera opuesta: pueden ejercer una presión adicional que puede ir en contra de tu sentido de lo que es correcto para ti. Porque ninguno de nosotros quiere decepcionar a las personas que amamos, las personas que nos conocen mejor (o creen que lo hacen), las personas cuyos sueños para nosotros han sido una estrella guía a lo largo de nuestra vida.

Cuando Spaulding le dijo a su padre en el auto ese día que había decidido dejar Purdue, él estaba molesto, recuerda ella: «Empezó a gritarme. "¡Dios te envió allí! ¿Te vas a alejar de Dios?"».

Ella le contó por lo que había estado pasando: «Casi todos los días tenía pensamientos suicidas. Había sido testigo de que otros estudiantes negros tenían ataques de nervios. Una de mis buenas amigas se puso tan mal que no podía mantener su mano firme para beber una taza de café».

Su padre se calmó y la escuchó. Se disculpó por sonar duro. Y ella también lo escuchó. Sugirió que tal vez ella podría encontrar una manera de hacer que funcionara. Se ofreció a pensar en estrategias con ella. Orarían juntos.

«Estaba sintiendo tanta tensión», recuerda. «¿Qué hacer, quedarse con eso? ¿O cambiar lo que haga falta para pasar al siguiente nivel de tu vida?».

MOMENTO DE BANDERA BLANCA

Estaba desolada. Mi comité de tesis acababa de rechazar mi segunda propuesta... Me senté con uno de los miembros de mi comité en su departamento. Era uno de mis profesores favoritos. Dije: «No sé cómo voy a terminar esta carrera». Él dijo: «Has hecho el trabajo, Stephany. La tesis es solo un ejercicio. Haz el maldito ejercicio».

Recuerdo que su departamento estaba oscuro. El sol se estaba poniendo afuera. Yo pensaba: «Estoy sentada aquí, en la oscuridad». Y él me decía: «Solo haz lo que los blancos quieren que hagas». ¡Tendría que encontrar una manera de hacer eso, y aun así sobrevivir! Supe en ese momento que me iba a ir de Lafayette.

STEPHANY ROSE SPAULDING

Desde que era niña había pensado mucho en cómo quería usar sus dones. «Al crecer, siempre pensé que sería abogada», me dice Spaulding, y agrega con una sonrisa: «Estaba enamorada de Clair Huxtable de *El show de Bill Cosby*. Pensé en volver al este, vivir en una casa de piedra rojiza, tener esa vida de clase media donde los poetas y los músicos entrarían y saldrían de la vida de mis hijos». Después de su segundo año en la universidad, una de sus profesoras se le acercó y le preguntó si alguna vez había pensado en una carrera académica. «Fue tan disruptivo para mi forma de pensar», recuerda. «Yo pensaba algo como: "Eso no es lo que *hacen* los negros"».

«Entonces, ella dijo: "Tienes un don para esto. Y te pagarán para que vayas". Le dije: "¡Deberías haber comenzado con eso!"». Pero la escuela de posgrado no era el escenario soñado que había imaginado. Sus dudas se acumularon, hasta que finalmente, estaba allí, sentada en un auto con su papá, angustiada e insegura. Sabía lo que sus padres querían que hiciera, pero ¿qué quería *ella*? ¿Debería renunciar, lo que le parecía el mejor camino, dadas las circunstancias, o tratar de seguir adelante, con la bendición de su familia?

Spaulding permaneció en el programa de doctorado, pero se mudó de West Lafayette. Alquiló un departamento en Chicago y escribió su tesis allí, y conducía de regreso al campus cuando era necesario, pero sobre todo, permaneció en su nuevo hogar, disfrutando de su vida en una ciudad más grande y diversa.

«Mis asesores estaban horrorizados», recuerda. «Estaban seguros de que nunca terminaría mi tesis así». Pero no la conocían bien, ni conocían su determinación.

Terminó su tesis, se graduó y, después de varios trabajos docentes, se convirtió en rectora interina de diversidad, equidad e inclusión en la Universidad de Colorado en Colorado Springs, mientras también enseñaba en el departamento de estudios étnicos y de la mujer de la universidad.

Nunca olvidará el día que se sentó en ese estacionamiento junto a su padre, tratando de decidir qué era lo mejor para su vida. Tenía que tomar la decisión por sí misma, pero sin importar cómo salieran las cosas, sabía que nunca estaría realmente sola.

En pocos lugares los juicios sobre renunciar son tan duros e inequívocos como en el mundo del deporte. Si renuncias, eres cobarde; si sigues luchando, eres un ganador. De hecho, para muchas personas la palabra «renunciar» evoca de manera automática la imagen de alguien que sale de un campo polvoriento derrotado, con el casco en la mano y los hombros caídos. O simplemente, no presentarse a la próxima práctica. Renunciar parece una propuesta tan sencilla como el puntaje final en un marcador.

No tan rápido, dice la doctora Kristen Dieffenbach.

«Hay una diferencia entre elegir parar y *renunciar*», me dice. «Esa palabra conlleva mucho veneno. Equiparamos renunciar con el fracaso. Ese no es necesariamente el caso. Puede haber momentos en los que dejes de hacer algo porque es peligroso y no es sano. Pero le damos un valor tan alto a los resultados en los deportes, que, si renuncias, es porque "no pudiste lograrlo"».

Dieffenbach es la directora del Center for Applied Coaching and Sport Sciences (Centro de Entrenamiento Aplicado y Ciencias del Deporte), así como profesora asociada de educación atlética en la Universidad de West Virginia. Ella misma es atleta, al igual que su esposo, y son padres de un joven atleta. En otras palabras, ella tiene mucha experiencia en el juego de renunciar o no renunciar.

Un enfoque principal de la investigación y la enseñanza de Dieffenbach es el papel que juegan las figuras de autoridad, como los padres y los entrenadores, en la vida de los jóvenes atletas. Estas relaciones complican la idea de renunciar, señala, porque hay más en juego que la decisión de una sola persona de darse por vencida. Se han realizado inversiones sustanciales de dinero, tiempo y energía emocional para ayudar al atleta a desarrollar sus habilidades. Nunca renunciamos a nada por nuestra cuenta, o solo por nosotros mismos. Renunciar nunca es un deporte en solitario.

MOMENTO DE BANDERA BLANCA

Estaba trabajando en una historia en la sala de redacción. Tenía un plazo que cumplir. Mi hijo Ryan tenía entonces nueve años y yo era el entrenador de su equipo de Pequeñas Ligas. Recuerdo mirar el reloj con la esperanza de terminar esa historia a tiempo. Era la primera vez en mi vida que quería estar en un lugar que no fuera la sala de redacción. Eso fue todo. Tenía que encontrar algo más que hacer para poder estar en esos juegos. Creo que la mitad de la paternidad consiste simplemente en aparecer, y yo no quería solo aparecer. Fue entonces cuando supe que tenía que renunciar.

ROBIN YOCUM

«Los deportes pueden ser un escenario muy emotivo para una familia», me dice Dieffenbach. «Para los padres, puede involucrar manejar mucho, pasar mucho tiempo sentados en las gradas. Entonces, cuando un niño abandona un deporte, no es solo el niño quien lo deja, es toda la familia».

Para padres y entrenadores, aceptar la decisión de un joven atleta de abandonar un deporte es una tarea difícil. Hay un aspecto transaccional en la tutoría que a menudo viene con los deportes organizados: «Hice esto por ti, me sacrifiqué, creí en ti, ¿y ahora lo dejas? ¿Justo cuando todo está empezando a rendir frutos?».

Si un entrenador empuja a alguien más allá de su nivel de comodidad, ¿es un motivador o un monstruo? Las historias de entrenadores duros que exigen la excelencia de sus jugadores y que no les permiten renunciar son la materia prima de varias leyendas. Celebramos a mentores profesionales como Vince Lombardi, el entrenador de los Green Bay Packers que era conocido por empujar a los jugadores a sus puntos de quiebre, y el actual entrenador de los New England Patriots, Bill Belichick, elogiado de manera similar como un líder que impulsa a sus jugadores sin piedad y que logra grandes resultados.

A Bobby Knight, entrenador en jefe del equipo de baloncesto masculino de la Universidad de Indiana de 1971 a 2000, lo celebraban de forma rutinaria a pesar de las múltiples rabietas públicas desatadas en su equipo y al menos un caso documentado de abuso físico contra un jugador durante la práctica. Algunos renunciaron, pero la mayoría lo reverencia y le da crédito por su éxito.

Pero ¿no tiene siempre la gente la opción de irse? Los jugadores que tuvieron problemas con el temperamento de Knight podrían haberse ido. Podrían haber dicho que no. No era un gulag.

En un sentido técnico, eso es cierto. Las puertas del gimnasio no estaban cerradas. Sin embargo, en un sentido práctico, estaban atrapados, no por puertas selladas, sino por expectativas e imágenes. El personaje principal de la película *Rocky*, maltratado y ensangrentado pero erguido, lucha hasta el final. El costo psicológico de renunciar puede anular cualquier pensamiento de renunciar. Los héroes aguantan. No se rinden.

«Definitivamente, existe vergüenza asociada con renunciar», dice Dieffenbach. «En mi carrera de 25 años como corredora, dos veces abandoné una carrera. Y todavía estoy demasiado avergonzada por eso».

La vergüenza es un poderoso motivador; no solo la vergüenza que podemos internalizar si nos damos por vencidos, sino también la vergüenza que sentimos si pensamos que hemos decepcionado a quienes creen en nosotros, como nuestros padres y entrenadores. Para evitarla, es posible que ignoremos las señales de nuestro cuerpo que nos dicen que es hora de tomar un descanso. «Algunos atletas no conocen la diferencia entre "Este es un dolor que debo trascender" y "Este es un dolor al que debo prestar atención"», dice Dieffenbach. Lo que significa que no es tan simple como declarar rotundamente: «Está bien, entonces todos deberían detenerse cuando se encuentren con un impedimento». Sabemos que eso tampoco es útil. Hay un valor real en perseverar en los esfuerzos físicos, así como en los intelectuales cuando estás aprendiendo un nuevo tema y llegas a un punto difícil. «Tienes que superar el dolor y seguir adelante», dice Dieffenbach. «Nuestro cerebro dice: "Necesitas darte la vuelta". Cualquiera que haya ido a un gimnasio después de unos meses de inactividad sabe la realidad de esto. Pero eso no significa que siempre debamos escuchar».

A veces es difícil tomar la decisión entre, por un lado, seguir adelante y experimentar la alegría de hacer algo que supera lo que pensabas que eran tus límites y, por otro lado, renunciar. «Tenemos un historial de valorar el trabajo duro, y renunciar se considera un fracaso. La narrativa es: "Oh, renunciaste", en vez de: "Oh, elegiste hacer otra cosa con tu tiempo". Renunciar es análogo a fracasar».

⚐ MOMENTO DE BANDERA BLANCA ⚐

Mi esposo y yo, con nuestro hijo de cinco años, Michael, decidimos viajar. Todos pensaron que yo estaba cometiendo un terrible error [al renunciar a su trabajo]. El número de personas que dijeron: «No puedes renunciar, ¡estás saboteando tu carrera!» fue asombroso. Pero pensamos: «¿Por qué no?». Mi madre nos llevó al aeropuerto y, al llegar, se volvió hacia mí y me dijo: «Probablemente moriré mientras estés en un kibutz en Israel». Pero de alguna manera encontré el sentido común para irme. Todos me dijeron que me arrepentiría. Nunca lo hice.

BONNIE MILLER RUBIN

Dieffenbach no puede recordar un momento de su vida en el que no estuviera corriendo. O practicando ciclismo. O jugando tenis. O, bueno, nombra cualquier deporte, y es probable que ella haya participado en él, dando todo lo que tiene. Le encanta la competencia, le encanta ganar, le encanta probarse a sí misma contra otras personas. Pero más que eso, dice, le gusta ponerse a prueba contra la que era ayer.

Ella era una atleta sin beca en el equipo de atletismo de la Universidad de Boston. Cuando comenzó su trabajo de posgrado en educación física, su interés se expandió desde la simple fisiología de los deportes (¿qué le sucede a nuestro cuerpo cuando corremos, saltamos y balanceamos un bate o un palo de hockey?) hacia el mundo mismo. Quería aplicar las lecciones que había aprendido como atleta a otros esfuerzos humanos.

«"¿Cómo apoyamos el potencial humano y el crecimiento a través del deporte? ¿Puedo ayudar a cambiar la cultura?". Eso era lo que me preguntaba».

Dieffenbach desea que el amor de Estados Unidos por los deportes se centre menos en ver a los atletas de élite jugar en ligas profesionales como la NBA y la NFL y más en... el resto de nosotros, jugando en nuestros patios traseros. Mantenerse activo y en forma porque es divertido y se siente bien, no porque nuestro objetivo sea una carrera profesional. De esa manera, el momento de renuncia nunca tendrá que llegar, porque nunca nos hartaremos ni quedaremos atrapados por el perfeccionismo. Estaremos divirtiéndonos.

«Tenemos una mentalidad empresarial tan solitaria en Estados Unidos», dice ella. «Otros países tienen una mentalidad comunal. Tenemos la mala costumbre de pensar que los deportes solo son valiosos si vas por el oro. No somos buenos para reconocer los deportes como un compromiso de por vida con el deporte en sí mismo».

Dieffenbach y su esposo son «atletas motivados», comenta. Tiene tres perros y dos gatos en casa, y 15 bicicletas en el sótano. Su hijo de 11 años juega hockey.

¿Qué pasaría si ella llegara a casa un día y él anunciara que renunciaba?

«Yo diría: "Está bien. Pero ¿qué más vamos a hacer para mantenernos físicamente activos? No vas a sentarte en casa y ver videos de YouTube». No me molestaría en absoluto. Pero tendría la conversación sobre por qué».

——————

Heidi Stevens no tiene que preguntarse qué diría si su hija June, de 17 años, decidiera dejar la gimnasia, un deporte que June comenzó a los seis años. Porque eso es justo lo que sucedió el año pasado. Su hija se subió al auto un día después de la práctica y dijo: «Terminé. ¿Está bien?».

«Yo pensé: "¡Síííí!"», admite Stevens con una sonrisa. «Habíamos estado conduciendo 30 minutos de ida y de vuelta, cuatro noches a la semana, para llegar al gimnasio. Cuando dijo que quería renunciar, me emocioné».

Pero el boletín de su hija fue el comienzo, no el final, del tema, continúa diciendo Stevens. «La cultura de la crianza ha cambiado ahora. Estamos más involucrados en la vida social y emocional de nuestros hijos. Con mis propios hijos, hablamos las cosas, caso por caso. No hay reglas estrictas».

Stevens escribe una columna sindicada sobre problemas de crianza y es directora creativa de Parent Nation de la Universidad de Chicago, que aboga por problemas familiares como el cuidado infantil asequible y mejores opciones de atención médica. Ella usó su propio historial de renuncias, dice, como modelo de cómo no quería criar a June y al hermano menor de June, Will.

«En la escuela preparatoria no tenía rumbo. Gimnasia, ballet, tap... Hice esas cosas y luego las dejé. Toqué el piano desde el primer grado hasta la preparatoria. Pero cuando estaba tocando, mi hermano llegaba y me golpeaba y luego mi madre le gritaba. Así que siempre había mucha tensión. Y no era solo eso, odiaba practicar».

Por eso lo habló con su hija cuando llegó el momento de renunciar.

«Es difícil aguantar», dice Stevens. «Le dije que, si quería renunciar, no podía ser solo porque era difícil y no era divertido».

No quiere que su hija se arrepienta de nada. Porque hay una melancolía en la voz de Stevens cuando agrega: «Ojalá me hubiera quedado con el piano. Podría haber sido muy buena».

Entrevistada por separado, June Stevens respalda el relato de su madre. «Ella me apoyó cuando hice gimnasia, pero también dijo: "No tienes que hacer esto"».

MOMENTO DE BANDERA BLANCA

Lo recuerdo vívidamente. Había tenido suficiente con la práctica de gimnasia. Salí del gimnasio y vi el auto de mi mamá, era un Honda CR-V plateado, en el estacionamiento, donde siempre me esperaba. Solo pensé: «Está bien, terminé. Nunca volveré aquí». Daba miedo terminar con algo que has hecho la mayor parte de tu vida, pero también era una buena sensación. Sentí que tenía el control. Me di la vuelta y tomé una foto del gimnasio y luego me subí al auto y dije: «Mamá, esto es un adiós».

JUNE STEVENS

Su decisión de renunciar fue la culminación de varios factores, dice. Había comenzado en un nuevo gimnasio después de muchos años con un entrenador favorito en un gimnasio diferente, un entrenador que se había ido del área. El nuevo gimnasio no se sentía igual. Pero ¿cómo podría sentirse igual? El antiguo gimnasio «era mi familia», recuerda. «Tengo muchos buenos recuerdos».

Su decisión de renunciar llegó con rapidez. Y con la misma rapidez, se unió al equipo de remo de su escuela y luego al equipo de porristas. Renunció al remo («Era aburrido») pero se quedó en el equipo de porristas. A ella no le importa mucho qué deporte practica. Lo importante era mantenerse en movimiento: «Me gusta la sensación de que me duele todo. La parte puramente atlética».

Lewis Hanes no podía pedirle consejo a su padre, no podía consultar con su viejo para ver si era un movimiento inteligente o tonto dejar el trabajo, si le serviría de algo o sería algo que, años después, le provocaría arrepentimiento.

Su padre había muerto de una infección en 1938, cuando Hanes tenía seis años, y dejado a su madre a cargo de la granja de soya de la familia en el noroeste de Ohio, y a cargo de criarlo a él y a sus tres hermanas. Y tal vez fue ese hecho, la ausencia de su padre, lo que ayudó a impulsarlo. Una figura de autoridad puede influir en nosotros incluso si ya no está físicamente presente. La decisión de renunciar o quedarse puede ser el resultado de fuerzas invisibles.

Muchas personas todavía escuchan la voz de un abuelo o de un padre en su cabeza, ofreciendo comentarios sobre una elección crucial. Nadie más puede oírlo. Pero eso no importa. La decisión aún puede sentirse como una colaboración.

Hanes tenía 18 años, acababa de terminar la escuela preparatoria (la generación de 1950). Aceptó un trabajo en la planta de Perry-Fay en Elyria, Ohio; eligió ese trabajo entre otras ofertas porque «un vecino conducía allí todos los días y yo no tenía coche».

Ocho horas al día, todos los días, inspeccionaba los tornillos hechos en el piso de la fábrica junto con otras partes de la maquinaria para asegurarse de que tuvieran el tamaño y la forma correctos. Miraba a sus colegas del departamento de control de calidad.

«Algunos de esos tipos», recuerda Hanes, «habían trabajado en ese departamento de inspección durante 30 años». La idea de que pudiera estar sentado allí cuando tuviera 50 años lo llenaba de tristeza.

«Esos chicos pensaban que era un buen trabajo», me dice. Y tal vez lo era para sus colegas. Pero él tenía otras ideas.

¿De dónde había sacado esas ideas? ¿Qué hizo que él poseyera, a diferencia de los otros 17 estudiantes de su generación en la secundaria, un sentido de posibilidades, de sueños diferentes y horizontes aún no vistos? ¿Contempló la idea, aunque sea brevemente, de lo que podría depararle el futuro? ¿Pensó que algún día podría obtener un doctorado en ingeniería industrial en la Universidad Estatal de Ohio y hacer el trabajo que amaba y vivir en lugares como Palo Alto, California?

Porque él hizo todas esas cosas.

Primero, sin embargo, tuvo que renunciar.

«En esa área, cuando te graduabas de la escuela preparatoria, entrabas al servicio o a la granja o a una fábrica», recuerda Hanes. «Si me hubiera quedado, me habría casado con una chica local. Eso es lo que todos hicieron».

Él no. Porque renunció a su trabajo. Y al hacer eso pudo vivir otro tipo de vida. Sirvió en la Fuerza Aérea de Estados Unidos, se casó con una mujer llamada Phyllis. Criaron a cuatro hijos mientras él trabajaba para grandes corporaciones. Formó parte del equipo que desarrolló el primer escáner para supermercados. Todavía trabaja como consultor de negocios. Él y su esposa dividen su tiempo entre Ohio y Florida.

Hanes, un hombre taciturno, dice que no sabe cómo encontró la iniciativa de renunciar a su trabajo en el verano de 1950, alejarse de un sueldo fijo y optar por inscribirse en la Universidad Estatal de Ohio. Ninguno de sus compañeros de clase fue a la universidad. No sintió presión para hacerlo por parte de su madre o sus maestros ni de cualquier otra persona de su pequeño pueblo, dice.

La incapacidad de Hanes para articular cómo decidió renunciar a ese primer trabajo no es tan sorprendente como parece. Tomar decisiones es un proceso complejo que apenas estamos comenzando a comprender, según el doctor Eric J. Johnson, autor de *The Elements of Choice: Why the Way We Decide Matters*. Lo que alguna vez pareció una simple cuestión binaria (sí o no, quédate o vete) es solo la manifestación externa de sistemas entrelazados de procesamiento de información y matices de personalidad, dice Johnson, cuyo libro explora lo que él llama «una revolución en la investigación de la toma de decisiones», y que abarca conceptos como arquitectura de elección y preferencias ensambladas.

«La toma de decisiones es difícil», escribe Johnson, profesor de marketing en la Universidad de Columbia y codirector del Center for Decision Sciences (Centro de Ciencias de la Decisión). «A veces pensamos que sabemos lo que queremos, pero a menudo nos enfrentamos a una situación que no se parece exactamente a nada que hayamos enfrentado antes. Podrías pensar que la elección se trata de saber qué es deseable y luego localizarlo. De hecho, la parte difícil suele ser decidir qué queremos. Para hacer eso, revisamos nuestras experiencias para recuperar recuerdos relevantes».

MOMENTO DE BANDERA BLANCA

Muchas de mis decisiones las considero buenos accidentes. Caí en muchas situaciones. Pero eso también significa que me caí varias veces. Solía tocar el contrabajo en varias bandas. Abandoné eso para ir a la escuela de posgrado. Mi opción predeterminada era: «Bueno, tal vez consiga un trabajo de programación porque soy bueno en eso». Pero conocí a las personas adecuadas y me guiaron hacia la escuela de posgrado.

ERIC J. JOHNSON

Cuando Hanes se encontró en la encrucijada de su vida ese verano después de graduarse de la escuela preparatoria, con las manos arañadas y callosas por pelar maíz para la granja de un vecino, que es lo que hacía cuando no estaba trabajando en la

fábrica, tenía que tomar una decisión. Podía inspeccionar tornillos en el departamento de control de calidad de la planta de
Perry-Fay durante ocho horas del día, todos los días, haciendo lo que hacía la gente que lo rodeaba (y, de hecho, lo que hacía
la mayoría de la gente que había conocido en su vida, al menos
aquellos que no trabajaban en una granja). O podía renunciar.

Su decisión de dejar un camino por otro significó ver su vida
de manera diferente a como ellos veían la suya. Y no mirar atrás.

En la jerarquía de las figuras de autoridad es difícil superar a la
que influyó en Susan Warren para que abandonara un tipo de
vida y se dirigiera a otra: Dios.

Después de una exitosa carrera como editora y escritora,
decidió inscribirse en el seminario a la edad de 50 años. A los
60 se convirtió en la primera mujer ministra en una iglesia en
los suburbios de Lexington, Kentucky.

«Me tomó un tiempo dar el salto a "Esto es lo que voy a
hacer"», me dice. «Me criaron como presbiteriana, pero tenía
dudas acerca de la iglesia. Y luego comencé a tener una crisis de
mortalidad. Pensé: "Bueno, tal vez debería resolver esto". Pensé
que tal vez sería una trabajadora social. Sin embargo, tenía curiosidad acerca de Dios. Y cuanto más estudias, más te das cuenta
de que nadie sabe. Un millón de teorías diferentes, pero nadie lo
sabe. Y eso está bien».

Su esposo y sus dos hijas apoyaron su decisión, pero sus
amigos y otros miembros de la familia se mostraron escépticos,
recuerda. «Uno de mis mejores amigos dijo: "¿En qué estás

pensando?"». Mucha gente de mi vida anterior dijo: "¿Susan está haciendo qué...?"».

Uno de sus momentos de mayor orgullo y satisfacción en el nuevo trabajo, dice, fue el día en que ofició el primer matrimonio entre personas del mismo sexo de su iglesia. Pero también hubo días infelices, días en los que luchó, días en los que se preguntó si abandonar su vida anterior había sido el movimiento correcto, a fin de cuentas. «Pasé por un momento difícil al principio. No les caía bien», reconoce. «Perdimos miembros».

MOMENTO DE BANDERA BLANCA

No era nada que hubiera pensado que haría. Y luego tuve una conversación con un ministro para considerar el seminario. Me hizo muchas preguntas. Conduje a casa después de esa reunión. Era un hermoso día de primavera. Entré en la casa, tiré las llaves y salí a caminar. Simplemente sentí: «Guau. Esto es increíble». Me di cuenta de que esto era algo que debía seguir. Todo parecía vibrante, claro y hermoso: las flores, el cielo y los árboles. Sentí: «Esto es algo que quiero hacer». De repente estaba justo ahí.

SUSAN WARREN

Poco a poco las cosas cambiaron. Domingo tras domingo, las bancas comenzaron a llenarse. Para su sorpresa, la consejería pastoral se convirtió en una de sus partes favoritas del trabajo, aunque al inicio fue un desafío para ella. Comenzó a disfrutar de las conversaciones con personas que tenían grandes preguntas sobre su vida y sobre cómo servir mejor a su fe. Renunciar es a menudo el tema más importante en la mente de sus feligreses, y ella nunca se anda con rodeos, dice Warren.

«Aparece todo el tiempo en la consejería matrimonial, definitivamente. Y si se trata de una mujer en una relación abusiva, de manera instintiva digo: "¡Sal de ahí de inmediato!"».

Marge Galloway no es fácil de convencer. Durante sus 32 años de enseñanza en escuelas secundarias de Texas, Japón y Ohio tenía la reputación, según me habían dicho, de ser una formidable profesora de inglés, del tipo que exigía a sus alumnos estándares elevados y excelencia.

Por eso me sorprende escuchar que cuando alguien quería renunciar, ella a menudo respondía: «Está bien».

«*¿Está bien?*».

¿No es: «¿Estás bromeando? ¡Regresa de inmediato a tu escritorio y termina esa tarea!» o «¿Renunciar? Voy a fingir que no escuché esa palabra. Está prohibida en este salón de clases».

Galloway niega con la cabeza ante mis escenarios. «Nunca creí en tan solo dejar que alguien batallara con una tarea mientras yo lo miraba, sentada», me dice. «Prefería decir: "Veamos qué podemos hacer aquí"».

No es que ella no crea en los desafíos. «Los padres decían: "¿Sabe?, esto simplemente no es bueno para su autoestima". Me cansé tanto de eso. Yo diría: "Se construye la autoestima al hacer cosas difíciles"».

Entonces, ¿dónde está el punto óptimo entre una recomendación para renunciar y un impulso para perseverar? ¿Cómo podemos ser humanos y comprensivos sin mimar a alguien?

Ese es el punto en el que la enseñanza (y la crianza de los hijos, el entrenamiento y la tutoría de cualquier tipo) se vuelven más arte que ciencia, dice Galloway.

«Cuando un estudiante está pasando por un momento difícil, nunca le diría a un padre: "No deje que se rinda". Esa no sería mi reacción instintiva. Cada situación es diferente. Cada estudiante es diferente».

Ella recuerda que un joven estaba haciendo lo mejor que podía con una tarea de lectura que simplemente estaba más allá de su capacidad. «Su madre me llamó esa noche y me dijo: "Lo conozco. Se va a quedar despierto toda la noche trabajando en esto". Bueno, esa no era una buena idea. Así que le dije: "Dígale que lea hasta las diez. Y luego puede parar"».

MOMENTO DE BANDERA BLANCA

Aquella era una velada tensa, sentados a la mesa del comedor. Yo tenía 32 años. Bastante mayor que el típico voluntario del Cuerpo de Paz. Pero me sentía un poco inquieta. Uno de los miembros de mi familia dijo: «Estás en la mejor edad para casarte y tener hijos. ¿Y te vas a escapar a África?». Fue una gran discusión. Pero yo quería salir al mundo.

LARA WEBER

Renunciar tiene más matices de lo que la gente cree, piensa Galloway, en especial cuando se tienen en cuenta las figuras de autoridad. Los estudiantes que están muy motivados pueden no renunciar cuando lo necesitan, porque tienen miedo de decepcionar a un maestro, mientras que los estudiantes que son holgazanes y rebeldes pueden necesitar ser engatusados y disuadidos de renunciar.

«Tuve un estudiante en mi clase para estudiantes talentosos y dotados que pensaba que no lo estaba haciendo bien. Realmente quería renunciar, pero yo no quería que lo hiciera. Su madre acudió a mí y me dijo: "Todo lo que hace es agachar la cabeza y trabajar. Siento que he perdido a mi hijo". Le dije que lo dejara renunciar. No valía la pena por lo que ambos estaban pasando».

Gail Hetzler, una amiga de Galloway, comenzó su carrera docente en una escuela en Míchigan. Sus 48 estudiantes iban desde jardín de niños hasta octavo grado. «Se bañaban cuando el arroyo no estaba congelado», me dice, para que entienda que no era una escuela preparatoria elegante.

Más tarde enseñó a estudiantes de sexto grado en una escuela en Columbus, Ohio. Antes de jubilarse supervisó a estudiantes de magisterio en la Universidad de Ashland en Ashland, Ohio. Ella y su difunto esposo criaron a sus tres hijos, todos los cuales tenían diferentes estilos de aprendizaje, señala. Una de sus hijas ahora es directora de una escuela primaria.

Hetzler a menudo enfrentó el dilema de renunciar: a veces era una sola tarea a la que los estudiantes querían renunciar, pero a veces, para los estudiantes de preparatoria, era a la escuela misma. Ella cree que no existe tal cosa como una respuesta única para todos. Cualquiera que satanice rotundamente renunciar es probable que nunca se haya enfrentado a un salón de clases lleno de jóvenes, todos con diferentes personalidades, intereses y dones.

«El estudiante más brillante que he tenido era un niño llamado Todd. Odiaba la escuela. Odiaba cada minuto que tenía que sentarse allí. No se graduó de la escuela preparatoria y se metió en algunos problemas serios. Pero yo sabía que él estaría bien. Cuando sus padres se acercaron a mí (ambos eran profesores) y me dijeron que quería renunciar, estaban muy enfadados. Les dije que una vez que él encontrara su lugar en la vida estaría bien. Y lo está; diseña sitios web y gana toneladas de dinero; es extremadamente feliz».

Hetzler no aboga por que nadie abandone la escuela. Es una ferviente creyente de la educación. Pero sabe que todos somos individuos, y que lo que para algunas personas se parece a darse por vencido, puede ser solo otra forma de llegar a donde necesitas ir.

«Era importante para los padres de Todd que encajara en el molde. Pero no era importante para Todd».

NOTA DE PERMISO

Te importa lo que los demás piensen de ti. Y hasta cierto punto debería importarte. Pero ninguna decisión que tomes, incluida la de renunciar, obtendrá el 100% de aprobación de todos. Las personas que te aman quieren lo mejor para ti, pero solo tú puedes decidir qué significa «mejor». Renunciar se trata de seguir tu corazón, incluso si rompes el de otra persona en el proceso.

Capítulo diez

✦ ——— ✦

Renunciar en público

> La visibilidad en estos días parece equivaler
> de alguna manera al éxito. No tengas miedo de
> desaparecer (de él, de nosotros) por un tiempo,
> y mira lo que te llega en el silencio.
>
> MICHAELA COEL, ceremonia
> de los premios Emmy 2021

El titular, «Girl, Wash Your Timeline», es un poco sarcástico, pero no se puede negar que la etiqueta del artículo del *New York Times* del 29 de abril de 2021 captura perfectamente un dilema central de renunciar en el mundo contemporáneo, un mundo dominado por las redes sociales y sus enjambres enjuiciadores de hilos de comentarios, GIF giratorios, emojis con el ceño fruncido y la asquerosa ubicuidad del viejo y simple «¡Apestas!».

La historia del *Times* rastrea el auge y la caída de Rachel Hollis, gurú de la superación personal, oradora motivacional y autora de *Girl, Wash Your Face* (2018) y *Girl, Stop Apologizing* (2019), libros de autoayuda muy vendidos que catapultaron a

Hollis a la riqueza y la fama. Puedes ver por qué el *Times* eligió el titular inteligente: Hollis había usado las redes sociales con gran habilidad mientras creaba su imperio de libros, blogs, transmisiones en vivo diarias, pódcast y línea de productos de cuidado personal; sin embargo, cuando las cosas comenzaron a salir mal para la emprendedora alegre, fueron las redes sociales las que la atacaron con furia y desprecio.

El mismo destino le espera a cualquiera que use las redes sociales, lo que significa, con una alta probabilidad, que tú y todos tus conocidos también son vulnerables. El ritual de renunciar ha cambiado para siempre. Ya no es algo que conmemoras después de la medianoche con las cortinas cerradas, sentado en el sofá en sudadera y una camiseta, medio litro de helado Ben & Jerry's sabor Cherry García a medio comer, derritiéndose en la mesita de café, sollozando en el teléfono mientras tu mejor amiga al otro lado de la llamada murmura: «Ya era hora de que lo echaras. Eres demasiado buena para ese bastardo». Hoy en día, renunciar suele ser público. En las redes sociales siempre estás bajo el resplandor del mediodía.

Que es exactamente lo que descubrió Hollis. Como cuenta el artículo del *Times*, en 2020 se vio obligada a posponer una importante conferencia y perdió al menos 100 mil seguidores de Instagram. Algunas publicaciones desatinadas en las redes sociales habían hecho que sus devotos seguidores cuestionaran su autenticidad como campeona de las mujeres comunes. Y luego estaba el anuncio de que Hollis y su esposo se estaban divorciando. Eso no les cayó bien a sus admiradores, muchos de los cuales son mujeres cristianas casadas que apreciaban su consejo optimista sobre cómo mantener el romance en una relación.

Ninguno de los pasos en falso de Hollis estuvo ni cerca de la clase de gravedad de los tropiezos que han metido en problemas a celebridades en el pasado: redadas de drogas, aventuras sórdidas, orgías de borrachos, malversación de fondos e incluso asesinatos. Pero el grado de sus supuestas ofensas no parecía importar. Fueron errores muy públicos, por lo que la arena pública era donde debía ocurrir el castigo. Su base de seguidores estaba enfadada y sus publicaciones en los sitios de Hollis lo reflejaban, lo que la obligó a retirarse de los eventos planificados.

Vive por las redes sociales, muere por las redes sociales.

Pocos de nosotros dirigimos imperios de bienestar multimillonarios. Pero todos nosotros vivimos en una era en la que la «vida pública», una frase que antes solo se aplicaba a los políticos y las celebridades, es un término general que se puede extender a cualquier persona con una conexión wifi y una historia que contar. Nuestras decisiones de renunciar a trabajos, matrimonios, bandas favoritas o partidos políticos, decisiones de las que anteriormente solo podían estar al tanto algunos amigos cercanos o familiares, pueden volverse globales con un solo clic, gracias a nuestras cuentas de redes sociales. Y eso, a su vez, nos hace vulnerables a los juicios de extraños y amigos por igual. En un desagradable nanosegundo pueden dejar de seguirnos, eliminarnos, borrarnos y comentarnos de una manera desagradable.

Y si bien es cierto que traemos mucho de esto sobre nosotros mismos (después de todo no *tenemos* que compartir en Facebook o Instagram), también es cierto que las redes sociales son imposibles de ignorar como una fuerza en el mundo. Las redes sociales nunca duermen. Todo está escudriñado. Si *no* comentas los cambios en tu estado de vida (terminar o comenzar una relación, mudarte a una nueva casa o apartamento, adoptar un perro nuevo o perder a uno viejo), lo más probable es que alguien más lo haga.

Entonces, incluso si no eres Rachel Hollis, Margaret Atwood, Kim Kardashian o Pink, el cambio te afecta. Porque se ha democratizado la renuncia pública. Tanto para los desconocidos como para los famosos, Internet permite un nuevo medio de vivir en público, lo que significa, por extensión, un nuevo medio de renunciar en público.

Los resultados son tanto negativos como positivos. Tener un rebaño de personas comentando sobre tus elecciones puede ser desconcertante, incluso vergonzoso. Las redes sociales intensifican la experiencia de ser juzgado, como escribe Cathy O'Neil en *The Shame Machine: Who Profits in the New Age of Humiliation*: «Hoy en día, un pequeño desliz puede hacer que la maquinaria de la vergüenza en redes se acelere y lo convierta en un evento global. Impulsados por algoritmos, millones de nosotros participamos en estos dramas, proporcionando a los gigantes tecnológicos mano de obra gratuita».

Por otro lado, entre los beneficios de renunciar siendo el centro de atención está este: ha creado un nuevo subgénero de empoderamiento del trabajador.

A mediados de 2021, se volvió popular dejar tu trabajo a través de TikTok. Era tan grande, de hecho, que se acuñó el apodo de QuitTok. «Querer dejar un trabajo» y frases similares se convirtieron en categorías de tendencia. Las personas crean videos rápidos de sí mismas, a veces graciosas, a veces enojadas, mientras renuncian, a menudo en el momento en que literalmente salen por la puerta. Es un gran cambio en la jerarquía habitual del lugar de trabajo, donde el jefe siempre tiene la última palabra.

Y no son solo los trabajadores por hora los que usan las redes sociales para renunciar en un escenario público. El 4 de febrero de 2010 el director general de Sun Microsystems, Jonathan Schwartz, renunció a través de Twitter: «Hoy es mi último día en Sun. Lo extrañaré. Parece apropiado terminar con un #haiku», dijo en un tuit, seguido de esto: «Crisis financiera / Demasiados clientes estancados / no más director general».

Hay muchas cosas que me gustan de la capacidad de controlar la narrativa pública de nuestra propia vida. Cuando los atletas universitarios cambian de escuela no tienen que dejar que el exentrenador posiblemente descontento se haga cargo del anuncio. Ashley Owusu, jugadora de baloncesto de la Universidad de Maryland, dio la noticia el año pasado de que se iba a transferir a Virginia Tech al publicarlo en su cuenta de Instagram: «Nunca he comenzado nada que no haya terminado, y terminar era el plan», escribió ella. «Por desgracia, los eventos que ocurrieron dentro y fuera de la cancha este año me llevaron a tomar la decisión difícil pero necesaria de continuar mi educación y carrera de baloncesto en otro lugar». Ella eligió lo que quería decir y cómo y cuándo decirlo, en lugar de dejar que alguien más tomara esas decisiones.

Pero las trampas acechan en esta nueva realidad donde las redes sociales gobiernan, dice el doctor Aaron Balick, psicoterapeuta británico y autor de *The Psychodynamics of Social Networking* (2014). «Las redes sociales permiten que las identidades se vuelvan más fijas», me dice. «La identidad pública de uno en las redes sociales puede comprometer el proceso de toma de decisiones para perseverar o renunciar debido a la inversión hecha en la propia identidad».

Si has reforzado una cierta visión de ti mismo mediante publicaciones frecuentes en las redes sociales, entonces cambiar esa identidad, por ejemplo, renunciar a un trabajo que decías haber amado o una relación que presentabas como perfecta, podría ser más difícil, señala. Las redes sociales «pueden presionar al individuo para que avance hacia una solución en vez de otra». En lugar de seguir tu corazón, o incluso tu sentido común, cuando estás tomando una decisión sobre tu próximo movimiento, puedes estar anticipando la reacción que recibirá esa publicación. Por lo tanto, no eres tú quien está tomando la decisión, sino otras personas. ¿Y verificar el resultado de una encuesta en línea no oficial es realmente la mejor manera de manejar tu vida?

A través de nuestra presencia en línea creamos una identidad, una narrativa continua sobre nuestra vida, dice Balick. El acto de renunciar requiere que cambiemos esa narrativa o decidamos no hacerlo. «La perseverancia es casi siempre la posición predeterminada: renunciar requiere un tipo de acción diferente», agrega. Renunciar es «simplemente una elección que hacer... Renunciar o quedarse no tiene ningún valor esencial; es la narrativa que tú y otros aportan a esa decisión».

Ah, los buenos tiempos: un político saliendo furioso durante una entrevista en vivo. Una celebridad convoca a una conferencia de prensa para anunciar una salida inminente de un proyecto cinematográfico. Así es como solía hacerlo la gente en el ojo público.

Quedan algunas huellas persistentes de la forma anticuada de renunciar en público, lo que nos recuerda cuánto ha cambiado el mundo. En la mañana del 12 de enero de 2022 al presentador de National Public Radio (NPR), Steve Inskeep, se le prometió una entrevista de 15 minutos con Donald Trump. Las cosas empezaron bien. Sin embargo, a los nueve minutos, después de algunas andanadas verbales sobre la continua insistencia del cuadragésimo quinto presidente que le habían robado las elecciones de 2020, Trump aparentemente había tenido suficiente. De manera abrupta dijo: «Bueno, Steve, muchas gracias. Te lo agradezco».

Y dicho eso, se fue.

Pasaron unos segundos antes de que Inskeep, habiéndose lanzado a su siguiente pregunta, se diera cuenta de que ahora estaba hablando consigo mismo. «Se fue. Está bien», dijo, y su tono era más de perplejo que molesto u ofendido.

Esta no era la primera vez que Trump interrumpía una entrevista a la mitad. El 20 de octubre de 2020 se molestó visiblemente por las preguntas de Lesley Stahl, presentadora de *60 Minutos*, y, *¡zas!*, se fue. Tampoco es el primero en hacerlo, salir de forma pública de una situación que uno ha decidido que ya no conviene. Resulta que es algo que a los políticos les gusta en particular. Hay una larga tradición de figuras públicas que se quitan los micrófonos de la solapa y los auriculares justo antes de alejarse de un estudio de televisión mientras murmuran, ofendidos: «¡Me niego a dignificar esa basura con una respuesta!» u otra expresión similar, salpicada de saliva. Las celebridades del mundo del entretenimiento, los deportes y los negocios también lo hacen, y escapan de lugares incómodos cuando las luces están brillantes y los micrófonos, calientes.

Otra forma de renunciar en público, de salir bajo el resplandor cegador del escrutinio de los medios, es ser denunciante. En octubre de 2021, Frances Haugen, exempleada de Facebook, testificó durante cuatro días ante un comité del Senado de Estados Unidos sobre lo que cree que es la indiferencia de la empresa ante la angustia provocada por sus algoritmos. Al salir por la puerta, después de trabajar en Facebook durante unos dos años, tomó datos que esperaba probarían su caso.

«Estoy aquí hoy porque creo que los productos de Facebook dañan a los niños, avivan la división y debilitan nuestra democracia», dijo Haugen a los legisladores. «El liderazgo de la empresa sabe cómo hacer que Facebook e Instagram sean más seguros, pero no harán los cambios necesarios porque han antepuesto sus ganancias astronómicas a las personas». Dejó su trabajo con un repudio muy público de sus antiguos empleadores.

No todos los denunciantes toman la ruta pública, como señala Patrick Radden Keefe en su artículo del *New Yorker* de 2022 sobre un programa federal que recompensa financieramente a los infiltrados que denuncian posibles delitos corporativos al salir por la puerta. No es necesario decirle al mundo para que los cargos se tomen en serio. «Algunos eligen no hacerlo público», escribe Keefe. Pero cuando alguien como Haugen renuncia y hace acusaciones explosivas en una audiencia en el Congreso, convierte su partida en un acto de valentía; la represalia parece una amenaza muy real. Al hacer pública la información, hizo que su renuncia fuera importante.

Renunciar en público no tiene que ser una diatriba enojada y llena de obscenidades contra un mal jefe, o una revelación sobre prácticas comerciales supuestamente nefastas. No tiene que resaltar algo desagradable. Las personas publican en Facebook e Instagram videos de fiestas de jubilación y selfis de viajes de su lista de deseos. Puedes renunciar a un tipo de vida por otro de manera pública, y puede tratarse tan solo de compartir, no de ajustar cuentas.

Cuando Melissa Allison decidió volver a casarse estaba llena de alegría y esperanza, y un poco de temor. Había estado casada con un hombre al que todavía amaba y respetaba. Antes de que ella dejara la relación, no había señales externas de tensión. Muchos de los amigos con los que no estaba en contacto de manera regular no sabían lo que había sucedido. No tenía el tiempo ni la energía para enviar montones de mensajes de texto. Un correo electrónico grupal parecía demasiado frío y disperso.

Sus amigos podrían enterarse de todos modos, a través del curso natural del comportamiento humano, es decir, chismes, pero eso tampoco le atraía mucho. Quería contar su propia historia, informar a cientos de personas, todas a la vez, que había dejado su antigua vida. ¿Qué podría hacer?

La respuesta fue fácil, dijo Allison: Facebook.

Pero esta parte fue más difícil: esperar las respuestas al mensaje y las fotos de ella y Deborah, su nueva pareja, en su ceremonia junto al mar.

«La publicación de Facebook me asustaba», admite Allison. «Tenía un poco de práctica contándole a la gente (amigos cercanos en persona, familia inmediata por teléfono, parientes por correo electrónico) y sabía que Facebook podría ser cruel, ya que es un grupo más amplio y, a veces, puede juzgar. Pero tomé el mismo enfoque que tenía en otros lugares y me sentí aliviada al descubrir que las personas con las que estoy en contacto en Facebook no son críticas. Fue un alivio al fin tenerlo ampliamente difundido, y las preguntas incómodas dejaron de llegar».

Allison, que trabaja para una empresa de bienes raíces en Seattle, llevaba muchos años casada cuando conoció a Deborah en un retiro espiritual. De su relación con su exmarido dice: «No era horrible. Tan solo ya no aportaba a mi vida. Pensé: "Tiene que haber más"».

Sin embargo, renunciar a su matrimonio para casarse con Deborah fue una decisión desgarradora, me dice Allison. «Siento mucha culpa por eso. Pero la relación no se había sentido bien durante mucho tiempo. Tan pronto como me di cuenta de eso, comencé a emerger, a darme cuenta de lo que significaba la vida para mí».

En los primeros días de su descontento pensó que tal vez dejar su trabajo la tranquilizaría. Entonces se dio cuenta de que el problema era más profundo. Era personal, no profesional.

🏳 MOMENTO DE BANDERA BLANCA 🏳

Amaba a mis gatos. Me encantaba Seattle. Pensé: «¿Por qué continuamente busco algo más?». En ese momento me encontré a mí misma. Me entendí. El dolor que sentía por no hacer lo que necesitaba hacer por mí misma desaparecería. Cambié... en un momento.

MELISSA ALLISON

Después de la ceremonia, cuyas fotos adornan su página de Facebook, ella y su esposa compraron una casa en Hawái, donde Allison trabaja de forma remota. Cuando termina la jornada laboral, suelen ir a bucear, pasar tiempo con sus dos gatos y un perro, o cuidar el jardín, donde cultivan piñas, papayas, plátanos, aguacates y naranjas.

Dejar un matrimonio y embarcarse en otro de forma tan pública fue arriesgado, admite. «Soy una "persona divorciada". Nunca pensé que usaría esa etiqueta. Pero cuando las personas relacionan esas cosas contigo solo están imitando algunas tonterías que la cultura les enseñó. Y no está ligado a nada real».

Aun cuando las personas que no son celebridades se complacen cada vez más en renunciar públicamente, las personas famosas tampoco han abandonado la práctica. La tradición de salir de una entrevista en vivo con ira teatral sigue muy viva, y tan molesta como siempre:

«¡Me han asesinado! ¡Enterrado vivo! ¡Pero estoy vivo!».

Ese fue R. Kelly, el cantante caído en desgracia, condenado en 2021 por delitos que incluyen crimen organizado, soborno y explotación sexual, durante su entrevista con Gayle King en *CBS News* el 6 de marzo de 2019. Su arrebato continuó: «Yo no hice estas cosas. Este no soy yo... Estoy luchando por mi puta vida. ¡Todos ustedes están tratando de matarme!». Abandonó la entrevista enfadado y salió del estudio.

La posibilidad de renunciar en público está entretejida en la cultura de la entrevista de radio o televisión en vivo, y es una gran parte de su atractivo. Tenemos que mirar o escuchar porque sabemos que algo va a pasar, algo dramático, tal vez algo peligroso, pero en definitiva algo de lo que mañana hablarás con tus amigos y colegas.

Pero ¿qué es lo que nos atrae tanto, más allá de la diversión del puro espectáculo? Tal vez sea el hecho de que, a pesar de la inevitabilidad de la reacción de los sujetos a las preguntas contundentes, ¿alguien de verdad pensó que R. Kelly se quedaría para las preguntas de King sobre las acusaciones que enfrentó, o que Trump pasaría mucho tiempo con un presentador de NPR? Hay algo inherentemente transgresor en darse por vencido, y algo *doblemente* transgresor en darse por vencido a la vista de todos. No uno, sino dos baluartes tradicionales de la cultura están siendo violados: la idea de que no debes renunciar y la idea de que, si lo haces, debes hacerlo en silencio.

Nos sentimos atraídos una y otra vez por el final vívido, por la ruptura pública de los lazos, ya sea como espectadores o practicantes.

Pero ¿existen reglas no oficiales para renunciar en línea?

Internet es celebrado, con razón, como un lugar gloriosamente libre y sin restricciones, donde la única regla es que no hay reglas, donde no es necesario observar las sutilezas sociales normales; de hecho, están destinadas a ser subvertidas. Esa anarquía es una gran parte del encanto: no saber qué va a pasar a continuación crea un escalofrío de emoción que se renueva de manera constante. Pero la próxima vez que tengas la tentación de decirle al mundo, justo antes de salir, que tu jefe es un bastardo o que tu pareja es un maldito infiel, es posible que desees considerar un par de principios rectores para tu propia renuncia pública:

Primero, sé como Eduardo, no como Richard.

Y segundo, hay que saber cuándo renunciar en público.

Si un monarca del siglo XXI necesita decirles a sus súbditos que renuncia, Twitter es el lugar indicado. Al carecer de esa opción en 1936, el rey Eduardo VIII de Gran Bretaña se sentó en un escritorio en el Castillo de Windsor en un día trascendental, acercó el micrófono grande, el que transmitiría sus palabras a los radioescuchas de todo su reino, y habló lenta y solemnemente pero con determinación: «Hace unas horas cumplí con mis últimos deberes como rey y emperador». En lo que llamó «la decisión más seria de mi vida», declaró que renunciaba al trono para casarse con Wallis Simpson, una mujer estadounidense que, como divorciada, nunca podría ser reina.

Compara la elocuencia de Eduardo con otro episodio de renuncia pública anterior a internet: la primera de las dos renuncias televisadas de Richard Nixon, un ataque de resentimiento alimentado por la autocompasión durante una conferencia de prensa el 7 de noviembre de 1962, después de su derrota en la carrera por la gubernatura de California. El subtexto del mensaje de este futuro presidente de los Estados Unidos podría haber venido fácilmente de un trabajador con salario mínimo que publicó un video de despedida en TikTok: «¿Qué, crees que no lo haré? Mírame. Voy a hacerlo público».

A los reporteros reunidos en el Hotel Beverly Hilton ese día, un Nixon claramente desquiciado declaró: «Ya no tienen a Nixon para seguirlo pateando, caballeros. Esta es mi última conferencia de prensa. Gracias, caballeros, y buen día».

Dado ese adiós hosco y malhumorado, ¿cómo volvió Nixon a la vida pública? El momento fue la clave, dice Robert Schmuhl, historiador presidencial y profesor emérito de estudios estadounidenses en la Universidad de Notre Dame. «Pasaron tantas cosas entre su denominada última conferencia de prensa después de perder la gubernatura de California en 1962, que en 1968, la derrota anterior y lo que dijo después no parecían importar tanto», me dice Schmuhl. «El país había atravesado el asesinato de John Kennedy, las dificultades mortales de la guerra de Vietnam, el declive de la presidencia de Lyndon Johnson, los asesinatos de Martin Luther King y el senador Robert Kennedy, los disturbios en varias ciudades y todo lo demás».

Otro factor que evitó que el momento de renuncia pública de Nixon dañara su imagen es que pocas personas realmente lo vieron en vivo o lo vieron siquiera, agrega Schmuhl. «Es importante recordar que en ese momento no había programas de noticias de media hora. Esos no llegaron sino hasta un año después. Además, el país no estaba tan saturado en ese entonces como lo ha estado desde la década de 1980 con noticias de televisión e imágenes de video. Hubo un video de lo que dijo Nixon, pero no hubo nada como la repetición que existe ahora. El periodismo impreso era mucho más importante en ese entonces, y nunca sería lo mismo leer las declaraciones del exvicepresidente que verlas y escucharlas».

El espectáculo de la renuncia pública, esa imagen fascinante de un hombre adulto que pierde la calma, es lo que hizo que el momento fuera efervescente. Una transcripción no puede compararse con el evento en vivo. Nixon tuvo la suerte de haber lanzado su rabieta de perdedor en un momento anterior a Twitter.

De lo contrario, habría sido aplastado por el gran tonelaje de todos esos hilos de comentarios.

Cuando renunció en público por segunda vez, el 8 de agosto de 1974, cuando renunció a la presidencia tras el escándalo de Watergate, el panorama de los medios se había transformado por completo. Millones vieron el boletín de noticias de las cadenas de televisión con su renuncia.

Sin embargo, incluso en ese grave momento histórico, con tantos espectadores y tanto en juego para la nación y el mundo, Nixon todavía estaba muy sensible a una cosa: la implicación de que no era lo bastante fuerte como para aguantar. Llámalo mentiroso, llámalo canalla, llámalo manipulador sin escrúpulos, llámalo como quieras (simplemente no le digas que él... bueno, ya sabes). Para él, ningún insulto era peor.

Con voz de hierro, Nixon declaró: «Nunca me he dado por vencido».

El segundo consejo es sobre el momento. Por supuesto, la necesidad de compartir un cambio en tu vida y de comprometerte con una multitud de seguidores puede ser irresistible. «Twitter es una luz roja, que parpadea, parpadea, parpadea», escribe Caitlin Flanagan en un ensayo divertido, porque es cierto, sobre su intento de abandonar Twitter de tajo durante 28 días. «Twitter es un parásito que se esconde profundamente en tu cerebro y te entrena para responder a la retroalimentación social constante de *likes* y *retweets*».

La tentación de dejar que todos sepan sobre las decisiones de tu vida es fuerte, desde rupturas hasta renuncias, incluyendo ese tirón en el tendón de la corva que te mantuvo fuera del CrossFit durante un mes. Sin embargo, podría ser bueno ejercer un poco de moderación, a pesar de que somos parte de una sociedad «acostumbrada a vivir su vida a la vista de los demás», escribe Moya Lothian-McLean en un ensayo titulado «I Built a Life on Oversharing—Until I Saw Its Costs, and Learned the Quiet Thrill of Privacy» (Construí una vida compartiendo demasiado, hasta que vi sus costos y aprendí la callada emoción de la privacidad). Ella agrega: «Compartir se convirtió en la forma como hacía que mi propia vida fuera real». Recientemente aprendió la emoción de no compartir todo en línea: esto constituye «una recuperación de poder que no sabía que había entregado». Una vez que te des cuenta de cuánto de tu yo central has cedido para compartir en público cada detalle de tu vida, es posible que quieras dar un paso atrás, y ser más parco y juicioso con lo que publicas.

Como señala Lothian-McLean: «Hay una creciente reacción negativa ante compartir demasiado, y Taylor Swift y algunos adolescentes del Reino Unido se cuentan entre sus conversos».

Quizá sea hora de repensar la idea de que todo tiene que estar sobre la mesa para que los demás comenten, desde lo que haces hasta lo que decides dejar de hacer. De acuerdo, no será fácil. El sesgo social en contra de renunciar a veces nos inclina más, no menos, a compartirlo con demasiada frecuencia, y con demasiada gente, porque desafiar a la autoridad es un impulso humano básico. No nos gusta que nos definan las ideas de otras personas sobre lo que hace que una vida sea exitosa. Queremos tomar esas decisiones nosotros mismos, decisiones sobre cuándo quedarnos y cuándo irnos. Y entonces podemos reaccionar con ligeramente demasiado entusiasmo a la libertad del mundo en línea. Liberados por fin de los confinamientos a causa la pandemia, y aún acostumbrándonos a la idea de ser parte de un mundo más grande, tendemos a ser demasiado abiertos en lugar de en exceso cautelosos, demasiado sinceros en lugar de demasiado discretos.

Adele, la cantante británica que siempre ha sido franca con sus fanáticos sobre sus problemas con la imagen corporal y la intimidad, habla mucho sobre su divorcio en múltiples plataformas. Le da un giro positivo a su nuevo estatus, un hábito que irrita a su compatriota Freya India. «En estos días», se quejó India en un ensayo de *Spectator*, «el divorcio se ve tan solo como otra forma de autoempoderamiento. Parece que el divorcio no debe verse como una tragedia; es un motivo de celebración, una renovación muy merecida». Pero India no entiende el sentido de la insistencia de la cantante en las redes sociales y en las entrevistas de que ella y su hijo están bien. Creo que Adele se muestra públicamente optimista acerca de dejar su relación de una década, porque en años pasados el mundo esperaba que una mujer divorciada llorara en privado, se deprimiera, se encogiera y se escondiera como si su vida hubiera terminado. En cambio, la cantante habla de manera abierta y con frecuencia sobre su alegría después de la ruptura.

La renuncia pública de Adele es su réplica ante ese estándar sexista, su manera de decirle al mundo, en esencia: «Estoy bien, gracias. La decisión sobre cómo y con quién voy a vivir, y qué me hace feliz, es mía, no tuya». Renunciar en público puede no ser la mejor opción en todas las circunstancias, pero el punto es que tú eliges.

NOTA DE PERMISO

Te gusta compartir lo que está pasando en tu vida. Eso puede incluir las noticias de las decisiones importantes que tomas sobre el trabajo, la escuela, las relaciones. Pero las redes sociales aumentan los riesgos al renunciar. No dejes que te hagan decirle algo al mundo antes de que estés listo.

Capítulo once

◆——————◆

Una comunidad de desertores

> Renunciar a la esperanza me ha devuelto
> la capacidad de sentir alegría.
>
> Keith Kahn-Harris

A Amy Dickinson le gusta la gente. Da la casualidad de que eso es algo bueno, porque su trabajo como columnista de consejos es escuchar las quejas que tenemos de nuestra vida, desde nuestras pequeñas irritaciones hasta nuestras abrumadoras penas y las pequeñas decepciones y molestias intermedias, y recordarnos que estamos todos en el mismo barco: ser humanos. Y puede ponerse bastante turbulento, para todos nosotros.

Debido al afecto antes mencionado por la especie humana, Dickinson anhela ser parte de algo más grande que ella misma, parte de un todo más grande. Por lo tanto, no fue una sorpresa que, cuando le pidieron que se uniera a su organización, su respuesta fue una afirmativa rápida y agradecida.

Entonces, ¿por qué se dio la vuelta y renunció?

«Honestamente, no creo que haya renunciado a *nada* sino hasta el 9 de junio de 2020», me dice. «Fue el día del funeral de George Floyd y elegí renunciar a mi membresía en Daughters of the American Revolution (DAR). Había sido admitida, con gran fanfarria, como su miembro número un millón unos meses antes». Se había planeado un «bombardeo mediático nacional», agrega, para publicitar su nuevo y brillante estatus como miembro de DAR.

Es fácil entender por qué la organización querría a Dickinson en el equipo. Ella escribe una columna que se publica de forma periódica en todo el país, sus libros son éxitos de ventas y es una invitada habitual en la radio pública nacional (NPR). Es una oradora vívida y cautivadora con un gran número de seguidores devotos. Pero entre su «sí» y el inicio de la gira publicitaria, el asesinato de Floyd le había roto el corazón y la había indignado, y le había asqueado el racismo que lo provocó. Así que le dijo a la organización que, como miembro más reciente, discutiría públicamente el preocupante historial racial del grupo.

Ese historial incluía el momento del domingo de Pascua de 1939, cuando la organización se negó a permitir que la contralto negra Marian Anderson cantara en el Salón de la Constitución debido a una cláusula de «solo para blancos» en los contratos de sus artistas. En un momento eléctrico en la larga historia de la lucha por la justicia racial en Estados Unidos, Anderson cantó «My Country 'Tis of Thee» en el Lincoln Memorial, emocionando a los miles que se agolparon allí para escucharla.

«Pensé que necesitaban continuar examinando su historia a través de esta lente; después de todo, es una organización obsesionada con la historia», dice Dickinson. «A la presidenta de la organización no le gustó nada eso». Después de un poco más de idas y vueltas, Dickinson todavía no estaba satisfecha con la respuesta de la organización al ajuste de cuentas de la justicia racial que estaba arrasando al país. «La historia me obligó y me facilitó mucho la renuncia. Tal vez nunca debí haberme unido en primer lugar», continúa Dickinson. «Pero como mucha gente que no puede renunciar a nada, tiendo a obligarme a hacer cosas porque no tengo la confianza para declinar una invitación».

«Al renunciar a eso tuve una probada de la liberación que puede fluir al renunciar».

La siguiente parada en su gira de renuncias: un club de lectura en línea que había estado tratando de dejar durante seis meses. «En realidad, no tenía tiempo para las reuniones de Zoom. Pero, principalmente, no lo disfrutaba. Tuve la tentación de ofrecer un montón de mentiras y excusas sobre por qué estaba renunciando. En cambio, solo les dije que no quería hacerlo más».

El hecho de que Dickinson se demorara en renunciar, incluso cuando sabía que era lo correcto, no fue tan solo por evitar una tarea desagradable. Hay otro factor en juego aquí: cuando renuncias estás dejando una comunidad. Las comunidades nos brindan un contexto para nuestra vida y un sentido de nosotros mismos como algo más que piezas separadas de la humanidad, a la deriva alrededor del universo. Proporcionan una especie de pegamento vinculante. Nos dan una conexión, una atadura. Como entidades individuales, es casi como si fuéramos demasiado livianos, demasiado insustanciales; existe la posibilidad de que salgamos volando directamente de la faz de la tierra. Decidir renunciar es liberarse, sí, pero también es perder esa conexión con la tierra, el lastre esencial de los demás. A veces es un lastre; otras veces un consuelo. «Sin ataduras» es un concepto que va en ambos sentidos.

«Al renunciar, te estás sacando del grupo», me dice Leidy Klotz. Es el profesor de la Universidad de Virginia que escribió *Subtract: The Untapped Science of Less*. «Ya no estás en el grupo y corres el riesgo de ser estigmatizado».

Enterrada en la palabra «decidir» está la violencia de la separación. La raíz latina de la segunda sílaba se refiere a la matanza de otras opciones.* (Al igual que «regicidio» es matar a un rey, «homicidio» es matar a una persona, «pesticida» es matar insectos y «suicidio» es matarse a uno mismo). Decidir renunciar puede traer alivio y satisfacción, como le sucedió a Dickinson. Pero a veces también puede traer arrepentimiento y dudas, de inmediato o, como veremos, años después.

Estás afuera ahora. Ya no eres uno más de la pandilla.

Cuando renunciamos (cuando dejamos un empleo temporal, un compinche, un hogar, un equipo, una relación, una creencia religiosa, una idea de negocio) no solo abandonamos una actividad, a una persona, una esperanza o un asiento en la mesa. También perdemos el parentesco con los demás. Es por eso por lo que las personas que bien podrían ver fácilmente un partido de futbol en un televisor de alta definición en casa con su pijama de franela y sus pantuflas afelpadas siguen acudiendo al estadio en una noche helada para sentarse en el frío y arruinar sus zapatos al pisar charcos de cerveza derramada.

---

* En inglés, la raíz latina a la que se refiere es «cide», de «decide», «regicide», «homicide», «pesticide» y «suicide». (N. de la t.).

Se siente bien acurrucarse dentro de algo que es más grande (y más ruidoso) de lo que podrías estar por tu cuenta. Renunciar significa dejar ir esa comodidad. Y si bien puede hacer que te sientas aliviado, también puede hacerte sentir solo. Ya no estás en la lista de miembros ni figuras en el sitio web de la empresa con una fotografía de tu rostro y una breve biografía.

Tal vez es por eso que dudamos en dejar cosas que sabemos que no nos ayudan, cosas que, de hecho, pueden estar perjudicándonos. Cada decisión de renunciar es un alejamiento de lo familiar y lo predecible y hacia lo nuevo, lo extraño, lo posiblemente peligroso.

Podría funcionar magníficamente. O tal vez no.

Renunciar no se trata solo de aquello a lo que estás renunciando. También se trata del desierto en el que te encuentras después de hacerlo. Pierdes el consuelo del contexto. Y mientras obtienes otro contexto, durante el primer momento puedes sentirte perdido. Sin sentido de pertenencia, incluso. Porque ya no perteneces.

Cuando renunciamos, perdemos la conexión con los demás. Pero la buena noticia es que, a raíz de esa pérdida, hacemos otras conexiones. Como nos recuerda Bessel van der Kolk en *El cuerpo lleva la cuenta*: «Nuestra cultura nos enseña a centrarnos en la singularidad personal, pero en un nivel más profundo, apenas existimos como organismos individuales. Nuestro cerebro está construido para ayudarnos a funcionar como miembros de una tribu».

Por lo tanto, renunciar es un desafío emocional y espiritual, además de logístico, me dice Connie Schultz. En su carrera como columnista ganadora del Premio Pulitzer, primero con el *Plain*

Dealer de Cleveland y ahora con *USA Today*, ha entrevistado a muchas personas sobre sus vidas. Esas conversaciones la han convencido de que existen diferentes tipos de renuncia, y que cada uno requiere un tipo de coraje diferente.

Puedes renunciar a un trabajo, pero un trabajo es solo una parte de la vida. Otro tipo de renuncia significa dejar atrás la versión actual de quién eres, porque no coincide con lo que siempre quisiste ser.

MOMENTO DE BANDERA BLANCA

Cuando me fui físicamente, ya me había ido emocionalmente. Estaba haciendo un buen trabajo, pero lo estaba haciendo de forma aislada... Soy diferente por dentro por haber dejado el *Plain Dealer*. No me gustaría volver a ser quien era antes de irme. Tenía más miedo. No veía mi mundo de una manera tan grande como lo veo ahora. Renunciar me ayudó a convertirme en una mejor amiga para los demás. Una mejor mentora para mis alumnos. Cuando pasas por algo, aprendes de ello y lo transmites.

CONNIE SCHULTZ

«Si necesitamos hacer un cambio de trabajo, podemos hacerlo», dice ella. «Pero si lo que se necesita cambiar es la base personal, eso es más difícil. Para atraer a nuevas personas, o nuevas experiencias, tenemos que crear un espacio para ello. Si ese espacio lo ocupan personas que te hacen sentir a la defensiva o inferior, no hay lugar para el cambio». Schultz sabe mucho sobre el cambio y la posibilidad, sobre todos los diferentes espacios que una persona puede llenar en el mundo: no solo es periodista y novelista de gran éxito en ventas, también es profesora universitaria, madre, abuela y esposa del senador estadounidense Sherrod Brown.

Si no nos alejamos de las partes de nuestra vida que no funcionan, «no queda energía para que algo nuevo nos encuentre. Solo obtenemos un número limitado de energía todos los días». Del segundo tipo de renuncia, Schultz dice lo siguiente: «Es mucho más tranquilo. Mucho más suave. Es la capacidad de soñar con algo más grande».

Patty Bills está muy familiarizada con los sueños y cómo pueden inspirar cambios importantes en la vida. Hace ocho años renunció a su trabajo en el gobierno federal para convertirse en artista de tiempo completo. Ese trabajo incluía un buen salario, beneficios y seguridad.

Solo hubo un pequeño problema, recuerda Bills: «Me estaba matando el alma».

Ella y su esposo, Thomas, se mudaron al este de Wyoming hace 12 años. Amaban el lugar, amaban el paisaje agreste, amaban el hecho de que no había dos amaneceres iguales. Pero no estaba loca por su trabajo como administradora del Servicio Forestal de Estados Unidos, encargándose de la gestión de flotas.

RENDIRSE: UNA ESTRATEGIA DE VIDA

Bills tomó una clase de cerámica y descubrió que le apasionaba diseñar tazones, tazas, platos, bandejas y jarrones, pintar a mano escenas originales de la vida silvestre en ellos y hornear el vidriado. Es común ver alces y truchas en el trabajo de Bills, así como pájaros volando y osos curiosos.

En 2015, como una de esas truchas que ha pintado en muchas tazas, capturando el momento en que salta del agua espumosa, ella también dio un gran salto.

«El estrés laboral y mi disgusto por él crecían, así que renuncié. Me convertí en alfarera de tiempo completo», me dice. «Simplemente decidí que había terminado». ¿Algún nerviosismo antes de que ella entregara su renuncia? «Te acostumbras al mismo cheque de pago cada dos semanas. Y teníamos una hipoteca. Y un niño de 13 años. Así que sí, estaba asustada. Pero mi cerámica se estaba vendiendo. Pensé: "Podría hacer esto como un negocio. En realidad, podría"».

⚐ MOMENTO DE BANDERA BLANCA ⚑

Decidí que había terminado. Les dije a mis padres que dejaría mi trabajo. Les expliqué: «Ya no puedo más. Es demasiado estresante». Mis padres respondieron: «Ay, Tricia, deberías pensarlo bien». Afirmé: «Ya lo he hecho». Dos semanas después de que dejé ese trabajo, mi hija señaló: «Recuperé a mi mamá».

PATTY BILLS

Incluso antes de su renuncia, Bills había comenzado a ofrecer su trabajo consignado a galerías y tiendas de regalos en todo el oeste. Su trabajo se vendió bien desde el principio. Así que sí, tomó un riesgo, pero calculado. Se inscribió en cursos sobre cómo administrar un negocio. Entendió que ganarse la vida con su arte iba a requerir algo más que talento. Tenía que ser empresaria además de artista.

La pandemia fue dura, dice ella. «Oh, muy deprimente. No había exhibiciones, ni residencias de artistas, las galerías y tiendas estaban cerradas». Su sitio web y su página de Facebook le permitieron seguir vendiendo su trabajo. Pero fue un momento desalentador.

Y entonces, el mundo comenzó a abrirse de nuevo. «En este momento estoy luchando para mantenerme al día con los pedidos y las exhibiciones de la galería», informa. «Amo mi carrera. Puedo trabajar con arcilla, con un pedazo de tierra». Ríe. «A veces estoy muy agradecida por la gota que derramó el vaso en mi trabajo en el gobierno».

¿La lección? «A veces tenemos que salir de nuestra cabeza y dejar de poner números sobre el papel. No estaría aquí si no hubiera dado ese salto. Ese salto da miedo y es intimidante, pero puede haber mucha alegría en ello».

Tim Bannon, que creció en Evanston, Illinois, y fue editor de reportajes del *Chicago Tribune*, era un excelente atleta de joven. Era alto y ágil, con una pierna fuerte para patear. Jugó futbol y rugby en la preparatoria. Y así, en su primer año en la Universidad de Miami en Oxford, Ohio, decidió intentar obtener un lugar en el equipo de futbol como pateador, aunque no tenía beca. Escribió una nota al entrenador en jefe, Dick Crum, prometiéndole que podría clavar patadas de 50 yardas.

«Antes de transcurrida una hora», recuerda Bannon, «sonó el teléfono de mi dormitorio. Era Dick Crum. Me dijo: "Ven, muéstrame lo que puedes hacer". Estábamos todo el equipo de entrenadores y yo en el campo. Estaba clavando esas patadas a diestra y siniestra. Él dijo: "Eso es genial, chico. Estás en el equipo". Todo fue un torbellino después de eso».

En la primera práctica con todo el equipo presente, Crum se volvió hacia su nuevo pateador: «¡Bannon!», gritó. «¡Entra ahí!». Nunca había tenido 11 tipos frente a mí, a siete metros de distancia. Primero, *boom*, le di una patada y golpeó la espalda del centro».

Las patadas posteriores fueron igualmente vergonzosas. Bannon tenía las habilidades físicas, pero no la mentalidad. «Hay algo singular en patear. Todo se reduce al pateador. Estás solo. Tienes que aprender a lidiar con esa atención».

Unas semanas más tarde, «después de lamentarse en la banca», dejó el equipo. Esa temporada, 1975-1976, fue memorable para el futbol de Miami. El equipo terminó clasificado entre los 20 primeros de la nación. Él habría sido parte de eso.

«Es una de las cosas de las que me arrepiento. No me di cuenta de la increíble oportunidad que tenía: escribir una carta al entrenador, ingresar a uno de los mejores equipos de la nación. Mi vida habría ido en otra dirección. Estoy feliz por la dirección que tomó, pero habría sido diferente. Lamento no haberme esforzado un poco más antes de rendirme».

Tal vez no nos rendimos tan a menudo como deberíamos. Quizá renunciar esté injustamente estigmatizado. Pero también es cierto que la decisión de rendirse puede acecharnos a futuro. Siempre podemos preguntarnos:

«¿Y si...?».

En los años que siguieron, Bannon hizo un buen uso del recuerdo de su momento de renuncia en la crianza, me dice. Él y su esposa han criado a tres hijos. Y cuando sus hijos querían dejar algo, un equipo deportivo, un instrumento musical, un pasatiempo, tenía una conversación con ellos. «Debido a mi decisión de dejar ese equipo, era menos probable que simplemente los dejara ir. Lo resolvería con ellos. "Hablemos de por qué te sientes así". Fui más sensible a ellos cuando querían renunciar a algo».

Bannon puede desear haberse quedado, pero otras personas pueden desear haberse ido. El hecho de no renunciar puede atormentarte tanto como el hecho de hacerlo. En su novela *La única historia*, Julian Barnes presenta este escenario agridulce desde el otro lado y muestra lo que sucede cuando no renunciamos a algo a lo que deberíamos renunciar porque hacerlo no es conveniente:

A lo largo de mi vida he visto a amigos que no abandonan sus matrimonios, no continúan con sus asuntos, incluso a veces no los inician, todo por la misma razón: «Tan solo no es práctico», dicen con cansancio. Las distancias son demasiado grandes, los horarios de los trenes, desfavorables, los horarios de trabajo no coinciden; luego está la hipoteca; y los niños, y el perro; también la copropiedad de las cosas. «Simplemente no podía enfrentarme a ordenar la colección de discos», me dijo una vez una esposa que no se decidía a marcharse.

No se trata de la colección de discos. Se trata de decidir a dónde perteneces y preguntarte, mientras tu vida llega a su fin, si tomaste la decisión correcta.

El consejo del doctor Gaurava Agarwal se reduce a esto: piensa más allá de renunciar.

Cuando los médicos entran a su consultorio y dicen que están agotados y quieren dejar la medicina, su primera respuesta es ofrecer tres palabras:

«¿Renunciar para qué?».

Esto es lo que quiere decir: «Una cosa es renunciar: tienes la idea de que renunciar lo mejorará todo. Pero ¿en qué sentido va a ser mejor? Este lugar idílico, repleto de cachorros y arcoíris, no existe», me dice. «Así que les digo a las personas que vienen: "¿Renunciar para qué?"».

Agarwal es director de Bienestar Médico de Northwestern Medical Group y director de Educación de Estudiantes de Medicina en Psiquiatría en la Facultad de Medicina Feinberg de la Universidad de Northwestern. Cuando los médicos están estresados, agotados, fritos, hartos y cerca de arrojar sus estetoscopios al bote de basura más cercano y salir furiosos, Agarwal es la persona a quien acudir. Es psiquiatra con certificación como entrenador de liderazgo para profesionales de la salud.

«Les pregunto: "¿Hay alguna manera de forjar tu carrera aquí sin renunciar?"».

Eso es porque, dice Agarwal, renunciar puede parecer una solución rápida y fácil para un problema que lleva mucho tiempo gestándose. Pero si el problema no surgió en un instante, entonces tal vez la respuesta tampoco debería llegar de esa manera.

«Existe la sensación de que lo último que sucedió es la razón por la que quieres renunciar. Pero ese no suele ser el caso», dice. «Por lo general, es por cosas que se han acumulado lentamente». E incluso el problema que parece más intratable puede ser menos desalentador si se analiza y desmantela, pieza por pieza. «Las personas con problemas matrimoniales o laborales vienen a mí y me dicen: "No puedo más". Pero entonces lo analizamos. Lo analizamos de manera racional, sistemática. Existe la sensación de que la gente se está marchando demasiado pronto».

¿Y si un médico le dice que escucha una voz interior que lo insta a renunciar?

«Mi instinto me dice que esa voz no es tan confiable», advierte Agarwal. «Y de todos modos, también hay otras voces. Y tal vez deberían escucharlas».

Cuando la pandemia estaba en su apogeo, un aluvión diario de noticias informaba que los profesionales de la salud abandonaban sus trabajos en masa. Sin embargo, Agarwal señala que siempre ha sido un campo estresante y exigente, con o sin pandemia. «La gente siente que no es solo un trabajo, es una vocación. Escuchamos mucho la palabra "resiliencia". Pero los profesionales de la salud no son resilientes, son resistentes. Cuando finalmente se quiebran, no es por el último golpe. Es por todo lo que vino antes». Pero no cree que el éxodo vuelva a la tasa máxima que tuvo durante la pandemia.

Renunciar puede sonar como la solución perfecta, hasta que se tiene en cuenta el futuro, un futuro sin la comunidad de colegas que brindan sustento emocional y práctico. Es por eso por lo que a Agarwal se le ocurrió su respuesta característica: «¿Renunciar para qué?».

Mientras el médico preocupado que está sentado frente a él no tenga una respuesta contundente, dice, realmente no se quiere ir. Sin embargo, si renunciar parece la mejor respuesta, Agarwal está de acuerdo con ello; solo quiere que el médico se asegure de que sea una decisión bien pensada y elaborada con cuidado y no un capricho, no una respuesta alimentada por la frustración de un mal día.

Él no está en contra de renunciar *per se*. Tan solo cree que debería ser parte de una estrategia.

Glen Worthey y su familia «llegaron a la ciudad» en la víspera de Año Nuevo hace tres años y medio, como él lo describe, después de vivir 22 años en Palo Alto, California, sede de la Universidad de Stanford, donde trabajó como bibliotecario digital. La ciudad a la que habían llegado era... Champaign, Illinois, donde los vientos helados tienden a azotarte durante todo el invierno y la nieve nunca cesa. En otras palabras, ni una palmera a la vista.

«Me había estancado en Stanford y estaba listo para un cambio. Estaba listo para una nueva aventura», me dice. «Pero la respuesta que recibí cuando llegamos aquí por primera vez y la gente escuchó que había estado en Stanford fue: "¿Estás *loco*?". Sin embargo, un amigo mío de la escuela de posgrado está aquí, y me dijo que le encantaba el drama de las estaciones. Pensé que estaba siendo metafórico. No era así. Y ahora también me encanta».

El drama en la vida de Worthey no se limitó al informe meteorológico. Poco después de comenzar su nuevo trabajo como director asociado de servicios de apoyo a la investigación en la Universidad de Illinois, él y su esposa se separaron.

«Tenía muchas dudas sobre abandonar el matrimonio», dice. «Había aceptado un matrimonio menos que perfecto que se había vuelto tóxico. Pero siempre he pensado que tengo una cantidad sobrehumana de determinación». Así que, dice, tardó en decidirse a dejar la relación.

Ese desacoplamiento en cámara lenta hace eco de uno similar anterior en su vida. Worthey se crio en la fe mormona. «Estaba profundamente arraigado en eso. Entré de cabeza en todos los sentidos», recuerda. Su título universitario es de la Universidad Brigham Young. Sin embargo, después de regresar de una beca de posgrado en Rusia, se dio cuenta de un cambio en sí mismo. «Las dudas llegaron. Me di cuenta de que en realidad no creía en Dios. Pero me tomó mucho tiempo identificarme como ateo».

Renunciar a su fe significaba dejar no solo un sistema de creencias, sino también la vida social proporcionada por la iglesia mormona. Su familia de la iglesia era una extensión de su familia biológica; durante mucho tiempo le había dado consuelo e identidad. Y ahora estaba dejando todo eso atrás. Sus amigos y seres queridos entendieron su decisión, dice Worthey, pero sabía que estaba perdiendo muchos aspectos familiares de su vida, las costumbres, los rituales y los adornos. No se arrepiente de haber dejado atrás una iglesia en cuyos preceptos ya no cree, pero a veces desearía haber renunciado antes y de manera más directa, haber cortado los lazos de un tijeretazo en lugar de pasar por años de reflexión.

Tal vacilación era completamente típica en él, dice. Siempre se ha tomado su tiempo antes de cambiar de rumbo, cuando es capaz de hacerlo.

«Como estudiante universitario, obtuve una triple especialización en física, inglés y ruso, porque no podía abandonar ninguno de ellos».

———————————

De vez en cuando, todos nosotros somos parte de la comunidad de desertores.

Se puede obtener un gran sustento al conocer a otras personas que han renunciado a las mismas cosas que tú, y sobrevivieron, e incluso prosperaron. Se puede encontrar un consuelo en unirse a un grupo que ni siquiera sabías que existía hasta que una crisis personal te arroja a sus filas.

Cuando me encontré con la historia de Margaret Renkl, me llamó la atención lo similar que sonaba a la mía.

Sorprendentemente, hasta el rescate de su papá.

A la mitad de su colección de ensayos líricos *Late Migrations: A Natural History of Love and Loss*, me encontré con el breve recuerdo de Renkl sobre el momento en que se fue de casa para estudiar un posgrado, y cómo lo odiaba y se sentía totalmente miserable, así que una noche llamó a casa y su padre respondió y...

Tal vez puedas adivinar el resto de la historia, porque es parecida a la que conté sobre mí en la introducción. Aparte del hecho de que la epifanía de Renkl llegó cuando ella tenía 22 años y la mía cuando yo tenía 19, y ella estaba estresada en Filadelfia mientras yo estaba estresada en Morgantown, nuestras experiencias fueron similares en el hecho de que ambas nos encontramos totalmente fuera de nuestro elemento en la escuela de posgrado en una nueva ciudad, angustiadas y confundidas.

Era renunciar o morir. O así se sentía en ese momento.

Durante el día, Renkl tenía que escuchar a profesores cínicos que le decían que la literatura no tenía sentido; una vez que el sol se ponía, era amenazada por otras fuentes.

«Durante toda la noche», escribe sobre su lúgubre apartamento, «los engranajes de los camiones de reparto rechinaban en el semáforo de la esquina; cuatro pisos más abajo, los extraños murmuraban y maldecían en la oscuridad». Echaba de menos el paisaje natural de su hogar en el sur, los cantos de los pájaros y la tierra roja, y supongo que yo también extrañé los detalles de mi lugar de origen, aunque no creo que pudiera haber articulado eso en ese momento como lo hace Renkl de forma tan hermosa, porque estaba estupefacta de tristeza.

Así como yo no aguanté, ella tampoco. Llamó a casa y su padre dijo: «Ven a casa».

Renunciar funcionó, escribe, y resultó ser la puerta de entrada al resto de su vida: «Creo que la mayor parte de mi propia felicidad, de todos los años con un buen hombre y la familia que hemos formado juntos y el trabajo absorbente, todo lo que siguió a una sola temporada de pérdida, se debe a que escuché a mi padre. A que volví a casa».

El final feliz después de que ella se rindiera no estaba asegurado, por supuesto. Las cosas podrían no haber funcionado. Es posible que nunca hubiera sido admitida en otra escuela de posgrado (esta vez en su amado sur) o conocido a su esposo o sido bendecida con una familia maravillosa o convertirse en autora y columnista del *New York Times*.

Renkl abandonó una comunidad, la escuela de posgrado en Filadelfia, y regresó a su comunidad original, a su familia, y todo encajó. Pero tenía que arriesgarse a que no fuera así. Tenía que arriesgarse con un fracaso tras otro.

Al enterarme del vuelo de medianoche de Renkl desde la escuela de posgrado, sentí una sensación de alivio, a pesar de que han pasado muchos años desde mi colapso en Morgantown. No me había dado cuenta de que todavía me aferraba a un pequeño fragmento de autorreproche, una pequeña pero molesta ansiedad: ¿estaba realmente bien renunciar? ¿Debería haber aguantado allí, después de todo?

Luego leí la experiencia de Renkl y me emocioné:

«Alguien más también lo hizo. Alguien más estaba acurrucado en un bulto asustado en un pequeño apartamento en una ciudad extraña, preocupada de que todo continuara para siempre, el dolor y la confusión. Pero ella también se fue. Ella también se liberó. Renunciar está bien. Es una respuesta legítima a una emergencia emocional».

Renunciar es el último recurso. El canto del cisne. Famosas escenas de abandono en películas, programas de televisión y novelas se basan en la idea dramáticamente rica de que, después de una serie cada vez mayor de frustraciones e indignidades, al final explotamos, nos agrietamos, perdemos el control, nos desmoronamos. No pensamos en las consecuencias, porque estamos fuera de sí.

¿Pero tiene que ser tan grave? En su ensayo sobre el número récord de renuncias a causa de la pandemia en 2021, lo que él llama «el verano de renunciar», Derek Thompson señala que rendirse tiene un lado positivo. Todo depende de quién lo defina: «Renunciar tiene una mala reputación en la vida, ya que está asociado con el pesimismo, la pereza y la falta de confianza. En economía laboral, sin embargo, las renuncias significan lo contrario: un optimismo entre los trabajadores sobre el futuro; un afán de hacer algo nuevo».

Y en ciencia, renunciar es clave. No puedes encontrar la idea correcta si insistes en aferrarte a la antigua e incorrecta. Richard A. Muller, profesor emérito de física en la Universidad de California, Berkeley, se ha quejado de que los no científicos a veces ven su campo como una ciudadela inexpugnable de certeza, creyendo erróneamente que los científicos rara vez cambian de opinión. «No se dan cuenta», le dijo a un periodista, «de cuánto tiempo pasan los científicos pensando en ideas y rechazándolas». Renunciar a una teoría que demuestra ser incorrecta es el precursor esencial para encontrar la correcta, y para el progreso científico en general.

He argumentado que renunciar puede ser una estrategia de vida y, a largo plazo, mejor que la perseverancia porque, entre otras cosas, requiere que desarrollemos empatía por la situación difícil de otras personas. Además, apela a una capacidad de supervivencia para la cual está hecho específicamente nuestro cerebro. Sin embargo, ¿cómo funciona eso?

George A. Bonanno, psicólogo clínico y profesor del Colegio de Profesores de la Universidad de Columbia, ha realizado investigaciones innovadoras sobre el duelo y la superación. En su último libro, *The End of Trauma: How the New Science of Resilience Is Changing How We Think about PTSD*, explora las formas en que las personas lidian con traumas emocionales profundos.

Cuando leí su libro, un aspecto me llamó la atención: él ve la renuncia como una ventaja.

Renunciar es el paso final de una técnica que Bonanno llama secuenciación de la flexibilidad. Es una parte vital del manejo activo de una situación emocionalmente tensa. Puedes evaluar el momento y decidir si tu método actual para tratar un problema está funcionando o no. Si no es así, entonces se requiere un cambio.

No tienes que ser una víctima de tu mecanismo de afrontamiento más de lo que eres una víctima de las circunstancias. Cuando los pasos que has emprendido resultan ineficaces, puedes cambiarlos. Puedes dejarlo e intentar otra cosa.

«La flexibilidad no es un proceso pasivo», escribe. «A raíz del trauma, tenemos que encontrar la mejor solución momento a momento mientras luchamos, y luego tenemos que reajustarnos a medida que avanzamos. En otras palabras, tenemos que ser flexibles... Averiguamos qué nos está pasando y qué podemos hacer para controlarlo. También hay un paso correctivo crucial en el que determinamos si la estrategia que elegimos está funcionando o [si] debemos cambiar a otra estrategia».

Si somos afortunados, la mayoría de nosotros nunca tendrá que soportar el tipo de traumas horribles para los que el trabajo de Bonanno intenta proporcionar cierto alivio: la guerra; abuso emocional, físico y sexual; accidentes desfigurantes e incapacitantes. Pero creo que sus ideas también son aplicables a muchos desafíos menos profundos.

Renunciar es un recurso que podemos desplegar. Es una decisión, no una derrota. Un punto de giro. Y está disponible para nosotros en formas que recién comenzamos a apreciar.

«La mayoría de las personas es resiliente», escribe Bonanno. «La mayoría de las personas debe ser lo suficientemente flexible para determinar cuál es el comportamiento correcto en una situación determinada y en un momento determinado, y luego ser capaz de adoptar ese comportamiento para adaptarse y avanzar». Eso implica la voluntad de detenerse e ir por otro camino.

A riesgo de simplificar demasiado la técnica en capas y matizada de Bonanno, he aquí un resumen. A raíz de una reacción adversa a un recuerdo inquietante, hazte cuatro preguntas: ¿qué está pasando? ¿Que necesito hacer? ¿Qué puedo hacer? Y una vez que empieces a hacerlo, ¿es efectivo?

«Cuando una estrategia no funciona, la retroalimentación, ya sea de nuestro cuerpo o del mundo que nos rodea, nos dice que debemos modificar la estrategia o intentar algo diferente», escribe. «Es importante señalar que estas no son habilidades raras. Son simplemente características subestimadas de la mente humana, y se pueden nutrir y mejorar». El mismo instinto de supervivencia compartido que nos empuja a renunciar cuando lo necesitamos también puede ayudar cuando se trata de dejar atrás los eventos debilitantes de nuestro pasado. No podemos cambiar lo que nos sucedió, pero podemos desarrollar una respuesta a los recuerdos inquietantes y las situaciones difíciles que nos ayude a sanar y seguir adelante.

Necesitamos verificar de manera periódica, y evaluar la eficacia de nuestras acciones: ¿estamos progresando? ¿Estábamos en el camino correcto para empezar?

Renunciar es un recurso muy infrautilizado. Es una estrategia que quizás no reconozcamos como una opción legítima, sino solo como un compromiso o un fracaso. Es una fuente de energía e inspiración sin explotar que evitamos debido a una sensación equivocada de que rendirse, a menos que estés hablando de asesinatos en serie, abuso de sustancias o exceso de carbohidratos, es inherentemente algo malo. La vida de otros animales, que renuncian constantemente, como deben hacer para seguir con vida, son prueba del valor de renunciar y de la diferencia que puede marcar.

Pero eso no significa, por supuesto, que renunciar sea siempre algo bueno. Ningún curso de acción único es adecuado para todos en todas las circunstancias. Sin embargo, con gran frecuencia, renunciar es rechazado desde un principio.

Y, a la larga, nuestra aceptación acrítica del poder de la perseverancia nos vuelve más insensibles a las injusticias del mundo. No podemos arreglarlo todo, pero, con las cosas que sí podemos arreglar, debemos hacerlo.

Entonces, ¿renunciar o no renunciar?

«No existe una fórmula para saber cuándo debes persistir y cuándo debes cambiar de rumbo», me dice Wendy Kaminer. «A veces necesitas seguir empujando hacia adelante. A veces es necesario parar».

Sin embargo, no es un juicio fácil de hacer, porque las cartas están en contra de renunciar. La elección de no rendirse, de seguir adelante incluso cuando no se siente bien, tiene una ventaja injusta sobre la elección de darse por vencido e intentar otra cosa. La perseverancia se nos presenta en un paquete atractivo; se presenta rutinariamente como una fuerza moral en la marcha de la civilización, lo que nos ha ayudado a enviar cohetes al cielo, barcos al océano y vacunas a las jeringas, mientras que renunciar se equipara con la inercia y el fracaso descuidado.

Sin embargo, una vez que nos despojamos de las ataduras de la perseverancia, de esa noción de virtud, podemos decidir con mayor claridad, como hacen y siempre han hecho otros animales, sobre la base de lo que asegura su supervivencia, cuál es nuestro próximo paso.

Por lo tanto, espero que te preguntes esto la próxima vez que estés en conflicto sobre si seguir adelante o renunciar, cambiar o quedarte igual: ¿estoy tomando mi decisión con base en lo que creo que funcionará para mí o en el temor de ser designado oficialmente como un desertor si me doy por vencido? ¿Estoy eligiendo lo que en realidad quiero o lo que alguien más piensa que es mejor para mí?

Y tal vez también consideres otra pregunta: si te *llamaran* desertor, ¿cuál sería el daño? Si comenzamos a ver la renuncia bajo una luz diferente y dejamos de equipararla de manera automática con el fracaso, su potencial, su promesa, puede emerger como estrategia de vida. Incluso podría sonar como un cumplido.

«Cuando renuncias, estás eligiendo la vida misma», dice Spiotta, autora de *Wayward*. «Estar vivo es dar estos saltos. Si no puedes imaginar otra vida, estás renunciando a tu obligación de estar vivo».

Para cuando murió en 2020, el actor Clark Middleton había demostrado que se puede desechar una actitud, en el caso de alguien con una limitación física, como solía decir en entrevistas, la tentación de la autocompasión, con la misma seguridad que tú puedes renunciar a un trabajo o cualquier otra cosa, y que el acto de renunciar puede liberarnos. La artritis idiopática juvenil dejó a Middleton con graves problemas de movilidad y una estatura inusualmente baja, pero nada de eso interfirió en su larga carrera como actor de gran éxito en películas como *Kill Bill: Vol. 2* y series de televisión como *Twin Peaks* y *The Blacklist*.

Cuando habló sobre su discapacidad a un grupo de defensa, Middleton dijo: «Al pensar en ella como algo contra lo que estás luchando, casi te conviertes en una víctima, y esto tiene poder sobre ti... Así que sugiero reformularlo, pensar en hacerse amigo de ella y aprender a bailar con ella».

Esa es una idea estimulante y relevante para renunciar: puedes tomar algo que otros pueden ver como negativo, como un destino terrible, y puedes estar de acuerdo con ellos y tratarlo como un adversario, algo que debes negar, repudiar, empujar, someter. O puedes hacer las paces con ello, crearle un espacio y tratarlo como una parte más de tu vida.

Puedes aceptar renunciar. Puedes bailar con ello.

NOTA DE PERMISO

Has estado pensando en ese impulso de renunciar como el enemigo, como algo que debes vencer. Pero trata de visualizar el hecho de renunciar como tu amigo y aliado, como parte de una estrategia dinámica, creativa y a largo plazo para tu vida, una vida llena de posibilidades radiantes. Puedes renunciar con la frecuencia que necesites, tan a menudo como sientas que debes hacerlo. Escucha a tu conciencia tanto como a tu corazón. Y prospera.

Epílogo

◆ —————— ◆

> Una gran verdad es una verdad cuyo
> contrario es también una gran verdad.
>
> Niels Bohr

Renunciar, más específicamente, no poder hacerlo, definió la vida de mi padre.

James Keller fue fumador desde los 15 años. Creció pobre en West Virginia. Fumar, me imagino, era una de las pocas formas en que un niño de los Apalaches podía lograr el tipo de arrogancia fría tan anhelada por los adolescentes, sin importar de dónde vinieran. Cuando llegó a la edad adulta con esposa y tres hijos, mi padre había llegado a la conclusión de que fumar constituía la gran tragedia de su vida. Pero era demasiado tarde. No podía dejarlo.

No tengo que adivinar el odio que sentía por el hábito; no lo ocultaba. Cuando descubrió a mi hermana mayor, Cathy, entonces de 16 años, escondida en el garaje dándole algunas bocanadas exploratorias a un Marlboro, le dijo, más con pena que con ira: «Prefiero verte con la mano cortada que verte sosteniendo ese cigarrillo». No lo dijo en serio, por supuesto; solo quería causarle impacto. Un matemático con una mente lógica y rigurosa no era típicamente dado a tal hipérbole, pero estaba desconsolado por lo que le había provocado el hecho de fumar. No quería verla recorrer el mismo camino.

Una gran parte de mi infancia la pasé a la sombra de renunciar. No te conozco, pero supongo que tal vez tú también viviste en una sombra similar. Muchos de nosotros lo hacemos. Y tal vez también tuviste un padre u otro familiar que trató de dejar un hábito poco saludable. Quizás fue el tabaquismo en el caso de tu familia también, o quizás fue el alcohol o las drogas ilegales o la ira.

Observé a mi padre intentar, con una frustración que creció a lo largo de las décadas, renunciar a los cigarrillos. Surgió un patrón: primero estaba el ritual de tirar todos los paquetes almacenados en lo que se llamaba de manera poco creativa «el cajón de los cigarrillos» en la cocina. Y luego, unos días o, a veces, incluso horas más tarde, mi padre, con una mueca de resignación, encendía el cigarrillo que había escondido, por si acaso.

Todo volvió a la normalidad. El cajón de los cigarrillos se reabastecía en silencio.

Nunca mantuvo en secreto sus recaídas. Siempre ocurrieron a la vista de todos. Estaba claramente avergonzado de sí mismo, humillado por lo que veía como una debilidad abyecta, como un defecto de carácter, pero siempre lo reconocía. Y hubo muchas, muchas ocasiones. Tantas que perdí la cuenta. Dejarlo y retomarlo, dejarlo y retomarlo. Enjuague y repita.

Mi padre no estaba equivocado acerca de fumar y la ruina. Murió de cáncer de pulmón a los 51 años en el Hospital de la Universidad Estatal de Ohio, unos nueve meses después de haber

sido diagnosticado. Lo vi tomar su último aliento. Para entonces, después de la quimioterapia y la radiación, aparentaba 81
años, no 51.

Pero hubo más en la vida de mi padre que su incapacidad
para dejar de fumar. Más que sus intentos fallidos de dejar de
lado los cigarrillos para siempre. Más que sus fracasos.

Dios sabe que desearía que hubiera podido dejar de fumar,
tanto por mi bien como por el suyo. Lo he extrañado tanto en
los años posteriores a su muerte. Pero también desearía que no
hubiera juzgado su vida por esta cosa terrible a la que no podía
renunciar, este hábito mortal que lo tenía sujeto y no lo dejaba ir.
Era mucho más que su dependencia de la nicotina. Ver a James
Keller de esa manera es darle a su adicción la última palabra,
dejar que escriba su epitafio. Ofrecer un lugar de honor a algo
que despreciaba.

Sería mejor, creo, recordar la vida que vivió entre sus interminables intentos de dejar de fumar: encestando conmigo en el
aro de nuestra entrada; construyendo una terraza en la parte de
atrás de la casa porque, como Willy Loman en *Muerte de un
viajante*, «era un hombre feliz con un lote de cemento»; ayu-
darme a mí, a mis hermanas y a mis primos con nuestra tarea de
matemáticas. Eso es lo que quiero recordar.

Otros miembros de la familia todavía luchan con problemas de adicción, y quiero lo mismo para ellos y para cualquier
miembro de cualquier familia que luche contra esos demonios.
Quiero que la gente sea conocida por su buen corazón, no por
sus malos hábitos; por sus dones, no por sus defectos. ¿Deseo
que alguien tan atormentado pueda elevarse por encima de sus
apetitos voraces por sustancias que los dañan? Por supuesto
que sí. Pero no depende de mí. No importa cuánto amemos o

seamos amados, las batallas más importantes son las que debemos pelear solos.

Al final, la vida de nadie, ni la de mi padre, ni la mía, ni la tuya, ni la de las personas que amamos, debe resumirse en lo que no dominamos, en las adversidades que no logramos superar, en los desafíos que no somos capaces, a fin de cuentas, de vencer. Todos merecemos algo mejor. Porque la mayoría de nosotros hace lo mejor que puede. Tropezamos, nos quedamos cortos, pero lo intentamos. Sé que mi padre lo hizo.

———————

Me he pasado este libro argumentando que renunciar es bueno. Entonces, ¿cómo puedo afirmar también que renunciar es *malo*, que desearía que mi padre no hubiera hecho de renunciar el centro de su vida? ¿Que desearía que hubiera dejado de intentar renunciar? ¿Que desearía que todos nosotros también pudiéramos dejar de intentar renunciar? ¿No es eso una contradicción?

Sí. Y eso no es un problema. Como señala el neurocientífico David J. Linden en un luminoso ensayo sobre su diagnóstico de cáncer terminal, nuestra mente es por completo capaz de equilibrar conceptos mutuamente excluyentes:

> Es posible, incluso fácil, ocupar dos estados mentales en apariencia contradictorios al mismo tiempo... Esto va en contra de una vieja idea en neurociencia de que ocupamos un estado mental a la vez: somos curiosos o temerosos, o «luchamos o huimos»... con base en alguna modulación general del sistema nervioso.

Pero nuestro cerebro humano tiene más matices que eso, por lo que fácilmente podemos habitar estados cognitivos y emocionales múltiples, complejos, e incluso contradictorios.

Podemos creer que renunciar es una fuerza positiva en el mundo, que dejar de fumar o beber en exceso o de comer poco saludable (en mi caso es el panqué marmoleado, no los Marlboro, lo que constituye un desafío) es ejemplar, y podemos creer simultáneamente que renunciar es una fuerza negativa, y que no deberíamos preocuparnos por ella, no deberíamos castigarnos por las cosas que no podemos superar sin importar cuánto lo intentemos.

Por eso espero que algún día podamos eliminar el estigma de renunciar, en ambas direcciones. No somos personas horribles si no podemos dejar un comportamiento que deberíamos. Y no somos héroes si somos capaces de dejar un trabajo que no está funcionando, por ejemplo, o una relación que se ha agriado. Puede ser bueno dejar algo si quieres hacerlo, si crees que te hará más feliz o saludable, o ambas cosas. Pero eso es todo lo que es: algo bueno. Algo más entre muchas otras cosas. Y es probable que necesitemos repetir estos intentos a lo largo de nuestra vida.

Desearía que mi padre no se hubiera reprendido a sí mismo por no poder dejar los cigarrillos. Desearía que el tema de dejar de fumar no lo hubiera perseguido tanto como lo hizo, porque él era un hombre de muchas facetas, por supuesto, no todas positivas. Tenía un temperamento irascible, pero estaba trabajando en ello. Cuando estaba irritado, podía ser cortante y sarcástico;

eso también era algo que quería arreglar sobre sí mismo. Amaba, entre muchas pasiones, a los Green Bay Packers, la música *country*, las nueces de la India recién sacadas del tarro y acompañadas con una Coca-Cola Light, y la intrincada y seductora belleza del cálculo.

Esas eran las cosas que en realidad lo definían. No dejar de fumar. Y no el hecho de que se dio por vencido, una y otra vez, y se vio a sí mismo como un fracaso a causa de ello. No dejó de fumar, y no renunció a su trabajo en la facultad de matemáticas de su universidad, a pesar de que sus grandes dotes como maestro fueron pasadas en su mayoría por alto y estaba, lamentablemente, mal pagado. Quería irse, pero nunca sintió que fuera el momento adecuado.

Y luego, ya no hubo más tiempo.

Ojalá hubiera podido dejar ambos: los cigarrillos y el trabajo. Dejar el primero le habría traído una vida más larga. Renunciar a lo segundo le habría permitido enseñar en otra universidad, brindándole el respeto que merecía su trabajo.

A veces somos capaces de deshacernos del yugo de una adicción, o de cualquier comportamiento del que nos gustaría liberarnos. Otras veces, no. Eso no nos hace malvados, egoístas o estúpidos: nos hace humanos. Y una parte esencial de nuestra humanidad es la capacidad de reconocer lo mucho que simplemente está fuera del control de cualquiera, lo mucho que está determinado por herencia genética y por casualidad, y lo mucho que es inalcanzable para siempre, incluso con la ayuda de afirmaciones positivas o un Fitbit.

Lo único que *podemos* controlar es el perdón: perdonarnos a nosotros mismos y a los demás por no siempre hacerlo bien. Y por fallar. Porque *fallaremos*. Fallaremos y abandonaremos las cosas una y otra vez. Renunciaremos a cosas grandes, como informa Bessel van der Kolk, más de tres cuartas partes de las personas que ingresan a programas de rehabilitación de drogas y alcohol recaen, y a las cosas pequeñas. Por más que lo intentemos, no seremos los amigos o socios o padres o vecinos o ciudadanos que esperamos ser. Nos daremos por vencidos.

Pero ese no es el final de la historia. Ese es el *comienzo* de la verdadera historia, la que se trata de empatía y comprensión.

Y tal vez algún día lleguemos al final de nuestro furioso, y a menudo inútil, esfuerzo, el final de nuestros esfuerzos por tratar de rehacernos de acuerdo con alguna idea abstracta de lo que es deseable, lo que es genial. Renunciaremos a todo eso. Estaremos agradecidos por el regalo de nuestras contradicciones, por los momentos en que la vida requiere que seamos flexibles, que dejemos de lado lo que tal vez nunca se hará realidad y que aceptemos la retorcida belleza de la concesión.

Este libro está dedicado a mi sobrina, Annie Kate Goodwin, quien tuvo que aprender a hacer precisamente eso. Nacida y criada en el Medio Oeste, su sueño era vivir en California. Después de graduarse de la facultad de derecho, le ofrecieron un trabajo en San Francisco. Ella y su esposo se dirigieron al oeste. Tres meses después le diagnosticaron leucemia. Regresó a Ohio para recibir tratamiento. Murió el 12 de septiembre de 2019. Tenía 33 años.

A raíz de su enfermedad, Annie Kate tuvo que ajustar de manera radical sus expectativas. Tuvo que renunciar a los planes que había hecho para su vida y hacer otros planes sobre la marcha. Pero un sueño cambiado no era necesariamente menor. Y una vida corta no tiene por qué ser una vida sin alegría ni sentido. Una vida de cualquier duración puede ser completa y hermosa. Me encantan las palabras de Elliot Dallen, un británico que escribió ensayos para *The Guardian* en los meses previos a su muerte en 2020 por un carcinoma adrenocortical a los 31 años: «Una vida, si se vive bien, es lo bastante larga».

Hacia el final, todo lo que Annie Kate quería hacer tuvo que comprimirse en un intervalo brutalmente breve: desde decirles a las personas que amaba cuánto significaban para ella hasta deleitarse con el trabajo de los artistas que siempre la habían cautivado, desde Dostoievski hasta Lady Gaga. Y luego se acabó su extraordinaria vida, una vida que no debe medirse en términos de tareas que quedaron sin hacer, de caminos que quedaron sin transitar, sino por la misma métrica simple que debe aplicarse a todas nuestras vidas, ya sea que vivamos hasta los 33 o los 103: por la intensidad de la pasión con la que nos sumergimos en cada nuevo día y en cada nueva experiencia, abandonando lo viejo y acogiendo lo emocionantemente desconocido, una y otra vez.

AGRADECIMIENTOS

◆———◆

Tengo una cálida deuda de gratitud con los amigos que me ayudaron en las primeras etapas de este libro, haciendo una lluvia de ideas conmigo cuando apenas era un destello en mi mente. Aquí van: Joseph Hallinan, Patrick Reardon, Susan Phillips, Frank Donoghue, Suzanne Hyers, Mike Conklin, Marja Mills, Don Pierson, Lisa Keller, Robert Schmuhl, Clairan Ferrono, Elizabeth Berg, Cathy Dougherty, Carolyn Focht y Lisa Knox.

También estoy en deuda con las docenas de personas que generosamente compartieron conmigo la historia de su vida, y con los científicos y académicos que soportaron mis interminables preguntas con buena disposición. Para mi pesar, la pandemia significó que la mayoría de estas entrevistas tuvo que realizarse por correo electrónico, teléfono o Zoom, en lugar de cara a cara; aprecio los extremos a los que llegaron estas personas muy ocupadas para acomodar mis solicitudes de investigación. Cualquier error es culpa mía, no de ellos.

Mi editora, Hannah Robinson, entendió este libro desde el principio. Ella aportó su ingenio, su energía, su sensibilidad, su incomparable conocimiento de la cultura pop y su paciencia con una escritora testaruda.

Notas

✦———✦

«**Verás, no puedes trazar líneas**»: Rohinton Mistry, *Un perfecto equilibrio* (España: Random House, 2003), pp. 228-229.

«**No importa cuán lejos hayas avanzado**»: Proverbio citado en Elizabeth Miki Brina, *Speak, Okinawa: A Memoir*, p. 1.

Introducción

«**Al no hacer nada, no cambiamos nada**»: John le Carré, *La casa Rusia* (México: Booket, 2018), p. 121.

«**Cuando los científicos vuelven a probar las ideas de otra persona**»: Tim Birkhead, *Los sentidos de las aves* (Madrid: Capitan Swing, 2019), p. xvii.

«**Tratar la determinación como una virtud**»: doctor Adam Grant, conversación por correo con el autor, 9 de octubre de 2021.

«**Desde el movimiento de "tumbarse" en China**»: Charlie Tyson, «The New Neurasthenia: How Burnout Became the Buzzword of the Moment», *The Baffler*, 15 de marzo de 2022, https://thebaffler.com/latest/the- new- neurasthe nia-tyson.

293

«Un nuevo término»: Rana Mitter, «Baby Bust: China's Looming Demographic Disaster», *Spectator*, 6 de agosto de 2022, https://spectator.co.uk/article/baby-bust-chinas-looming-demographic-disaster.

En un ensayo del *New York Times* muy comentado en 2021: Cassady Rosenblum, «Work Is a False Idol», *New York Times*, 22 de agosto de 2021, https://www.nytimes.com/2021/08/22/opinion/lying-flat-work-rest.html.

«De repente, el tema de la determinación»: Daniel T. Willingham, «Ask the Cognitive Scientist: 'Grit' Is Trendy, but Can It Be Taught?», *American Educator*, verano de 2016, p. 28.

En los primeros ocho meses de 2021: Patricia Kelly Yeo, «"An Unbelievable Sense of Freedom": Why Americans Are Quitting in Record Numbers», *Guardian*, 3 de noviembre de 2021, https://www.theguardian.com/us-news/2021/nov/03/an-unbelievable-sense-of-freedom-why-americans-are-quitting-in-record-numbers.

«Ninguna persona fuera de su círculo íntimo»: Emma Kemp, «Ash Barty Announces Shock Retirement from Tennis at 25», *Guardian*, 22 de marzo de 2022, https://www.theguardian.com/sport/2022/mar/23/ash-barty-announces-shock-retirement-from-tennis-at-25.

«Renunciar fue un acto de imaginación»: Jane Leavy, *Sandy Koufax: A Lefty's Legacy* (Nueva York: Harper Collins, 2002), p. xvii.

«los estadounidenses a menudo satanizan el renunciar»: Lindsay Crouse, «Don't Be Afraid to Quit. It Could Help You Win», *New York Times*, 11 de agosto de 2021, https://

www.nytimes.com/2021/08/11/opinion/molly-seidel-si
mone-biles-olympics.html.

«El trabajo arduo es tal vez»: Tyson, «The New Neurasthenia».

«Honestamente, creo que la idea de renunciar»: Amy Dickinson, conversación por correo con la autora, 5 de noviembre de 2021.

**Más de una cuarta parte de todos los estudiantes que co-
menzaron clases**: Matt Krupnick, «More College Students
Are Dropping Out during Covid. It Could Get Worse»,
Guardian, 10 de febrero de 2022, https://www.theguar
dian.com/us-news/2022/feb/10/college-students-dropout-
covid-pandemic.

Primera parte

«Existe un punto en el que la perseverancia»: Benjamin
Wood, *The Ecliptic* (Londres: Scribner, 2015), p. 182.

Capítulo uno

«La determinación mal dirigida»: John A. List, conversación telefónica con el autor, 11 de marzo de 2022.

«La perseverancia, en un sentido biológico»: Jerry Coyne,
conversación telefónica con el autor, 22 de agosto de 2021.

«Cuando los tiempos son difíciles, su vida depende»:
Jonathan Weiner, *The Beak of the Finch* (Nueva York: Vin-
tage, 1995), p. 63.

«Eso es demasiado tiempo para un ave»: Weiner, p. 60.

RENDIRSE: UNA ESTRATEGIA DE VIDA

«redes exploratorias hechas de venas similares»: Merlin Sheldrake, *La red oculta de la vida* (Barcelona: GeoPlaneta, 2020), p. 15.

«Las plantas y los animales parecen estar intrincados»: Jerry Coyne, *Why Evolution Is True* (Nueva York: Penguin Books, 2009), p. 1.

Entre los experimentos diseñados para probar: Jennifer Ackerman, *El ingenio de los pájaros* (Barcelona: Ariel, 2017), pp. 20-37.

«La opinión científica predominante»: Sheldrake, *La red oculta*, p. 41.

«Así es como imaginé mi renuncia»: Katie Heaney, «The Clock- Out Cure: For Those Who Can Afford It, Quitting Has Become the Ultimate Form of Self-Care», *New York*, 11 de mayo de 2021, https://www.thecut.com/2021/05/quitting-your-job-as-self-care.html#_ga=2.207319898.893941653.1660245953-52 5243665.1660245953.

«Sin el refuerzo visual de la carne»: Ackerman, *El ingenio de los pájaros*, pp. 85-86.

«no ofrecen ningún beneficio directo»: Ackerman, p. 177.

«Los machos más inteligentes descubrieron rápidamente»: Ackerman, p. 182.

«Cuanto más aprende uno sobre plantas y animales»: Coyne, *Por qué la teoría de la evolución es verdadera*, p. 3.

«No era físicamente capaz»: Simone Biles citada por Camonghne Felix, «Simone Biles Chose Herself», *New York*, 27 de septiembre de 2021, https://www.thecut.com/article/simone-biles-olympics-2021.html.

«Comer y no ser comidos»: Justin O. Schmidt, conversación telefónica con la autora, 23 de agosto de 2021.

Sus experimentos, cuyos resultados publicó en 2020: J. O. Schmidt, «Decision Making in Honeybees: A Time to Live, a Time to Die?», *Insectes Sociaux*, 6 de abril de 2020. Publicado por International Union for the Study of Social Insects por Birkhäuser Verlag.

«Las abejas deben tomar decisiones de vida o muerte basadas en evaluaciones»: Schmidt, conversación con la autora.

Según las noticias, Brace dijo: Erin Cox, «University of the Cumberlands Sued for Wrestler's Death», *Times-Tribune*, 26 de agosto de 2021, https://thetimestribune.com/news/local_news/university-of-the-cumberlands-sued-for-wrestlersdeath/article_6945c063-1bcb-5061-b5ba-85376189 577a.html.

«No quería rendirme. Fue tan extraño»: Lynne Cox, *Swimming to Antarctica: Tales of a Long-Distance Swimmer* (Nueva York: Harcourt, 2004), p. 119.

Después de todo, nuestro cuerpo está *diseñado* para decirnos cuándo renunciar: Robert Sapolsky, *¿Por qué las cebras no tienen úlcera?* (Madrid: Alianza Editorial, 1998), pp. 4-16.

«La labor más importante del cerebro es asegurar nuestra supervivencia»: Bessel van der Kolk, *El cuerpo lleva la cuenta* (Barcelona: Eleftheria, 2020), p. 55.

«Cuando decidí divorciarme»: Jody Alyn, conversación telefónica con la autora, 11 de noviembre de 2021.

«Tenía que irme. No podía seguir haciendo las mismas cosas»: Christine Sneed, conversación telefónica con la autora, 11 de agosto de 2021.

«nos llega de la misma manera que al pájaro»: Emily Nagoski y Amelia Nagoski, *Hiperagotadas* (México: Diana, 2021), p. 47.

«Vivimos en una cultura que valora el "autocontrol", el "valor" y la persistencia»: Nagoski y Nagoski, p. 47.

Capítulo dos

«En mi opinión, la intención y la fuerza de voluntad»: June Huh, citada por Jordana Cepelewicz en «He Dropped Out to Become a Poet. Now He's Won a Fields Medal», *Quanta Magazine*, 5 de julio de 2022, https://www.quantamagazine.org/June-huh-high-school-dropout-wins-the-fields-medal-20220705/.

«Puedes plantear la narrativa como un cambio heroico»: Todd Parker, conversación telefónica con la autora, 24 de agosto de 2021.

«Para los humanos, existen muchas formas en las que abandonamos los comportamientos»: Misha Ahrens, conversación telefónica con la autora, 25 de octubre de 2021. Todas las citas son de esta entrevista a menos que se indique lo contrario.

«Incluso los principios operativos básicos»: Florian Engert citado por Ariel Sabar en «How a Transparent Fish May Help Decode the Brain», *Smithsonian Magazine*, julio de 2015, https://www.smithsonianmag.com/science-nature/How-transparent-fish-may-help-decode-brain-180955734/.

Esto les permitía «observar qué *alimentaba* la actividad neuronal»: van der Kolk, *El cuerpo lleva la cuenta*, pp. 39-40.

«Las neuronas, influidas por los genes, el medio ambiente»: Michael Bruchas, conversación telefónica con la autora, 2 de septiembre de 2021. Todas las citas son de esta entrevista a menos que se indique lo contrario.

«Las células intercambian mensajes en forma de pulsos eléctricos»: Sabar, «How a Transparent Fish May Help Decode the Brain».

«Para leer la mente de los peces cebra bebés»: Sabar.

Sin embargo, ahora los científicos creen que las células gliales: Elena Renken, «Glial Brain Cells, Long in Neurons' Shadow, Reveal Hidden Powers», *Quanta Magazine*, 27 de enero de 2020, https://www.quantamagazine.org/glial-brain-cells-long-in-neurons-shadow-reveal-hidden-powers-20200127/.

Según un informe sobre el experimento publicado en 2019: Yu Mu *et al.*, «Glia Accumulate Evidence That Actions Are Futile and Suppress Unsuccessful Behavior», *Cell* 178, núm. 1 (27 de junio de 2019).

«Decidí que entendería la teoría de Einstein»: Jeremy Bernstein, «Childe Bernstein to Relativity Came», en *My Einstein*, ed. John Brockman (Nueva York: Pantheon, 2006), pp. 156-157.

En 2019, Bruchas y su equipo reportaron un avance: «Researchers Discover the Science behind Giving Up», UW Medicine Newsroom, 25 de julio de 2019, https://newsroom.uw.edu/news/researchers-discover-science-behind-giving.

«Para que el cerebro sepa si debe cambiar»: Thilo Womels-dorf, conversación telefónica con la autora, 2 de septiembre de 2012. Todas las citas son de esta entrevista a menos que se indique lo contrario.

«Estas neuronas parecen ayudar a los circuitos cerebrales»: Kianoush Banaie Boroujeni, citado en «Neuroscientists at Vanderbilt Identify the Brain Cells That Help Humans Adapt to Change», Vanderbilt University Research News, 15 de julio de 2020, https://news.vanderbilt.edu/2020/07/15/neuroscientists-at-vanderbilt-identify-the-brain-cells-that-help-humans-adapt-to-change/.

«De hecho, algunas veces somos»: Robert M. Sapolsky, *Compórtate: La bología que hay detrás de nuestros mejores y peores comportamientos* (Madrid: Capitan Swing, 2019), p. 11.

«El entorno social interactúa»: Van der Kolk, *El cuerpo lleva la cuenta*, p. 35.

«La cultura es como la tiza y la piedra caliza»: Bernd Heinrich, *Life Everlasting: The Animal Way of Death* (Nueva York: Houghton Mifflin Harcourt, 2012), p. 171.

Capítulo tres

«Será un poco turbio»: Nora Ephron, 1996, discurso de graduación en Wellesley College, archivos de graduación, https://www.wellesley.edu/events/commencement/archives/1996commencement.

«El arte invita a la identificación»: Matthew Specktor, *Always Crashing in the Same Car: On Art, Crisis, & Los Angeles, California* (Portland, Oregon: Tin House, 2021), p. 207.

«Creo que el arte y la vida»: Specktor, pp. 213-214.

«Hay una razón»: Emily Zemler, conversación por correo con la autora, 16 de febrero de 2022.

«Creo que la mayoría de la gente subestima»: Doctor Devon Price, conversación por correo con la autora, 25 de mayo de 2022.

«El personaje que interpreté [en *Los Colby*] fue Constance»: Barbara Stanwyck, en una carta fechada el 24 de octubre de 1986 a estudiantes de cine de la Universidad de Wyoming. Reimpreso con permiso del American Heritage Center de la universidad.

«Y decir que sí a esta versión»: Dana Spiotta, *Wayward* (Nueva York: Knopf, 2021), p. 13.

«Renunciar es una palabra negativa»: Dana Spiotta, conversación telefónica con la autora, 7 de enero de 2022.

«Nuestra historia de rendirnos, es decir»: Adam Phillips, «On Giving Up», *London Review of Books* 44, núm. 1 (6 de enero de 2022), https://www.lrb.co.uk/the-paper/v44/n01/adam-phillips/on-giving-up.

«¿Qué es esto, esta cosa sin nombre, inescrutable»: Herman Melville, *Moby Dick* (México: Austral, 2017), p. 685.

En *La Traviata*, de Verdi, Violetta renuncia: Roger Pines, conversación por correo electrónico con el autor, 16 de enero de 2022.

«Cuando tenía 18 años, solo pensé: "No voy a tocar"»: Diane Casey, conversación telefónica con la autora, 22 de abril de 2022.

«Por fin, en respuesta a mis insistencias»: Herman Melville, *Four Short Novels* (Nueva York: Bantam Books, 1959), p. 25.

«Tiro del moño»: John Updike, «A&P», en Richard Ford, *Antología del cuento norteamericano* (Barcelona: Galaxia Gutenberg, 2002), p. 601.

«No somos solo el producto de nuestros genes»: Heinrich, *Life Everlasting*, p. 194.

«Al igual que las novelas de Horatio Alger del pasado»: Devon Price, *Laziness Does Not Exist: A Defense of the Exhausted, Exploited, and Overworked* (Nueva York: Atria, 2021), p. 27.

«Cuando las estrellas más exitosas atribuyen su buena fortuna»: Price, pp. 29-30.

Segunda parte

«Seguir viendo el trabajo duro»: Adam Grant, conversación por correo electrónico con la autora, 9 de octubre de 2021.

Capítulo cuatro

«¿Conoces el dicho?»: Stephen J. Dubner, *Freakonomics Radio* pódcast, «The Upside of Quitting», 30 de septiembre de 2011.

«Definitivamente, fue una época muy oscura»: Heather Stone, conversación telefónica con la autora, 21 de noviembre de 2021.

«Él inventó el mercado de la autoayuda en el momento justo»: Doctor Peter Sinnema, conversación telefónica con la autora, 24 de septiembre de 2021.

«santo patrón del movimiento de autoayuda»: Walter Isaacson, *Benjamin Franklin: An American Life* (Nueva York: Simon & Schuster, 2003), p. 484.

«la reina del mundo del entrenamiento (*coaching*) de vida»: Rachel Monroe, «I'm a Life Coach, You're a Life Coach: The Rise of an Unregulated Industry», *Guardian*, 6 de ocutbre de 2021, https://www.theguardian.com/life andstyle/2021/oct/06/life-coaching-brooke-castillo-un regulated-industry.

«Nuestra cultura está imbuida de la creencia»: Julia Samuel, *No temas al duelo: Historias de vida, muerte y superación* (México: Grijalbo, 2018), p. xxiv.

«Somos un pueblo con visión de futuro y preocupado por el futuro»: Sharon O'Brien, introducción a *Mi Antonia*, por Willa Cather (Barcelona: Alba Editorial, 2012), pp. viii-ix.

«individualismo heroico»: Brad Stulberg, *Máxima conexión* (Málaga: Sirio, 2022), p. 10.

«En la mañana del 6 de abril de 2007 estaba tirada en el suelo»: Arianna Huffington, *La vida plena: Bienestar, sabiduría, asombro y compasión: los pilares del éxito* (España: Aguilar, 2015), p. 1.

«Hay todo tipo de tableros externos en la vida»: Brad Stulberg, conversación por correo electrónico con el autor, 10 de noviembre de 2021.

«A menos que uno se mienta a sí mismo, la vida es un hervidero»: Matthew Specktor, «Enter the Dream Factory: Christine Sneed in Conversation with Matthew Specktor», entrevista de Christine Sneed, *The Millions*, 8 de junio de 2021, https://themillions.com/2021/07/enter-the-dream-factory-christine-sneed-in-conversation-with-matthew-specktor.html.

«Los hombres deben ser necesariamente los agentes activos»: Samuel Smiles, *¡Ayúdate!: Descubre cómo desarrollar el carácter, la conducta y la perseverancia con ejemplos prácticos y reales* (Nueva York: Cofre del Saber, 2021), p. 22.

«El camino del bienestar humano»: Smiles, p. 90.

«Los críticos de la autoayuda»: Anna Katharina Schaffner, «Top 10 Books about Self-Improvement», *Guardian*, 29 de diciembre de 2021, https://www.theguardian.com/books/2021/dec/29/top-10-books-about-self-improvement-anna-katharina-schaffner-the-art-of-self-improvement-new-year-resolutions.

«La gente camina desconcertada»: Wendy Kaminer, conversación telefónica con la autora, 30 de noviembre de 2021.

«¡Los soñadores prácticos no se dan por vencidos!»: Napoleon Hill, *Piense y hágase rico* (México: Debolsillo, 2021), p. 38.

«Los pensamientos que se mezclan con cualquiera de los sentimientos»: Hill, p. 53.

«Ningún hombre es derrotado, sino hasta que se da por vencido (en su propia mente)»: Hill, p. 103.

«La mayoría de las personas está lista para arrojar sus objetivos»: Hill, p. 151.

«Si uno no posee persistencia»: Hill, p. 155.

«la indiferencia, generalmente reflejada en la disposición de uno»: Hill, p. 158.

«¡Cree en ti mismo!»: Norman Vincent Peale, *El poder del pensamiento positivo* (México: Océano 2017), p. 13.

«Era una mierda»: Paul Peterson, conversación telefónica con la autora, 30 de noviembre de 2021.

«Toda mi vida ha sido una búsqueda del alma»: Ron Rhoden, conversación con la autora, 3 de noviembre de 2021.

«No hay necesidad de una desbandada frenética»: Tracy Wilk, citada en «LinkedIn Asked People to Give Advice to Their 20-Year-Old Selves», por Jessica Stillman, *Inc.*, 22 de julio de 2021, https://www.inc.com/jessica-stillman/linkedin-career-advice-jeff-bezos.html.

«Cada vez que he dejado algo»: Rick McVey, conversación telefónica con la autora, 8 de septiembre de 2021.

Capítulo cinco

«La aleatoriedad fundamental nos resulta insoportable»: Anton Zeilinger, «Einstein and Absolute Reality», en *My Einstein*, ed. John Brockman (Nueva York: Pantheon, 2006), p. 127.

«Nunca había entrado a un refugio de animales»: Sharon Harvey, conversación telefónica con la autora, 14 de septiembre de 2021.

«ese oscuro milagro del azar»: Thomas Wolfe, *La mirada del ángel* (Andorra: Trotalibros, 2022), p. 5.

«una desconcertante limitación de nuestra mente»: Daniel Kahneman, *Pensar rápido, pensar despacio* (México: Debolsillo, 2014), p. 14.

«Ayuda tener objetivos a largo plazo, pero lo que en realidad necesitas»: Dan Cnossen, citado por Dave Sheinin en «A Wounded Warrior's Grueling Path to Paralympic Gold», *Washington Post*, 4 de marzo de 2022, https://www.washingtonpost.com/sports/olympics/2022/03/11/dan-cnossen-navy-seal-paralympics-biathlon/.

«La lección que aprendí es que no siempre tienes control»: Michele Weldon, conversación telefónica con la autora, 7 de septiembre de 2021.

«La versión corta es que mi padre abandonó a nuestra familia»: Amy Dickinson, conversación por correo electrónico con la autora, 5 de noviembre de 2021.

«Yo estaba en la negación»: Christine Broquet, conversación por correo electrónico con la autora, 5 de noviembre de 2021.

«Y yo presenté tantas historias y noticias»: Howard Berkes, conversación por correo electrónico con la autora, 16 de enero de 2022.

«No hay genios»: Emily Langer, «Justus Rosenberg, Holocaust rescuer, dies at 100», *Washington Post*, 19 de noviembre 2021, https://www.washingtonpost.com/obituaries/2021/11/19/justus-rosenberg-dead/.

«Si hubiera estado a unos metros de donde estaba»: George F. Will, «The Goodness of Bob Dole», *Washington Post*, 5 de diciembre de 2021, https://www.washingtonpost.com/opinions/2021/12/05/goodness-of-bob-dole-george-will/.

Capítulo seis

«La otra cara de la positividad»: Barbara Ehrenreich, *Sonríe o muere: La trampa del pensamiento positivo* (Madrid: Turner, 2019), p. 8.

«La historia del incendio del Bronx»: Ross Barkan, «Why Is New York City's Mayor Blaming Tenants for the Deadliest Fire in a Century?», *Guardian*, 13 de enero de 2022, https://www.theguardian.com/commentisfree/2022/jan/13/why-is-new-york-citys-mayor-blaming-tenants-for-the-deadliest-fire-in-decades.

«Los libros de superación personal no funcionan»: Doctor Micki McGee, conversación telefónica con la autora, 19 de diciembre de 2021.

«El ideal del éxito individual»: Micki McGee, *Self-Help, Inc.: Makeover Culture in American Life* (Nueva York: Oxford University Press, 2005), p. 13.

«El año pasado [fue] el mejor momento de la historia»: Eli Saslow, «The Moral Calculations of a Billionaire», *Washington Post*, 30 de enero de 2022, https://www.washingtonpost.com/nation/2022/01/30/moral-calculations-billionaire/.

«Está en la misma categoría que»: Phillip Martin, conversación por correo electrónico con la autora, 26 de mayo de 2022.

«Era vergonzoso. No tener un plan establecido»: Joe Rodriguez, conversación por correo electrónico con la autora, 3 de septiembre de 2021.

«Gran parte de la autoayuda nos hace responsables»: Wendy Simonds, conversación telefónica con la autora, 17 de septiembre de 2021.

«Adicción a las drogas y alcoholismo»: Jennifer Haigh, *Mercy Street* (Nueva York: Ecco, 2022), p. 7.

«Las culturas no se transforman de forma deliberada o programática»: Louis Menand, *The Free World: Art and Thought in the Cold War* (Nueva York: Farrar, Straus and Giroux, 2021), p. xiii.

«Cuando se hace pasar a la riqueza»: Sarah Kendzior, *The View from Flyover Country: Dispatches from the Forgotten America* (Nueva York: Macmillan, 2018), p. xi.

Capítulo siete

Un periodista preguntó: «¿Fue esto el equivalente a?»: Kyle Porter, «2022 Masters: A Legend Who Only Defined Success as Victory, Tiger Woods Inspires by Refusing to Stop Competing», CBS Sports, 10 de abril de 2022, https://www.cbssports.com/golf/news/2022-masters-a-legend-who-only-defined-success-as-victory-tiger-woods-inspires-by-refusing-to-stop-competing/.

«hacer la menor cantidad de trabajo»: Stephen Daisley, «Why Everyone Should Be "Quiet Quitting"», *Spectator*, 13 de agosto de 2022, https://www.spectator.co.uk/article/why-everyone-should-be-quiet-quitting-.

«Nunca tomé una decisión del estilo de»: Paula Cocozza, «A New Start after 60: "I Became a Psychotherapist at 69 and Found My Calling"», *Guardian*, 7 de marzo de 2022, https://www.theguardian.com/lifeandstyle/2022/mar/07/a-new-start-after-60-i-became-a-psychotherapist-at-69-and-found-my-calling.

«Tienes que luchar contra este pensamiento binario»: Leidy Klotz, conversación telefónica, 8 de diciembre de 2021.

«Estaba en la oficina de mi jefe y me estaban apaleando»: Lori Rader-Day, conversación telefónica, 30 de junio de 2021.

«Es difícil ser yo»: Dave Allen, conversación telefónica, 20 de octubre de 2021.

«Pero ¿y si albergaran un deseo secreto de detenerse»: David W. Chen, «A Champion Swimmer Found a New Life on the Rocks», *New York Times*, 18 de agosto de 2021, https://www.nytimes.com/2021/08/18/sports/swimming-champion-rock-climbing-freedom.html.

«Cuando era niño, mis padres daban la espalda»: Franklin Foer, *El mundo en un balón: La globalización a través del futbol* (Madrid: Debate, 2004), p. 1.

«Contadas en retrospectiva por los medios populares»: David Epstein, Amplitud (range): Por qué los generalistas triunfan en un mundo especializado (España: Empresa Activa, 2020), p. 287.

«En el último momento»: Epstein, p. 142.

«encontraron que las personas que cambian de trabajo con mayor frecuencia»: Derek Thompson, «Hot Streaks in Your Career Don't Happen by Accident», *Atlantic*, 1 de noviembre de 2021, https://www.theatlantic.com/ideas/archive/2021/11/hot-streaks-in-your-career-dont-happen-by-accident/620514/.

«reevaluación y reorientación»: Arianne Cohen, «Why You Should Quit Your Job after 10 Years», *Bloomberg Businessweek*, 24 de junio de 2022, https://www.bloomberg.com/news/articles/2022-06-24/make-a-career-change-every-10-or-so-years-experts-say.

«Franklin es el ejemplo absoluto de agilidad cognitiva»: Edward Gray, conversación telefónica, 21 de octubre de 2021.

«Steve lo animó a pensar»: Katharine Q. Seelye, «Greg Steltenpohl, Pioneer in Plant-Based Drinks, Dies at 66», *New York Times*, 19 de marzo de 2021, https://www.nytimes.com/2021/03/19/business/greg-steltenpohl-dead.html.

«burlas y chiflidos»: Leon Edel, *Vida de Henry James* (Buenos Aires, Grupo editor Latinoamericano, 1987), p. 420.

«Es algo miserable en mí preocuparme en absoluto por la prioridad»: Janet Browne, *Charles Darwin: El poder del lugar* (Valencia: Universitat de Valencia, 2009), p. 38.

«Estoy postrado y no puedo hacer nada»: Browne, p. 37.

«Durante mucho tiempo, Darwin había estado acorralado»: Browne, p. 48.

«una obra de arte duradera»: Browne, p. 55.

Capítulo ocho

«Renunciar estratégicamente es el secreto de las organizaciones exitosas»: Seth Godin, *CBS Sunday Morning*, 5 de mayo de 2019.

«Definitivamente, esto no es como lo que»: Rachel Maddow, «Rachel Maddow on Her Critics: "Your Hatred Makes Me

Stronger. Come on! Give Me More!"», entrevista por David Smith, *Guardian*, 2 de febrero de 2020, https://www.the guardian.com/media/2020/feb/02/rachel-maddow-on-her-critics-your-hatred-makes-me-stronger-come-on-give -me-more.

«Es decir, recuerdo que en la recesión de 2008»: Betsey Stevenson, transcripción, pódcast *The Ezra Klein Show*, «Welcome to the "Take This Job and Shove It" Economy», 18 de junio de 2021, p. 3.

«Empecé a ser ignorada»: Lucinda Hahn, conversación telefónica, 22 de diciembre de 2021.

la última gran aventura: Descrito extensamente en Edmund Morris, *Edison* (Nueva York: Random House, 2019), pp. 53-82.

«Parecía incapaz de pasar en su auto junto a un área de maleza»: Morris, p. 53.

«Mi suegro»: Cathy Ballenger, conversación telefónica, 8 de abril de 2022.

«no es una progresión directa»: Guy Dove, conversación telefónica, 2 de febrero de 2022.

«Como yo lo veo, no renunciamos lo suficiente»: John A. List, conversación telefónica, 11 de marzo de 2022.

«Al final de ese fin de semana»: John A. List, *The Voltage Effect: How to Make Good Ideas Great and Great Ideas Scale* (Nueva York: Currency, 2022), p. 185.

«ser bueno para renunciar»: List, *The Voltage Effect*, p. 187.

«Hizo que los que estaban al otro lado de la mesa»: Eliot Brown and Maureen Farrell, *The Cult of We: WeWork*,

Adam Neumann, and the Great Startup Delusion (Nueva York: Crown, 2021), pp. 337-338.

«He escuchado esto innumerables veces»: Grant, conversación por correo electrónico, 9 de octubre de 2021.

«Es una gran lucha»: Ruth Sternberg, conversación telefónica con la autora, 13 de agosto de 2021.

«Elegir el dolor intenso pero breve»: List, *The Voltage Effect*, p. 200.

«Ahora no me arrepiento de nada de lo que he dejado»: Jack Zimmerman, conversación telefónica, 30 de agosto de 2021.

«Renunciar al Joie de Vivre»: Chip Conley, conversación por correo electrónico, 16 de diciembre de 2021.

«A veces es mejor ir a ciegas»: Mike and Lesli Mautz, conversación, 7 de noviembre de 2021.

«crear en promedio un nuevo invento cada 11 días durante 40 años»: Morris, *Edison*, p. 272.

«Estoy bastante agotado»: Morris, pp. 166-167.

Capítulo nueve

«Espero que vivas una vida»: A menudo se atribuye erróneamente a F. Scott Fitzgerald, pero no aparece en su trabajo y la mayoría de la gente está de acuerdo en que fue escrito por Eric Roth, guionista de la adaptación de 2008 del cuento de Fitzgerald «El curioso caso de Benjamin Button». La Biblioteca Pública de Falmouth en Falmouth, Massachusetts, publicó un artículo sobre la atribución errónea en una publicación de blog de 2011 y continúa actualizándolo bajo el título «The Curious Case of Misquotation». El hilo de varios años es una lectura divertida.

«Nadie en mi familia había obtenido nunca»: Stephany Rose Spaulding, conversación telefónica, 23 de noviembre de 2021.

«Hay una diferencia entre elegir parar y *renunciar*»: Kristen Dieffenbach, conversación telefónica, 10 de noviembre de 2021.

«Estaba trabajando en una historia en la sala redacción»: Robin Yocum, conversación, 28 de septiembre de 2021.

«Mi esposo y yo, con nuestro hijo de cinco años»: Bonnie Miller Rubin, conversación telefónica, 10 de agosto de 2021.

«Yo pensé: "¡Sííí!"»: Heidi Stevens, conversación telefónica, 20 de noviembre de 2021.

«Ella me apoyó cuando hice gimnasia»: June Stevens conversación telefónica, 27 de diciembre de 2021.

«un vecino conducía allí todos los días»: Lewis Hanes, conversación telefónica, 28 de noviembre de 2021.

«La toma de decisiones es difícil»: Eric J. Johnson, *The Elements of Choice: Why the Way We Decide Matters* (Nueva York: Riverhead, 2021), p. 291.

«Muchas de mis decisiones las considero»: Eric J. Johnson, conversación telefónica, 16 de diciembre de 2021.

«Me tomó un tiempo dar el salto»: Susan Warren, conversación telefónica, 30 de diciembre de 2021.

«Nunca creí en tan solo dejar que alguien batallara»: Marge Galloway, conversación con la autora, 25 de septiembre de 2021.

«Aquella era una velada tensa, sentados»: Lara Weber, conversación telefónica, 19 de agosto de 2021.

«Se bañaban cuando el arroyo»: Gail Hetzler, conversación telefónica, 12 de octubre de 2021.

Capítulo diez

«La visibilidad en estos días»: Michaela Coel, citada en Shirley Li's, «The Quietest Emmys Speech Was the Loudest», *Atlantic*, 20 de septiembre de 2021, https://www.theatlantic.com/culture/archive/2021/09/michaela-coel-emmys-2021/620130/.

«Girl, Wash Your Timeline»: Katherine Rosman, «Girl, Wash Your Timeline», *New York Times*, 29 de abril de 2021, https://www.nytimes.com/2021/04/29/style/rachel-hollis-tiktok-video.html.

«Hoy en día, un pequeño desliz»: Cathy O'Neil, *The Shame Machine: Who Profits in the New Age of Humiliation* (Nueva York: Crown, 2022), pp. 96-97.

QuitTok: Sean Sanders and Jessica Mendoza, «Quit-Tok: "The Great Resignation" Hits Social Media», *Good Morning America*, 9 de diciembre de 2021, https://www.goodmorningamerica.com/living/story/tiktok-publicly-resign-jobs-81645086.

«Nunca he comenzado nada»: Ashley Owusu, citada en «Brenda Frese Downplays High-Profile Transfers, Restocks Maryland's Roster», por Kareem Copeland, *Washington Post*, 13 de mayo de 2022, https://www.washingtonpost.

com/sports/2022/05/13/maryland-womens-basketball-transfers-brenda-frese/.

«Las redes sociales permiten que las identidades»: Aaron Balick, conversación por correo electrónico, 28 de febrero de 2022.

«Estoy aquí hoy porque creo»: Dan Milmo, «Frances Haugen Takes on Facebook: The Making of a Modern US Hero», *Guardian*, 10 de octubre de 2021, https://www.theguardian.com/technology/2021/oct/10/frances-haugen-takes-on-facebook-the-making-of-a-modern-us-hero.

«Algunos eligen no hacerlo público»: Patrick Radden Keefe, «The Bounty Hunter», *New Yorker*, 24 de enero de 2022, p. 34.

«La publicación de Facebook me asustaba»: Melissa Allison, conversación telefónica, 10 de agosto de 2021.

«Pasaron tantas cosas entre su denominada»: Robert Schmuhl, conversación telefónica con la autora, 12 de enero de 2022.

«Twitter es una luz roja, que parpadea»: Caitlin Flanagan, «You Really Need to Quit Twitter», *Atlantic*, 5 de julio de 2021, https://www.theatlantic.com/ideas/archive/2021/07/twitter-addict-realizes-she-needs-rehab/619343/.

«Hay una creciente reacción negativa»: Moya Lothian-McLean, «I Built a Life on Oversharing—Until I Saw Its Costs, and Learned the Quiet Thrill of Privacy», *Guardian*, 2 de mayo de 2022, https://www.theguardian.com/commentisfree/2022/may/02/life-oversharing-costs-thrill-privacy-social-media-journalism.

«En estos días, el divorcio se ve»: Freya India, «Adele and the Strange Glamorisation of Divorce», *Spectator*, 10 de mayo de 2022, https://www.spectator.co.uk/article/no-adele-divorce-isn-t-glamorous.

Capítulo once

«Renunciar a la esperanza me ha devuelto»: Keith Kahn-Harris, «I Gave Up Hope of a Cure for My Chronic Condition», *Guardian*, 28 de julio de 2022, https://theguardian.com /commentisfree/2022/jul/28/hope-cure-chronic-condition-identity-disability.

«Honestamente, no creo que haya renunciado»: Dickinson, conversación por correo electrónico, 5 de noviembre de 2021.

Ese historial incluía el momento: Susan Stamberg, «Denied a Stage, She Sang for a Nation», NPR, 9 de abril de 2014, https://www.NPR.org/2014/04/09/298760473/denied-a-stage-she-sang-for-a-nation.

«Al renunciar, te estás»: Klotz, conversación telefónica, 8 de diciembre de 2021.

«Nuestra cultura nos enseña a centrarnos»: Van der Kolk, *El cuerpo lleva la cuenta*, p. 80.

«Cuando me fui físicamente»: Connie Schultz, conversación telefónica, 23 de agosto de 2021.

«Me estaba matando el alma»: Patty Bills, conversación telefónica, 28 de octubre de 2021.

«Antes de transcurrida una hora, sonó el teléfono de mi dormitorio»: Tim Bannon, conversación telefónica con la autora, 24 de agosto de 2021.

«A lo largo de mi vida he visto a amigos que no abandonan»: Julian Barnes, *La única historia* (Barcelona: Anagrama, 2022), pp. 87-88.

«¿Renunciar para qué?»: doctor Gaurava Agarwal, conversación telefónica, 4 de enero de 2022.

«Me había estancado en Stanford»: Glen Worthey, conversación telefónica, 5 de septiembre de 2021.

«Durante toda la noche los engranajes de los camiones de reparto»: Margaret Renkl, *Late Migrations: A Natural History of Love and Loss* (Minneapolis: Milkweed, 2019), p. 113.

«Creo que la mayor parte de mi propia felicidad»: Renkl, p. 119.

«Renunciar tiene una mala reputación»: Derek Thompson, «What Quitters Understand about the Job Market», *Atlantic*, 21 de junio de 2021, https://www.theatlantic.com/ideas/archive/2021/06/quitting-your-job-economic-optimism/619242/.

«No se dan cuenta de cuánto tiempo»: Rich Muller, citado en «Notes from a Parallel Universe», por Jennifer Kahn, *The Best American Science Writing 2003* (Nueva York: HarperCollins, 2003), p. 118.

«La flexibilidad no es un proceso pasivo»: George A. Bonanno, *The End of Trauma: How the New Science of Resilience Is Changing How We Think about PTSD* (Nueva York: Basic Books, 2021), p. 16.

«La mayoría de las personas es resiliente»: Bonanno, p. 18.

«Cuando una estrategia no funciona»: Bonanno, p. 215.

«No existe una fórmula para saber»: Kaminer, conversación telefónica, 30 de noviembre de 2021.

«Cuando renuncias estás eligiendo»: Spiotta, conversación telefónica, 7 de enero de 2022.

«Al pensar en ello como algo contra lo que estás luchando»: Clark Middleton. Estos comentarios aparecieron en un video que Middleton hizo para la Arthritis Foundation, https://blog.arthritis.org/living-with-arthritis/life-legacy-clark-middleton/.

Epílogo

«Una gran verdad es una verdad»: Niels Bohr, citado en *Coming of Age in the Milky Way* por Timothy Ferris (Nueva York: William Morrow, 1988), p. 381.

«era un hombre feliz»: Arthur Miller, *Muerte de un viajante*, en *Teatro reunido* (Madrid: Tusquets, 2015), p. 132.

«Es posible, incluso fácil, ocupar»: David J. Linden, «A Neuroscientist Prepares for Death», *Atlantic*, 30 de diciembre de 2021, https://www.theatlantic.com/ideas/archive/2021/12/terminal-cancer-neuroscientist-prepares-death/621114/.

«Una vida, si se vive bien»: Elliot Dallen, «At 31, I Have Just Weeks to Live. Here's What I Want to Pass On», *Guardian*, 7 de septiembre de 2020, https://www.theguardian.com/commentisfree/2020/sep/07/terminal-cancer-live-cancer-life-death.